立信精品教材

企业会计综合实训

（第八版）

主　编　孙一玲　陶　文　刘俊杰

副主编　付秀娜　王鸿雁　刘秋红

参编人员　王　婧　任立涛　于冬梅

　　　　　孟会朋　王　娜　王京朝

　　　　　李　煦　樊　薇

立信会计 出版社
LIXIN ACCOUNTING PUBLISHING HOUSE

图书在版编目(CIP)数据

企业会计综合实训 / 孙一玲,陶文,刘俊杰主编
. —8 版. —上海:立信会计出版社,2022.7
立信精品教材
ISBN 978-7-5429-7051-0

Ⅰ. ①企… Ⅱ. ①孙… ②陶… ③刘… Ⅲ. ①企业会
计—教材 Ⅳ. ①F275.2

中国版本图书馆 CIP 数据核字(2022)第 117089 号

策划编辑　　　陈　旻
责任编辑　　　陈　旻

企业会计综合实训(第八版)

QIYE KUAIJI ZONGHE SHIXUN

出版发行	立信会计出版社

地　　址	上海市中山西路 2230 号	邮政编码	200235
电　　话	(021)64411389	传　　真	(021)64411325
网　　址	www.lixinaph.com	电子邮箱	lixinaph2019@126.com
网上书店	http://lixin.jd.com		http://lxkjcbs.tmall.com
经　　销	各地新华书店		

印　　刷	上海天地海设计印刷有限公司
开　　本	787 毫米×1092 毫米　　　1/16
印　　张	23.75
字　　数	520 千字
版　　次	2022 年 7 月第 8 版
印　　次	2022 年 7 月第 1 次
印　　数	1—2 100
书　　号	ISBN 978 - 7 - 5429 - 7051 - 0/F
定　　价	58.00 元

如有印订差错,请与本社联系调换

前　言

本书以一个模拟企业的特定会计期间为范畴,将经济业务的来龙去脉与企业的生产经营有机地结合起来,涵盖了会计操作的全部基本功技能,从建账、填制和审核原始凭证、编制记账凭证到登记账簿;从日常会计核算、成本计算到编制会计报表、年终结账。通过对企业会计模拟实训的操作,学生可以系统地掌握企业会计核算的全过程,是对会计专业技能的一次综合检验。

本书由四篇组成:第一篇是财务会计模拟实训基础,包括了企业会计实际工作中必备的常用知识;第二篇是模拟企业基本资料,具体包括企业基本情况、综合实训的基本要求、综合实训需要准备的会计用品以及有关会计资料;第三篇是模拟企业 12 月份经济业务;第四篇是企业相关报表,包括资产负债表、利润表、现金流量表和相关的申报表。

本书内容具有综合性、完整性、超前性和系统性,具体特色主要体现在以下几个方面:

第一,本实训结合了《会计改革与发展"十四五"规划纲要》指导思想和最新相关政策。

第二,财务实务结合了截至 2022 年 2 月 28 日发布的相关税法规定,并剔除疫情等影响,采用常规税率标准。在部分经济业务的原始凭证反面,链接了相关的会计、税务以及银行的最新的准则、法规和办法。

第三,模拟的经济业务涵盖了企业典型的、常用的经济类型。

第四,以模拟仿真的原始凭证再现实际经济业务,力求拉近会计实训与会计实际工作的距离。

本书由孙一玲、陶文和刘俊杰担任主编;付秀娜、王鸿雁、刘秋红担任副主编;王婧、任立涛、王娜、于冬梅、王京朝、孟会朋、李煦和樊薇参与编写工作。具体分工如下:孙一玲和刘俊杰编写第一、第二篇和运输票据部分业务;付秀娜和李煦编写外币、无形资产、交易性金融资产等特殊核算业务;王鸿雁编写成本核算部分;王娜和樊薇编写费用核算部分;于冬梅和刘秋红编写固定资产核算部分;王京朝编写借款核算部分;王婧和任立涛编写采购和销售核算部分;陶文和孟会朋编写纳税计算和申报部分。全书由孙一玲、陶文和刘俊杰进行了总纂。

本书可作为高等院校、高等职业学校财务会计类专业"会计实训"课程的实训教材,也可作为企业财务会计的自学用书及参考用书。

由于我们水平有限,加之时间仓促,书中疏漏之处,欢迎广大读者批评指正,以便再版时修订。

编　者

2022 年 6 月

主要参考文献

［1］盖地.税务会计与纳税筹划［M］.3 版.大连：东北财经大学出版社,2008.

［2］全国税务师职业资格考试教材编写组.税法Ⅰ［M］.北京：中国税务出版社,2018.

［3］全国税务师职业资格考试教材编写组.税法Ⅱ［M］.北京：中国税务出版社,2018.

［4］全国税务师职业资格考试教材编写组.税务代理［M］.北京：中国税务出版社,2019.

［5］全国税务师职业资格考试教材编写组.税法Ⅰ［M］.北京：中国税务出版社,2019.

［6］全国税务师职业资格考试教材编写组.税法Ⅱ［M］.北京：中国税务出版社,2019.

［7］王素荣.税务会计与纳税筹划［M］.2 版.北京：机械工业出版社,2010.

［8］梁伟样.纳税实务［M］.上海：立信出版社,2010.

［9］史越英.税务会计［M］.青岛：中国海洋大学出版社,2011.

［10］王红云.税法与税务会计［M］.上海：立信出版社,2010.

［11］左卫青.税法［M］.北京：高等教育出版社,2011.

［12］梁伟样.税法［M］.3 版.北京：高等教育出版社,2014.

［13］王荃.税费计算与申报［M］.北京：高等教育出版社,2014.

［14］傅凤阳.税法实务［M］.北京：中国铁道出版社,2013.

［15］李克桥.税务会计实训［M］.北京：冶金工业出版社,2009.

［16］陈天灯.企业纳税实务与筹划［M］.北京：北京交通大学出版社,2012.

［17］全国税务师职业资格考试教材编写组.财务与会计［M］.北京：中国税务出版社,2016.

［18］王晓秋.新编税法［M］.北京：中国商业出版社,2016.

［19］注册会计师全国统一考试辅导教材.会计［M］.北京：中国财政经济出版社,2019.

［20］注册会计师全国统一考试辅导教材.税法［M］.北京：中国财政经济出版社,2019.

［21］盖地.税务会计［M］.12 版.上海：立信出版社,2018.

［22］梁文涛,孙丕顺.税务会计［M］.2 版.上海：立信出版社,2017.

［23］王碧秀.税务会计［M］.北京：高等教育出版社,2017.

［24］财政部会计资格评价中心.初级会计实务［M］.北京：经济科学出版社,2020.

［25］财政部会计资格评价中心.经济法基础［M］.北京：经济科学出版社,2020.

［26］会计专业技术资格考试命题研究组.中级会计实务［M］.上海：立信会计出版社,2020.

目 录

第一篇 财务会计模拟实训基础

一、模拟实训意义及流程

(一) 模拟实训意义

财务会计模拟实训将理论与实践相结合,并由指导教师在旁指导,是会计、财务管理及相关专业的重要课程。学习时,建议首先以手工方式从建账到制作凭证、登记账簿、编制报表、整理归档,完整地做一遍,然后再通过云或本地会计信息系统模拟一遍。

(二) 会计岗位设置

根据《会计基础工作规范》和有关制度的规定,会计工作岗位一般分为:总会计师(或行使总会计师职权)岗位;会计机构负责人(会计主管人员)岗位;出纳岗位;稽核岗位;资本、基金核算岗位;收入、支出、债权债务核算岗位;工资核算、成本费用核算、财务成果核算岗位;财产物资的收发、增减核算岗位;总账岗位;对外财务会计报告编制岗位;会计电算化岗位以及会计档案管理岗位。

会计工作岗位可以一人一岗、一人多岗或一岗多人。通常,在小型企业中,"一岗一人""一人多岗"的现象较多;而在大中型企业中,"一岗多人"的现象较多、较普遍。

在实际工作中,根据每个企业具体规模、管理要求等不同,设置会计岗位,包括出纳、库管、会计(可总可分成本会计、往来会计、报税会计……)、会计主管和财务经理等。

(三) 会计核算具体工作介绍

1. 代理记账流程

定期(每月月末或下月月初)从被代理企业拿到混在一起的 1 个月的单据(原始凭证),将单据归类整理,把不能用的单据退回;应该有却没有的单据,应提示客户找到并提供。

根据合理合法的原始凭证(单据)编制记账凭证,且要把原始凭证粘在记账凭证后面(左上角对齐)。

登记账簿(包括现金日记账、银行存款日记账以及各类明细账、总账),编制科目汇总表,试算平衡,装订凭证。

编财务报表,包括资产负债表、利润表和现金流量表(月报表、季报表和年报表)等。

报税,常见的有网上报税和窗口报税。

每年年初要进行所得税汇算清缴和企业信息公示工作。但不负责填制原始单据、会计资料归档和财产清查等工作。

2. 小企业账务处理流程

小企业账务处理基本流程类似代理记账,但还得负责填制部分原始单据和会计资料归档及财产清查。

3. 大中型企业账务处理流程

大中型企业的出纳、会计等财务人员每天都要处理相关事务,主要内容如下:

出纳人员填写支票、开发票收据、办理员工报销等,登记现金日记账、银行存款日记账,现金的账实核对,有的出纳人员还须编制部分记账凭证。

会计人员编制记账凭证,或审核出纳做的一些记账凭证,并登记明细账,编制报表。

会计主管审核部分原始单据,审核记账凭证,审核报表等。

其他的账簿登记、申报纳税、资料归档、企业信息公示和统计等工作也由财务人员处理。

大部分会计信息、会计制度在企业注册成立过程中,即没有账簿时就已确定。例如企业名称,已预先核准确定;企业地址、法定代表人、注册资本等,在企业章程、营业执照中均有体现;固定资产折旧方法等,在办理税务登记证过程中亦有过记录。

二、建账

(一) 新成立企业建账

1. 确定会计制度

根据企业的规模等,选择适用《企业会计准则》或《小企业会计准则》。

2. 购买账簿

对工业企业而言,由于会计核算涉及内容多,又有成本归集与计算问题,所以建账是最复杂的,一般而言,工业企业应设置的账簿有:

(1) 现金日记账。一般企业只设 1 本现金日记账。但如有外币业务,则应就不同的币种分设现金日记账。

(2) 银行存款日记账。一般应根据每个银行账号单独设立 1 本账。如果企业只有 1 个基本账户,则就设 1 本银行存款日记账。

现金日记账和银行存款日记账均应使用订本账。根据单位业务量大小可以选择购买 100 页的或 200 页的。

(3) 总分类账。一般企业只设 1 本总分类账。总分类账使用订本账,根据单位业务量大小可以选择购买 100 页的或 200 页的。总分类账包含企业所设置的全部账户的总括信息。

(4) 明细分类账。明细分类账要使用活页的。存货类明细分类账要用数量金额式的账页;收入、费用、成本类的明细分类账要用多栏式的账页;固定资产、应交增值税的明细分类账有专用账页;其他的账户基本全用三栏式账页。因此,我们要分别购买这些账页,根据所需每种格式账页的大概页数分别取部分出来,外加明细账封面及经管人员一览表,再以账钉钉上即可。

当然,账簿本数的多少依然是根据单位业务量等情况而不同。业务简单且很少的企业可以把所有的明细账户设在 1 本明细分类账上;业务多的企业可根据需要分别就资产、权益、损益类分 3 本明细分类账;也可单独就存货、往来各设 1 本……无固定要求,完全视企业管理需要来设。

另外,有些大型企业固定资产明细分类账用卡片账。而一般小企业则和其他资产类合在一起。

3. 设置科目

可以参照《企业会计准则——应用指南》中的会计科目,结合本单位所属行业及企业管理需要,依次从资产类、负债类、所有者权益类、成本类、损益类中选择出应设置的会计科目。

4. 填制账簿内容

(1) 封面。

(2) 扉页,或使用登记表,明细分类账中称经管人员一览表。

① 单位或使用者名称,即会计主体名称,与公章内容一致。

② 印鉴,即单位公章。

③ 使用账簿页数,在本年度结束(12 月 31 日)时据实填写。

④ 经管人员,盖相关人员个人名章。另外,记账人员更换时,应在交接记录中填写交接人员姓名、经管及交出时间和监交人员职务、姓名。

⑤ 粘贴印花税票并画双横线,除了记载实收资本、资本公积的总账按 5‰减半缴纳,其他账簿均暂免征收印花税。

另外,如果明细分类账分若干本的话,还需在经管人员一览表中填列账簿名称。

(3) 总分类账的账户目录。总分类账外形采用订本式,印刷时已事先在每页的左上角或右上角印好页码。但由于所有账户均须在一本总账上体现,故应给每个账户预先留好页码。例如"库存现金"用第 1、第 2 页,"银行存款"用第 3 页至第 6 页,根据单位具体情况设置。并要把科目名称及其页次填在账户目录中。

明细分类账由于采用活页式账页,在年底归档前可以增减账页,故不用非常严格地预留账页。

现金日记账或银行存款日记账各自登记在一本上,故不存在预留账页的情况。

(4) 账页(新建企业不存在期初余额)。现金日记账和银行存款日记账不用对账页特别设置。

① 总账账页。按资产、负债、所有者权益、成本、收入、费用的顺序把所需会计科目名称写在左上角或右上角的横线上,或直接加盖科目章。

② 明细分类账账页。按资产、负债、所有者权益、成本、收入、费用的顺序把所需会计科目名称写在左(右)上角或中间的横线上,或直接加盖科目章,包括根据企业具体情况分别设置的明细科目名称。另外,对于成本、收入、费用类明细账还需以多栏式分项目列示,如"管理费用"借方要分成:办公费、交通费、电话费、水电费、工资等项列示,具体按企业管理需要,即费用的分析项目列示,每个企业可以不相同。

另外,为了查找、登记方便,在设置明细账账页时,每一账户的第一张账页外侧粘贴"口取纸",并各个账户错开粘贴。"口取纸"上也要写出会计科目名称。一般只写一级科目,或一级科目用红色,明细科目用蓝色。另外,也可将资产、负债、所有者权益、收入、费用按红、蓝不同颜色区分开。

(二) 企业成立第二年及以后年度的年初建账

1. 应该重新建账的账簿

总账、日记账和多数明细分类账应每年更换一次,即新的年度开始时都需要重新建账。

2. 可以不重新建账的账簿

有些明细分类账也可以继续使用,如财产物资明细账和债权、债务明细账等,由于材料等财产物资的品种、规格繁多,债权债务单位也较多,如果更换新账,重抄一遍的工作量相当大,因此,可以跨年度使用,不必每年更换一次;固定资产卡片等卡片式账簿及各种备查账簿,也都可以跨年度连续使用。

3. 重新建账的具体做法

(1) 根据所需购买总账、2本日记账,设置明细分类账。

(2) 填制账簿内容。账簿填制,与企业刚成立同样填制封皮、扉页(使用登记表,明细分类账中称经管人员一览表)、总分类账的账户目录、账页。以上,只是多一步登记期初余额。不必填制记账凭证,为了衔接,直接将上年该账户的余额抄入新账户所开第一页的首行余额处,也就是直接"过账"。

① 现金日记账和银行存款日记账。

"日期"栏内写上"1月1日"或空着;

"摘要"栏内写上"上年结转"或"期初余额"或"年初余额"字样;

将现金实有数或上年年末银行存款账面数填在"余额"栏内。

② 非损益类总账和明细账。

填制方法基本同日记账,要在余额列前表明"借"或"贷"字。

三、凭证的审核与填制

(一) 原始凭证的填制要求

原始凭证绝大部分不是由财会人员填制的,而是由有关单位或本单位有关业务人员填制的。但是,全部原始凭证都必须经过财会人员审核,才能登记入账。因此,财会人员不仅本身应掌握原始凭证的内容和填制方法,而且还要向有关业务人员说明原始凭证的重要作用,帮助他们掌握正确填制原始凭证的方法。

原始凭证是具有法律效力的证明,又是会计核算的原始资料和重要依据,为了保证会计核算资料的真实、正确并及时反映,应按下列要求填制原始凭证。

1. 合法性

凭证所反映的经济业务必须合法,符合国家有关政策、法令、规章、制度的要求,不符合以上要求的,不得列入原始凭证。

2. 记录真实

填制在凭证上的日期、业务内容和数字,必须真实可靠,不得任意编造,要符合有关经济业务的实际情况。

3. 内容完整

各种凭证的内容必须逐项填写齐全,不得遗漏,必须符合手续完备的要求,经办业务的有关部门和人员要认真审查,签名盖章。凡是填有大小写金额的原始凭证,大写与小写金额必须相符。

购买实物的原始凭证,必须有验收证明;支付款项的原始凭证,必须有收款单位和收款人的收款证明。经上级有关部门批准办理的业务,应将批准的文件作为原始凭证的附件。外来原始凭证一般由税务局等部门统一印制,或经税务部门批准由指定企业印制,在填制时加盖出具凭证单位公章方有效,对于一式多联的原始凭证必须用复写纸套写,作废时应当加盖"作废"戳记,连同存根一起保存,不得撕毁。

4. 书写格式规范

财会人员在填写原始凭证时,必须遵守以下技术规范要求:

（1）各种凭证要用蓝黑墨水书写，字迹必须清楚规范，易于辨认。不得使用未经国务院公布的简化字；对阿拉伯数字要逐个填写清楚，不得连写；属于套写的凭证，一定要写透，不能上面清楚，下面模糊。

（2）阿拉伯数字应逐个书写，不得连写。最高位前面应写人民币符号"￥"，人民币符号"￥"和阿拉伯数字之间不得留有空白，且数字后面不再写"元"字。

（3）所有以元为单位的阿拉伯数字，除表示单价等情况外，一律填写到角分。无角分的，角位和分位可写"00"或符号"—"；有角无分的，分位应写"0"，不得用符号"—"代替。

（4）汉字大写金额数字，一律用正楷字或行书字书写，不得任意用简化字。金额数字中间有"0"字时，如小写金额￥1 001.50，大写金额中可以只写一个"零"字，为"壹仟零壹元伍角"；大写金额中有角分的，元以下不写"整"字；大写金额前还应加注币值单位，注明"人民币""美元"等字样。

5. 凭证书写

各种凭证不得随意涂改、刮擦、挖补，填写错误需要更正时，应用划线更正法，即将错误的文字和数字，用红色墨水划线注销，再将正确的数字和文字用蓝字写在划线部分的上面，并签字盖章。

6. 凭证编号

各种凭证必须编号，以便查考。各种凭证如果已预先印定编号，在写坏作废时，应当加盖"作废"戳记，全部保存，不得撕毁。

7. 填制及时

原始凭证应在业务发生或完成时及时填制，并按规定程序及时送交财会部门，以便及时办理后续业务，进行会计审核和记账。

（二）原始凭证的审核

为了保证会计信息的真实、正确和合法，财会部门必须对原始凭证进行认真审核。其审核主要包括以下几个方面。

1. 合法性审核

审查发生的经济业务是否符合国家的法令、政策、制度和计划的规定，有无违反财政纪律等违法乱纪行为。对于弄虚作假、营私舞弊、伪造涂改凭证等违法乱纪行为，必须及时揭露，有权拒绝接受，并向领导汇报，严肃处理。

2. 完整性审核

会计人员必须依据原始凭证的要素，逐项审查经济业务的手续是否完整，原始凭证的内容是否填写齐全，有关人员是否已签名盖章等。对手续不完备的凭证，应由经办人员补办手续或更正错误，才可据以入账。

3. 正确性审核

审核原始凭证的摘要是否填写清楚、正确；数量、单价和金额的计算是否正确；大写、小写金额是否一致等，凭证有无刮擦、涂改等现象。如发现上述情况之一的，应退还经办人员纠正后，予以接受。

当中国的企业步入市场经济的运行轨道之后，会计监督愈加显得重要。会计监督无论采取怎样的方式进行，都离不开对原始凭证的审核。企业领导的财务"一支笔"控制也好，费用包干控制也好，都不能代替企业会计对一切原始凭证进行必要的审核。会计对一切原始凭证的审核,可以及时发现问题、反映问题,从而为解决问题提供必要的信息。

(三) 增值税专用发票的相关问题

现在,由于许多企业普遍使用增值税专用发票,而此种发票也是一种较为复杂的原始凭证,故本书在此对它简单地作一专门介绍。增值税专用发票(以下简称专用发票)作为一种"专用"的原始凭证,与普通发票有所不同,具有双重作用,一方面,可以作为商事凭证;另一方面,由于购货方要向销货方支付增值税,并凭专用发票上注明的税款进行抵扣,所以还具有完税凭证的作用。

1. 增值税专用发票的相关规定

专用发票一般是由国家税务总局统一印制的。纳税人在销售货物、提供应税劳务、提供根据《增值税暂行条例实施细则》规定应当征收增值税的非应税劳务等时,必须向购买方开具专用发票。按照国家税务局规定,从 2003 年 8 月 1 日起,所有增值税一般纳税人如果需要使用专用发票,必须使用防伪税控系统开具专用发票。

机打的增值税发票分增值税普通发票和增值税专用发票,它们的基本联数为 3 联和 4 联,还有 4、5、6、7 联的,联数增多是为了企业使用的需要,如增加仓库联、出厂联等。哪联做账用,哪联给客户,在发票的右边会印注。由于各省分别印制,在联数和各联用途上有所不同,如天津市、上海市、浙江省等印制的机打增值税专用发票就没有存根联。

自 2018 年 1 月 1 日起,纳税人通过增值税发票管理新系统开具增值税发票(包括增值税专用发票、增值税普通发票、增值税电子普通发票)时,商品和服务税收分类编码对应的简称会自动显示并打印在发票票面"货物或应税劳务、服务名称"或"项目"栏次中。

2. 增值税专用发票的填制

对于专用发票,必须按下列要求开具:

(1) 字迹清楚。

(2) 不得涂改。如填写有误,应另行开具专用发票,并在误填的专用发票上注明"误填作废"四字。如专用发票开具后,因购货方不索取而成为废票的,也应按填写有误办理。

(3) 项目填写齐全。购销双方单位名称必须详细填写,不得简写。

(4) 票、物相符,票面金额与实际收取的金额相符。另外,必须在"金额""税额"栏合计(小写)数前用"¥"符号封顶,在"价税合计(大写)"栏大写合计数前用"⊗"符号封顶。

(5) 各项目内容正确无误。

(6) 全部联次一次填开,上、下联的内容和金额一致。

(7) 发票联和抵扣联加盖发票专用章。

(8) 按照规定的时限开具专用发票。

(9) 不得开具伪造的专用发票。

(10) 不得拆本使用专用发票。也就是说,企业不得把原来装订成本的专用发票拆散成一份一份(即四联同时拆下)使用。

(11) 不得开具票样与国家税务总局统一制定的票样不相符合的专用发票。

(12) 开具的专用发票有不符合上列要求者,不得作为扣税凭证,购买方有权拒收。

增值税专用发票部分防伪措施的说明:

(1) 防伪油墨颜色摩擦可变

发票各联次左上方的发票代码使用防伪油墨印制,使用白纸摩擦票面的发票代码区域,在白纸表面以及发票代码的摩擦区域均会产生红色擦痕(如下图所示)。

发票代码图案原色　　原色摩擦可产生红色擦痕
6100191160　　　　6100191160

(2) 发票号码为专用异型号码

发票各联次右上方的发票号码为专用异型号码,字体为专用异型变化字体(如下图所示)。

9876543210

3. 财务人员如何审核发票

(1) 审核发票的票面。看有无涂改的痕迹,如果有,要认真盘查,防止把别的发票拿来报销,或者小数改大数。

(2) 审核发票的抬头。看所填单位名称是否本单位,防止把私人或者其他单位的购货发票拿来报销。

(3) 审核发票的印章。一看有无税务部门监制章;二看有无售货单位的发票专用章,只有印章齐全,才能报销。

(4) 审核发票的印制日期。按照规定,开具发票的单位每年度都应从税务部门领取本年度版本的发票,即便使用上一年度版本的发票,按规定也不宜时间跨度太长。审核发票印制日期,就是看是否把作废发票又拿来重新使用,如果是,不但不能报销,而且还要向有关发票管理机构反映。

(5) 审核发票的报销手续。看有无经手人、验收人、批准人签字,如没有,应先补齐手续。

(6) 审核是否是假发票:

① 机打发票一般可以通过拨打发票背面附带的电话真伪查询方式核实其真伪,也可以到发票主管机关(××省××市国税局或者地税局)网站上查询该发票是否是真实发票。

② 可以在国税总局网站上查询发票的真伪。

③ 可以到主管税务局通过税务内部网查询发票的真伪。

(四) 记账凭证的填制要求

填制记账凭证是会计核算工作的重要环节,是对原始凭证的整理和分类,并按照复式记账的要求,运用会计科目,确定会计分录,作为登记账簿的依据。如果说,会计人员对原始凭证注重审核,那么,对记账凭证则注重填制。填制记账凭证,除了必须按照上述原始凭证的填制要求外,还应按照以下具体要求填制:

(1) 填制记账凭证的依据,必须是经审核无误的原始凭证或汇总原始凭证。

(2) 正确、简要地填写摘要;一级科目、二级科目或明细科目,账户的对应关系、金额都应正确无误。一般应采用一借一贷、一借多贷或多借一贷的会计分录,因为这种分录的账户对应关系清晰,便于检查分析。对于多借多贷的分录,一般不宜多用,因为这类分录的账户对应关系模糊,不便于分析经济业务内容。

(3) 记账凭证的日期。收付款业务因为要登入当天的日记账,记账凭证的日期应是货币资金收付的实际日期,但是与原始凭证所记的日期不一定一致。转账凭证以收到原始凭证的日期为日期,但在摘要栏要注明经济业务发生的实际日期。对于月末结转的业务,按当月最后一天的日期填制。

（4）记账凭证上应注明所附的原始凭证张数，且附件数量要求完整，以便检查核实。如果根据同一原始凭证填制多张记账凭证时，则应把原始凭证附在一张主要的记账凭证后，在未附原始凭证的记账凭证上注明"附件××张，见第××号记账凭证"。如果一张原始凭证所列支出需要几个单位共同负担的，应将其他单位负担的部分，开给对方原始凭证分割单，进行结算。如果原始凭证需要另行保管时，则应在附件栏目内加以说明，但更正错账和结账的记账凭证可以不附原始凭证。

（5）记账凭证的编号，要根据不同的情况采用不同的编号方法。如果企业的各种经济业务的记账凭证，采用统一的格式，凭证的编号可采用顺序编号法，即按月编顺序号。业务量非常少的单位可按年编顺序号。如果按照经济业务的内容进行分类，采用三种格式的记账凭证，记账凭证的编号应采用字号编号法。即把不同类型的记账凭证用字加以区别，再把同类记账凭证顺序号加以连续。三种格式的记账凭证，采用字号编号法时，具体地编为"收字第××号""付字第××号"和"转字第××号"。例如，4月15日收到一笔现金，是该月第25笔收款业务，记录该笔经济业务的记账凭证的编号为"收字第25号"。如果一笔经济业务需要填制1张以上的记账凭证时，记账凭证的编号可采用分数编号法。例如，某企业采用三种格式的记账凭证，某一笔经济业务需要填制5张记账凭证，此5张记账凭证总编号为字第20号，每张编号依次则为字第 $20\frac{1}{5}$、字第 $20\frac{2}{5}$、字第 $20\frac{3}{5}$、字第 $20\frac{4}{5}$、字第 $20\frac{5}{5}$ 号。

（6）必须按照会计制度统一规定的会计科目编制会计分录，不得随意更改会计科目的名称和核算内容，从而保证使用的正确性和核算口径的一致，便于综合汇总。

（7）要对凭证各项内容进行检查复核。在填制完记账凭证后，应进行相关的检查复核，比如应加计所附原始凭证的合计数，检查借贷方及总账科目与二级或其他明细科目的金额是否平衡；有关人员是否签名盖章；出纳人员在做完相关事项的处理后，是否在凭证上加盖"收讫"或"付讫"戳记等，防止差错。

（8）填制凭证时，若发生错误，应当重新填制，并将错误凭证作废。已经登记入账的记账凭证，在当年内发现填写错误的应用红字更正法进行更正。如果会计科目没有错误，只是金额错误，也可以将正确数字与错误数字之间的差额，另编一张调整记账凭证。发现以前年度的记账凭证有错误时，应用蓝字填制一张更正的记账凭证。

（9）由于目前许多单位实行会计电算化，其机制的记账凭证应当符合对记账凭证的一般要求，并应认真审核，保证会计科目使用正确，数字准确无误。打印出来的机制记账凭证，也需加盖制单人员、审核人员、记账人员和会计主管人员的印章或签字，便于明确责任。

（五）记账凭证的审核

为了确保账簿记录的正确性和监督经济业务，除了编制记账凭证的人员应当认真负责、正确填制、加强自审以外，同时还应建立专人审核制度。如前所述，记账凭证是根据审核后的合法的原始凭证填制而成。因此，记账凭证的审核，除了要对原始凭证进行复审外，还应注意以下几点：

（1）审核记账凭证所附的原始凭证是否齐全，两者内容是否相符，金额与原始凭证的金额或合计数是否一致。

（2）审核记账凭证中，应借、应贷科目是否正确，账户对应关系是否清晰，所使用的会计科目及其核算内容是否符合会计制度的规定，金额计算是否准确，摘要是否填写清楚、项目填写是否齐全（如日期、凭证编号、二级和明细会计科目、附件张数以及有关人员签章等）。

（3）实行会计电算化的单位，对于机制的记账凭证，要认真审核，做到会计科目使用正确，数字准确。打印出来的机制记账凭证，也须加盖制单人员、审核人员、记账人员和会计主管人员的印章或签字。

在审核过程中，如果发现差错，应查明原因，按规定及时加以更正。只有经过审核无误的记账凭证，才能据以登记账簿。根据《中华人民共和国会计法》（以下简称《会计法》）规定，任何单位和个人不得伪造、变造会计凭证。对于伪造、变造会计凭证，授意、指使、强令会计机构、会计人员及其他人员伪造、变造会计凭证的，都应承担相应的法律责任。

四、账簿的登记与核算

（一）账簿启用的技术性要求

为了明确记账责任，保证账簿记录的合法性和安全性，在启用账簿时，应在账簿封面上写明单位名称和账簿名称；在账簿扉页上应附"账簿使用登记表"或"账簿启用表"，其内容包括：启用日期、账簿页数、记账人员和会计主管人员姓名，并加盖人名章和单位公章。记账人员或会计人员调动工作时，应注明交接日期、接办人员和监交人员姓名，由交接双方人员签名或盖章。

启用订本式账簿，应当从第一页到最后一页顺序编写页数，不得跳页、缺号。使用活页式账页，应当按账户顺序编号，并须定期装订成册，装订后再按实际使用的账页顺序编写页码，另加目录，记录每个账户的名称和页次。

（二）登记账簿的要求

《会计法》中规定"会计账簿登记，必须以经过审核的会计凭证为依据，并符合有关法律、行政法规和国家统一的会计制度的规定"。会计人员应当依《会计法》要求，根据审核无误的会计凭证登记会计账簿。登记账簿的基本要求是：

（1）登记会计账簿时，应当将会计凭证日期、编号、业务内容摘要、金额和其他有关资料逐项记入账内，做到数字准确、摘要清楚、登记及时、字迹工整。

（2）登记完毕后，要在记账凭证上签名或者盖章，并注明已经登账的符号（如"√"），表示已经记账。

（3）账簿中书写的文字和数字上面要留适当空距，不要写满格，一般应占格宽的1/2。

（4）登记账簿要用蓝黑或黑色墨水笔书写，不得使用圆珠笔（银行的复写账簿除外）或铅笔书写。但下列情况可以用红色墨水笔记账：

① 按照红字冲账的记账凭证，冲销错误记录。

② 在不设借贷等栏的多栏式账页中，登记减少数。

③ 在三栏式账户的余额栏前，如未印明余额的方向，在余额栏内登记负数余额。

④ 会计制度中规定用红字登记的其他记录。

（5）各种账簿按页次顺序连续登记，不得跳行、隔页。如果发生跳行、隔页，应将空行、空页划线注销，或注明"此行空白"或"此页空白"字样，并由记账人员签名或盖章。

（6）凡需要结出余额的账户，结出余额后，应在"借或贷"等栏内写明"借"或"贷"等字样。没有余额的账户,应在"借或贷"等栏内写"平"字,并在余额栏内用"ф"表示。现金日记账和银行存款日记账必须逐日结出余额。

(7)每一账页登记完毕结转下页时,应结出本页合计数及余额,写在本页最后一行和下页第一行有关栏内,并在本页的摘要栏内注明"转次页"字样,在次页的摘要栏内注明"承前页"字样。

对需要结计本月发生额的账户,结计"过次页"的本页合计数应当为自本月初至本页末止的发生额合计数;对需要结计本年累计发生额的账户,结计"过次页"的本页合计数应当为自年初起至本页末止的累计数;对既不需要结计本月发生额,也不需要结计本年累计发生的账户,可以只将每页末的余额结转次页。

(8)使用云或本地会计信息系统的单位,总账和明细账应当定期打印。发生收款和付款业务的,在输入收款凭证和付款凭证的当天必须打印出现金日记账和银行存款日记账,并与库存现金核对无误。

(9)账簿记录发生错误时,不得刮、擦、挖、补,随意涂改或用褪色药水更改字迹,不准重新抄写,应根据错误的情况,按规定的方法进行更正。

(三)查找记账错误的方法

在记账过程中有可能发生错误,试算平衡是我们查找记账错误的重要方法。如果账簿试算不平衡,就可以肯定记账已经发生了错误。造成账簿试算不平衡的主要原因有以下几种:

(1)试算表本身的有些金额抄错,汇总的合计数加错。

(2)记账凭证中会计分录编制错误。

(3)记账凭证中会计分录正确,但登账错误。

(4)账簿本身的余额计算错误。

如果发现账簿试算不平衡,应着手查找错误,不应拖延,更不能伪造平衡,掩盖错误。查找记账错误的方法一般采用全面检查和个别检查两种。

1. 全面检查

在错账较多,而且有些错误通过试算平衡不能发现时,一般采用全面检查的方法。全面检查是将一定时期的全部账目进行检查核对。具体检查程序分为正查法和反查法。正查法又称顺查法,即按记账顺序,从会计凭证开始检查至试算平衡表的方法。反查法又称逆查法,即从试算平衡表检查至会计凭证,与记账顺序相反的方法。实际工作中,大多采用反查法。

2. 个别检查

记账发生错误,往往是由于会计人员疏忽大意所致,因此,在正常情况下,错账往往不会很多,所以个别检查是比较常用的方法。个别检查就是针对错误的数字,进行抽查账目的方法,具体程序和步骤如下:

(1)通过账簿的试算平衡,找出影响账簿平衡关系的差数。

(2)通过分析出现差数的原因来找出具体错误所在,具体分析以下几种情况:

① 在过账或编制试算表时,由于数字抄错可能产生差数,使试算不平衡。例如,将5误记为7,将2误记为8。对于这样的差错,可由会计人员通过回忆和与相关金额的记账核对来查找。而对于发生的角分的差错可以只查找小数部分,以提高查错的效率。

② 记账方向错误产生的差数。在编制记账凭证或登记账簿时,把应记入借方数额记入了贷方或把应记贷方的数额记入了借方,从而记反了方向。这就使一方的数额加大了一倍,而另一方的数额减少了一半,使错数是原数的两倍,这种数往往可以被 2 除尽,所得的商数可能就是记错的数额。故也称为除二法。例如,应记入"原材料——A 材料"科目借方的 4 000 元误记入贷方,则该明细科目的期末余额将小于其总分类科目期末余额 8 000 元,被 2 除的商 4 000 元即为借贷方向反向的金额。同理,如果借方总额大于贷方 600 元,即应查找有无 300 元的贷方金额误记入借方。如非此类错误,则应另寻差错的原因。

③ 数字位置写错产生差数。数字位置写错而产生的差数往往可以被 9 除尽,故称之为除 9 法。适用于以下三种情况:

一是将数字写小。例如将 400 写为 40,错误数字小于正确数字 9 倍。查找的方法是:以差数除以 9 后得出的商即为写错的数字,商乘以 10 即为正确的数字。上例差数 360(400−40)除以 9,商 40 即为错数,扩大 10 倍后即可得出正确的数字 400。

二是将数字写大。例如将 50 写为 500,错误数字大于正确数字 9 倍。查找的方法是:以差数除以 9 后得出的商为正确的数字,商乘以 10 后所得的积为错误数字。上例差数 450(500−50)除以 9 后,所得的商 50 为正确数字,50 乘以 10(500)为错误数字。

三是邻数颠倒,如将 29 写为 92,将 96 写为 69,将 45 写为 54 等。颠倒的两个数字之差最小为 1,最大为 8。查找的方法是:将差数除以 9,得出的商连续加 11,直到找出颠倒的数字为止。如 78 与 87 的差数为 9,除 9 得 1,连加 11 为 12、23、34、45、56、67、78、89,如有 78 数字的业务,即有可能是颠倒的数字。

(四) 更正记账错误的方法

账簿记录发生错误时,应严肃对待,立即更正。会计账簿记录发生错误、隔页、缺号或跳行的,应当按照国家统一的会计制度规定的方法更正,并由记账人员和会计机构负责人(会计主管人员)在更正处盖章,以明确责任。会计制度规定的错账更正方法有划线更正法、红字冲销法和补充登记法等三种。

1. 划线更正法

结账前,记账凭证正确无误,在记账或结账过程中发现账簿记录中会计人员不慎出现笔误或计算失误,造成账上文字或数字错误,应采用划线更正法。

具体做法是:先在错误的文字或数字(整个数字)上划一条红线,表示错误内容已被注销,但应保持原记录文字或数字的内容清晰易于辨认。然后,将正确的文字或数字用蓝、黑色墨水书写在被注销的文字或数字上端的空白处,并由记账人员在更正处签章,以保证以后会计核算的正确,同时明确相关人员责任。

更正时须注意:如系文字写错,可以只更正个别错字;若系数字写错,必须将错误数字全部注销,不能只更正该数字中的个别错误数码。

如果是记错账簿或记错方向时,可将错误内容划红线注销后,将正确的文字记录和数字重新过入应记的账簿或方向栏内,在注销处加盖记账人员印章。

2. 红字冲销法

红字冲销法又称红字更正法或赤字冲销法。记账后,如果发现会计凭证中的会计分录有错误,使账簿记录也发生同样错误,适用红字更正法进行更正。账簿使用红字记录是表示对原来的蓝字记录的减少或抵销。红字更正法的具体应用有两种情况:

第一种情况,记账凭证中的账户对应关系发生错误,如账户名称写错或借贷方向写错。更正时,应先用红字填写一张与错误的记账凭证内容完全相同的红字记账凭证,然后据此用红字登记入账,并在摘要栏注明"冲销×月×日×号凭证错账"。同时,用蓝字再编写一张正确的记账凭证,据此用蓝字记入账内,并在摘要栏注明"订正×月×日×号凭证账"。

第二种情况,记账凭证中的账户对应关系正确无误,只是错记的金额多于正确的金额,即发生数额多记了。更正时,按多记金额用红字编制一张记账凭证,然后据此用红字记入账内,在摘要栏注明"冲销×月×日×号凭证多记部分"。

3. 补充登记法

补充登记法又称补充更正法。记账后,如果发现记账凭证所列账户对应关系正确无误,只是错记金额少于正确金额,即少记金额,应使用补充更正法。更正时,将少记金额用蓝字编制一张记账凭证,然后用蓝字记入账内,并在摘要栏注明"补记×月×日×号凭证少记部分"。

(五)账簿的更换和保管

按照会计制度规定,在新的会计年度开始时,要更换除固定资产卡片账外已经记录过的旧账簿而建立新账簿。更换新账时,应按账簿启用的规则,填列好有关内容,将本年度账簿中的余额结转到下一会计年度对应的新账簿第一行余额栏内,并在"摘要"栏注明"上年结转"字样,这种结转是一种转抄方式,不需要编制记账凭证。然后将本年度的全部账簿整理归档。结转账簿年度余额时,在本账簿中最后一笔记录(即本年累计)的下一行"摘要"栏注明"结转下年"字样,将计算出的年末余额记入与余额方向相反的"借方(或贷方)"栏内,如"应收账款"总分类账簿年末余额方向为借方,在"结转下年"行,将余额列入"贷方"栏,在"余额"栏内注明"0",在"借或贷"栏注明"平"。至此,本账簿年末余额结转完毕。

各种账簿是重要的经济档案,必须按规定妥善保管,不得丢失和任意销毁。否则,原有债权、债务无法理清;重要的经济资料和经济信息将丧失;经济责任将无法明确,故妥善保管账簿意义重大。账簿的保管,既要安全、完善、机密,又要保证使用时能及时迅速查到。年度终了更换新账后,旧账页应清点整理,所有活页账应装订成册加具封面,统一编号加盖公章后,与各种订本账一起归档保管。账簿归档保管要做到五防,即防火、防盗、防潮、防霉烂变质、防虫蛀鼠咬。调阅存档后的会计账簿时,必须提出理由,经会计主管人员批准,在保管员陪同下方可查阅,原则上不得借出。

账簿保管期满,需要销毁时,由档案保管部门提出销毁意见,会同财务部门共同鉴定编造销毁清册,报本单位领导或上级批准方可销毁。销毁时,应由档案保管部门、财务部门和有关部门共同监销。

五、纳税申报

不同地区在纳税流程和细节上存在差异,但主要步骤及流程基本相近。

建议每年自己建立一个实用的征期日历,以便在规定时间内缴税,避免产生税收滞纳金及罚款,也可以在税务局的网站上查询。

申报期	税种及事项	备 注
1～10 日	资源税	资源税要按月申报,在次月 10 日前申报计缴完毕
1～15 日	个人所得税	个人所得税要按月申报,在次月 15 日前申报计缴完毕
1～15 日	增值税、消费税、城市维护建设税、教育费附加、地方教育费附加、企业所得税	增值税、消费税、城市维护建设税、教育费附加及地方教育费附加均是按月申报的,在次月 15 日前申报计缴完毕
		企业所得税,可以按月申报,也可以按季度申报,按主管税务机关的规定,要求在次月 15 日前计缴完毕
1～15 日	无应纳税(费)款申报	本月即使什么税都不用缴,也要进行申报
3 月 1 日至 6 月 30 日	居民个人综合所得汇算清缴	取得综合所得需要办理汇算清缴的情形包括:从两处以上取得综合所得,且综合所得年收入额减除专项扣除的余额超过 6 万元;取得劳务报酬所得、稿酬所得、特许权使用费所得中一项或者多项所得,且综合所得年收入额减除专项扣除的余额超过 6 万元;纳税年度内预缴税额低于应纳税额;纳税人申请退税
1 月 1 日至 3 月 31 日	经营所得个人所得税汇算清缴	纳税人取得经营所得,按年计算个人所得税,由纳税人在月度或者季度终了后 15 日内向税务机关报送纳税申报表,并预缴税款;在取得所得的次年 3 月 31 日前办理汇算清缴
1 月 1 日至 5 月 31 日	年度企业所得税汇算清缴	每年均要做企业所得税汇算清缴,不管是亏损还是盈利或者处于免税期,都要申报
主管税务机关自定	车船税、城镇土地使用税、房产税、印花税、土地增值税	这些税种的计征方式由各省自定,关注主管地税局的规定

注:本月遇节假日可按当地税务通知延迟申报。

在银行缴完税后,一般要将缴税凭据复印两份,同时保留一份向税务机关申报的纸质资料备查,以便日后税务局、事务所审查时或者办理涉税事项时使用。

第二篇 模拟企业基本资料

一、企业基本情况

(一) 企业经营信息

公司名称为天津滨海机械设备有限公司,是一个国有中型工业企业,设在天津市滨海新区中心路 12 号,电话为 022-88786666,为增值税一般纳税人,纳税人统一社会信用代码为911201003703088886,主要生产微型机床——利群 S1 机床、利群 S2 机床两种产品,全厂设有三个基本生产车间(一车间、二车间和装配车间),两个辅助生产车间(机修车间和供气车间),一个专设销售机构和厂部管理机构等部门。从业人数 120 人。

(二) 核算体制与方法

天津滨海机械设备有限公司实行厂部一级核算,采用科目汇总表核算形式,半月汇总登记总账一次。如果使用会计信息系统,只需录入记账凭证,账簿随时可查。会计信息系统记账更重要的意义是防止随意修改,科目汇总表亦随时可查。

核算方法:采用企业会计准则。

记账方法:采用借贷记账法。

记账凭证:采用收付转或通用记账凭证形式。

(三) 人员分工

厂长(法人代表):李华

财务科长:王红

记账员:赵雨

出纳员:李立

采购录入员:张佳

销售录入员:林枫

(四) 生产特点

天津滨海机械设备有限公司采用分步成本计算法,平时从仓库领用圆钢、生铁等材料进行加工,生产出利群 S1 机床、利群 S2 机床,产品生产完工验收合格后,送交仓库。

(五) 内部核算制度

1. 货币资金核算

库存现金管理:实行限额管理,库存现金的使用按《现金管理暂行条例》的规定执行。

银行存款管理:天津滨海机械设备有限公司在中国工商银行滨海支行开设了一个基本账户,账号为0302093412008888999。

备用金管理:公司管理人员、采购人员及其他人员出差预支差旅费,出差回来一次结清。

结算方式:库存现金、现金支票、转账支票、银行汇票、商业承兑汇票、银行承兑汇票、汇兑、委托收款、托收承付等。

2. 销售和收款

销售产品：收到的库存现金以及各种票据当日送存银行。销售时若有现金折扣，在实际发生时确认为当期财务费用，现金折扣只折扣价款，不折扣增值税。

坏账处理：每年年末，按应收账款余额百分比法计提坏账准备（包括应收账款、其他应收款），提取比例为"应收账款""其他应收款"账户余额的2%。

票据管理：对带息商业汇票，统一给出年利率，需贴现的按情况进行换算，对需按日计算利息、贴现利息的，采用算尾不算头的方法计算天数；对跨年度的带息商业汇票，年末应计提票据应计利息，计入票据账面价值。

3. 工资管理

工资由银行代发，企业代扣的个人所得税费用经"应交税费"账户核算，代扣社会保险和住房公积金经"应付职工薪酬——短期薪酬——工资"账户核算。工资采用月初发放，月末分配的办法。

福利费按实际发生额入账，并且不超过工资额的14%，月末分配。按工资总额的2%计提工会经费，并拨付工会专设账户。职工教育经费按2.5%计提，按实际发生额入账，并按不超过工资总额的8%抵扣企业所得税。

4. 存货

存货包括原材料、周转材料和库存商品等，其中原材料包括原料及主要材料、燃料、辅助材料和外购半成品四类，按计划成本核算，需按类计算材料成本差异率（要求保留四位小数），材料成本差异月末一次集中结转。周转材料采用一次摊销法。

库存商品按实际成本核算。库存商品发出采用月末一次加权平均法计算销售成本，若加权平均单价不能被整除，则要求至少保留四位小数。

年末对存货进行清查，根据盘点结果编制"实存账存盘点表"报有关部门批准。

5. 固定资产

天津滨海机械设备有限公司的固定资产分四大类：房屋建筑物、机器设备、交通运输和电子设备，分属于不同部门。

提取折旧按新《企业会计准则》规定，以月初固定资产的账面余额为依据按月计提折旧。

6. 成本与费用

采用制造成本法的分步法（可选择采用平行结转分步法或逐步结转分步法）计算产品成本；厂里的各项费用按经济用途分类，其中直接材料、直接人工、燃料动力和制造费用计入产品成本，其余计入期间费用；辅助生产费用按受益对象采用交互分配法进行分配；期末按生产工时的比例分配制造费用；期末产品成本在完工产品和未完工产品之间的分配采用约当产量法，按50%完工程度计算，材料一次性领用。

7. 税金及附加

增值税税率：货物销售、有形动产融资租赁收入为13%，陆路运输服务收入为9%，现代服务业收入为6%；城市维护建设税、教育费附加及地方教育费附加分别按流转税的7%、3%和2%计算，按月缴纳。

所得税费用的计税依据为应纳税所得额，所得税税率为25%，采用应付税款法核算（可采用资产负债表债务法），按季预缴年末汇算清缴。

8. 其他

购买的公司债券，按月计算应计利息；长期股权投资，若持股比例20%（含20%）以下或50%（含50%）以上采用成本法核算，其他采用权益法。

借款利息按月计提分配,与固定资产有关的,在固定资产达到预计可使用状态之前,计入固定资产成本。

利润及利润分配以年度税后利润的10%提取法定盈余公积金。年末可根据盈利情况按比例向投资者分配利润。

二、综合实训基本要求

(一) 对指导教师的基本要求

(1) 按综合实训的要求购买会计用品。

(2) 对实训学生进行分组,一般为3人一组,每个学生独立完成相关作业。

(3) 发放实训用品、说明实训要求与考核办法。

(4) 介绍实训企业基本情况与实训基本要求。

(5) 指导学生建立总账和各种明细分类账。

(6) 指导学生编制原始凭证、记账凭证和科目汇总表。

(7) 指导学生登记总账和各种明细分类账。

(8) 指导学生对账和结账。

(9) 指导学生编制会计报表和编写财务分析报告。

(10) 对学生的实训结果进行总结评比。

(二) 对实训学生的基本要求

(1) 全面了解实训企业的基本情况和实训的基本内容。

(2) 开设总账1本。根据天津滨海机械设备有限公司资料年度12月初的各账户余额和12月份编制的科目汇总表,记入期初余额和本期发生额,月末办理结账手续。

(3) 开设现金和银行存款日记账各1本。根据天津滨海机械设备有限公司资料年度12月初的各账户余额和12月份编制的记账凭证,记入期初余额和本期发生额,月末办理结账手续。

(4) 开设三栏式明细账1本。根据天津滨海机械设备有限公司资料年度12月初的三栏式各账户余额和12月份编制的记账凭证,记入期初余额和本期发生额,月末办理结账手续。

(5) 开设数量金额式明细账1本。根据天津滨海机械设备有限公司资料年度12月初的数量金额式各账户余额和12月份编制的记账凭证,记入期初余额和本期发生额,月末办理结账手续。

(6) 开设多栏式明细账1本。根据天津滨海机械设备有限公司资料年度12月初的多栏式各账户余额和12月份编制的记账凭证,记入期初余额和本期发生额,月末办理结账手续。

(7) 根据12月份发生的经济业务的要求,编制有关原始凭证。根据原始凭证编制记账凭证。

(8) 根据记账凭证半月编制一次科目汇总表。

(9) 年终总账、日记账和各明细账进行对账。

(10) 根据总账和各明细账编制会计报表,包括资产负债、利润表和现金流量表等。

(11) 根据会计报表资料编写财务分析报告。

(12) 装订会计凭证。

三、综合实训需要准备的会计用品

(一) 会计凭证

(1) 每个学生收款凭证40张、付款凭证100张、转账凭证80张(含备用),或通用记账凭证200张。

(2) 每个学生科目汇总表5张(含备用)。

（二）会计账簿

（1）总分类账簿每个学生1本。

（2）现金日记账和银行存款日记账每个学生各1本。

（3）三栏式、数量金额式、多栏式明细分类账每个学生各1本。固定资产专用账页20张、增值税专用账页4张。

（三）会计报表

资产负债表、利润表和现金流量表每个学生各2张(含备用)。

（四）其他

（1）会计凭证封面每个学生4张(含备用)、包角纸2张。

（2）回形针每个学生1盒。

（3）铁夹子、直尺、红色签字笔、黑色签字笔、铅笔和橡皮每个学生各1件。

四、2021年有关会计资料

（一）总账资料

年初余额、1～11月累计发生额及12月份期初余额如下：

单位：元

序号	科目名称及编码	年初余额		1～11月累计发生额		12月份期初余额	
		借 方	贷 方	借 方	贷 方	借 方	贷 方
1	库存现金(1001)	9 500		80 000	79 000	10 500	
2	银行存款(1002)	502 054		1 754 946	1 697 000	560 000	
3	其他货币资金(1012)	—		350 000	350 000	—	
4	交易性金融资产(1101)	—		8 000		8 000	
5	买入返售金融资产(1111)	—		—	—	—	
6	应收票据(1121)	160 000		500 000	500 000	160 000	
7	应收账款(1122)	2 000 000		1 187 000	2 387 000	800 000	
8	预付账款(1123)	—					
9	应收股利(1131)	—		20 000	20 000	—	
10	应收利息(1132)	—					
11	其他应收款(1221)	250 000		1 250 000	1 400 000	100 000	
12	坏账准备(1231)		4 500	—	—		4 500
13	材料采购(1401)	—					
14	原材料(1403)	640 281		1 535 615	1 324 896	851 000	
15	材料成本差异(1404)	2 870		35 770	32 840	5 800	
16	库存商品(1405)	1 036 000		3 440 000	3 650 000	826 000	
17	发出商品(1406)	—		767 400	767 400	—	
18	周转材料(1411)	182 200		161 000	179 200	164 000	
19	长期股权投资(1511)	300 000		—	—	300 000	
20	固定资产(1601)	23 028 050		—	—	23 028 050	
21	累计折旧(1602)		5 186 589	—	1 201 997		6 388 586

序号	科目名称及编码	年初余额		1～11月累计发生额		12月份期初余额	
		借方	贷方	借方	贷方	借方	贷方
22	在建工程(1604)	—		—	—	—	
23	固定资产清理(1606)						
24	无形资产(1701)	1 600 000		—	—	1 600 000	
25	累计摊销(1702)		380 000		110 000		490 000
26	无形资产减值准备(1703)		100 000		—		100 000
27	长期待摊费用(1801)	90 045		32 000	63 635	58 410	
28	待处理财产损溢(1901)	—		150 000	150 000	—	
29	短期借款(2001)		1 933 343.86	2 373 343.86	500 000		60 000
30	应付票据(2201)		50 000	120 000	300 000		230 000
31	应付账款(2202)		1 461 292	2 161 292	960 000		260 000
32	预收账款(2203)		54 000	150 000	120 000		24 000
33	应付职工薪酬(2211)		18 000	9 386 000	9 368 000		—
34	应交税费(2221)		248 957.14	3 777 107.90	3 671 056.76		142 906
35	应付利息(2231)		135 000	150 000	33 200		18 200
36	应付股利(2232)		—	20 000	20 000		—
37	其他应付款(2241)		6 800	5 750	—		1 050
38	应付债券(2502)		1 200 000	—			1 200 000
39	预计负债(2801)		—	—	—		—
40	递延所得税负债(2901)		—	—	—		—
41	实收资本(4001)		18 210 000				18 210 000
42	资本公积(4002)		120 000				120 000
43	盈余公积(4101)		93 016				93 016
44	本年利润(4103)		—	—	520 000		520 000
45	利润分配(4104)		1 008 000				1 008 000
46	生产成本(5001)	408 498		4 930 000	4 940 000	398 498	
47	主营业务收入(6001)	—		19 635 000	19 635 000		
48	其他业务收入(6051)	—		200 000	200 000		
49	汇兑损益(6061)	—		—	—	—	
50	资产处置损益(6115)	—		—	—	—	
51	营业外收入(6301)	—		—	—	—	
52	主营业务成本(6401)	—		16 100 000	16 100 000		
53	其他业务成本(6402)	—		3 000	3 000		
54	税金及附加(6403)	—		122 000	122 000		
55	销售费用(6601)	—		30 000	30 000		
56	管理费用(6602)	—		2 900 000	2 900 000		
57	财务费用(6603)	—		30 000	30 000		

序号	科目名称及编码	年初余额		1～11月累计发生额		12月份期初余额	
		借方	贷方	借方	贷方	借方	贷方
58	资产减值损失(6701)	—	—	—	—	—	—
59	营业外支出(6711)	—	—	—	—	—	—
60	所得税费用(6801)	—	—	130 000	130 000	—	—
	合　计	28 680 553	28 680 553	39 150 000	39 150 000	28 870 258	28 870 258

（二）各明细账资料

1. 日记账年初余额、1～11月累计发生额和12月份期初余额资料

科目名称	币　别	年初余额	1～11月累计借方	1～11月累计贷方	12月份期初余额
库存现金(1001)	人民币元	9 500	80 000	79 000	10 500
银行存款(1002)	人民币元	502 054	1 754 946	1 697 000	560 000
工商银行	人民币元	463 054	1 654 946	1 597 000	521 000
建设银行	人民币元	5 000	20 000	20 000	5 000
工商银行——美元户	人民币元	34 000	80 000	80 000	34 000
	美　元	5 000	10 000	10 000	5 000

2. 三栏式明细账年初余额、1～11月累计发生额和12月份期初余额资料

单位：元

科　目　名　称	方向	年初余额	1～11月累计借方	1～11月累计贷方	12月份期初余额
其他货币资金(1012)	借	—	350 000	350 000	—
存出投资款	借	—	350 000	350 000	—
银行汇票存款	借	—	—	—	—
交易性金融资产(1101)	借	—	8 000	—	8 000
应收票据(1121)	借	160 000	500 000	500 000	160 000
天津大沽化工	借	160 000	500 000	500 000	160 000
山东光学仪器	借			—	—
应收账款(1122)	借	2 000 000	1 187 000	2 387 000	800 000
天津九洲	借	1 829 436	855 922	2 365 786	319 572
济南重光	借	300 000			300 000
南海农机	平	—			—
龙丰机械	借	−143 000	250 000	7 000	100 000
玉泉新河	借	13 564	81 078	14 214	80 428

科 目 名 称	方向	年初余额	1～11月 累计借方	1～11月 累计贷方	12月份 期初余额
天津洋溢	平	—			—
应收利息(1132)	借	—	—	—	—
其他应收款(1221)	借	250 000	1 250 000	1 400 000	100 000
单位往来(122101)	借	245 000	1 250 000	1 400 000	95 000
天津大沽化工	借	245 000	1 250 000	1 400 000	95 000
个人往来(122102)	借	5 000	—		5 000
张凯	借	5 000			5 000
坏账准备(1231)	贷	4 500	—	—	4 500
应收账款坏账准备(123101)	贷	4 000	—	—	4 000
其他应收款坏账准备 (123102)	贷	500	—	—	500
长期股权投资(1511)	借	300 000	—		300 000
天津滨海运输有限公司	借	300 000	—		300 000
长期待摊费用(1801)	借	90 045	32 000	63 635	58 410
待处理财产损溢(1901)	借	—	150 000	150 000	—
短期借款(2001)	贷	1 933 343.86	2 373 343.86	500 000	60 000
工行借款	贷	1 933 343.86	2 373 343.86	500 000	60 000
应付票据(2201)	贷	50 000	120 000	300 000	230 000
天津物资	贷	50 000	120 000	300 000	230 000
应付账款(2202)	贷	1 461 292	2 161 292	960 000	260 000
北方钢铁	贷	1 451 292	2 161 292	960 000	250 000
昆山钢铁	贷	10 000			10 000
海州钢铁	贷	—			—
预收账款(2203)	贷	54 000	150 000	120 000	24 000
海南飞跃	贷	54 000	150 000	120 000	24 000
应付职工薪酬(2211)	贷	18 000	9 386 000	9 368 000	—
短期薪酬(221101)	贷	—	9 200 000	9 200 000	—
离职后福利(221102)	贷	18 000	186 000	168 000	—
辞退福利(221103)	贷	—	—	—	—
应交税费(2221)	贷	248 957.14	3 777 107.90	3 671 056.76	142 906
应交增值税(222101)	平		2 244 369	2 244 369	—
进项税额(22210101)	借		1 139 586		1 139 586
销项税额(22210102)	贷			2 244 369	2 244 369
进项税转出(22210103)	贷				—
转出未交增值税 (22210104)	借		1 104 783		1 104 783

科 目 名 称	方向	年初余额	1～11月 累计借方	1～11月 累计贷方	12月份 期初余额
个人所得税(222102)	贷	3 360	43 333.33	43 333.33	3 360
应交城市维护建设税 (222104)	贷	14 860	86 215.56	80 000	8 644.44
应交教育费附加(222105)	贷	6 368.57	36 949.53	34 285.72	3 704.76
应交地方教育费附加 (222106)	贷	4 245.71	24 633.01	22 857.14	2 469.84
应交印花税(222107)	贷	2 122.86	12 316.51	11 428.57	1 234.92
应交所得税(222108)	贷	—	130 000	130 000	—
未交增值税(222109)	贷	218 000	1 199 290.96	1 104 783	123 492.04
应付利息(2231)	贷	135 000	150 000	33 200	18 200
借款利息(223101)	贷	—	15 000	15 600	600
债券利息(223102)	贷	135 000	135 000	17 600	17 600
应付股利(2232)	贷	—	2 000	2 000	—
其他应付款(2241)	贷	6 800	5 750	—	1 050
保险公司	贷	6 800	5 750	—	1 050
应付债券(2502)	贷	1 200 000	—		1 200 000
预计负债(2801)	贷	—	—		—
未决诉讼(280101)	贷	—	—		
实收资本(4001)	贷	18 210 000			18 210 000
机械总公司(400101)	贷	10 000 000			10 000 000
天津红星(400102)	贷	8 210 000			8 210 000
资本公积(4002)	贷	120 000			120 000
盈余公积(4101)	贷	93 016			93 016
本年利润(4103)	贷	—		520 000	520 000
利润分配(4104)	贷	1 008 000			1 008 000
未分配利润(410401)	贷	1 008 000			1 008 000

3.数量金额式明细账12月份期初余额资料

(1)原材料12月份期初余额资料：（金额单位：元）

明细账户及材料名称	计量单位	结存数量	计划单价	结存金额	材料成本差异
原料及主要材料					6 800
生铁	吨	120	2 500	300 000	
圆钢	吨	50	3 000	150 000	

明细账户及材料名称	计量单位	结存数量	计划单价	结存金额	材料成本差异
燃料					2 000
煤	吨	55	600	33 000	
焦炭	吨	70	800	56 000	
外购半成品					−4 000
轴承 1	套	920	200	184 000	
轴承 2	套	1 200	100	120 000	
辅助材料					670
油漆	千克	600	10	6 000	
润滑油	千克	500	4	2 000	
合　计				851 000	5 470

（2）周转材料 12 月份期初余额资料：（金额单位：元）

明细账户及材料名称	计量单位	结存数量	计划单价	结存金额	材料成本差异
劳动保护用品					
工作服	套	120	150	18 000	
手套	双	130	100	13 000	
附件				—	
螺丝螺母	套	500	2	1 000	
工具	把	100	120	12 000	
包装物		400	300	120 000	
包装箱	个	400	300	120 000	
合　计				164 000	330

（3）库存商品 12 月份期初余额资料：（金额单位：元）

明细账户及材料名称	计量单位	结存数量	实际单价	结存金额
利群 S1 机床	台	50	5 000	250 000
利群 S2 机床	台	120	4 800	576 000
合　计				826 000

4. 多栏式明细账资料

生产成本明细账 12 月份期初余额资料：（单位：元）

车间 / 产品名称	成本项目 直接材料	直接人工	燃料动力	制造费用	合　计
一车间　利群 S1 机床	32 409	24 006	9 804	5 240	71 459
一车间　利群 S2 机床	26 712	13 034	7 600	3 860	51 206
二车间　利群 S1 机床	34 500	27 645	7 609	4 358	74 112
二车间　利群 S2 机床	29 870	19 780	5 780	3 452	58 882
装配车间　利群 S1 机床	43 561	23 472	6 547	5 642	79 222
装配车间　利群 S2 机床	32 456	21 348	5 435	4 378	63 617
合　计	199 508	129 285	42 775	26 930	398 498

5. 固定资产登记簿资料

(1) 各类别资料:(金额单位:元)

类别编号	类型	预计可使用年限(年)	预计净残值率	折旧方法	原值期初余额	累计折旧期初余额
1	房屋建筑物	20	5%	平均年限法	20 200 000.00	5 524 250.00
2	机器设备	10	5%	平均年限法	1 996 000.00	554 879.16
3	交通工具	5	5%	平均年限法	800 000.00	296 083.33
4	电子设备	3	5%	平均年限法	32 050.00	13 373.51
合计					23 028 050.00	6 388 586.00

(2) 在用的 12 月份期初固定资产明细资料:

类别名称	固定资产编号	固定资产名称	部门名称	原值(元)	累计折旧(元)	预计可使用年限(年)	开始使用日期	增加方式
房屋建筑物	101	仓库	厂部	200 000	61 750.00	20	2015 年 5 月	在建工程转入
房屋建筑物	102	办公楼	厂部	20 000 000	5 462 500.00	20	2016 年 2 月	接受投资
机器设备	201	钻床	一车间	560 000	177 333.33	10	2018 年 7 月	接受投资
机器设备	202	1 号车床	一车间	280 000	57 633.33	10	2019 年 9 月	直接购入
机器设备	203	2 号车床	二车间	456 000	180 500.00	10	2017 年 9 月	直接购入
机器设备	204	装配车床	装配车间	110 000	22 641.67	10	2019 年 9 月	直接购入
机器设备	205	机修生产线	机修车间	110 000	21 770.83	10	2019 年 10 月	转入
机器设备	206	供气设备	供气车间	480 000	95 000.00	10	2019 年 10 月	直接购入
交通工具	301	花冠轿车	厂部	380 000	192 533.33	5	2019 年 3 月	直接购入
交通工具	302	商务车	销售部	270 000	72 675.00	5	2020 年 6 月	直接购入
交通工具	303	卡车	销售部	150 000	30 875.00	5	2020 年 10 月	直接购入

类别名称	固定资产编号	固定资产名称	部门名称	原值（元）	累计折旧（元）	预计可使用年限（年）	开始使用日期	增加方式
电子设备	401	计算机	厂 部	14 000	5 911.11	3	2020 年 7 月	直接购入
电子设备	402	计算机	销售部	14 000	5 911.11	3	2020 年 7 月	直接购入
电子设备	403	相 机	厂 部	1 050	443.33	3	2020 年 7 月	直接购入
电子设备	404	传真机	厂 部	3 000	1 107.96	3	2020 年 9 月	直接购入
合 计				23 028 050	6 388 586.00			

（3）在用的 12 月份期初固定资产分类汇总资料：（单位：元）

项目		原值期初余额	累计折旧期初余额
一车间	房屋建筑物		
	机器设备	840 000.00	234 966.66
	小计	840 000.00	234 966.66
二车间	房屋建筑物		
	机器设备	456 000.00	180 500.00
	小计	456 000.00	180 500.00
装配车间	房屋建筑物		
	机器设备	110 000.00	22 641.67
	小计	110 000.00	22 641.67
机修车间	房屋建筑物		
	机器设备	110 000.00	21 770.83
	小计	110 000.00	21 770.83
供气车间	房屋建筑物		
	机器设备	480 000.00	95 000.00
	小计	480 000.00	95 000.00
专设销售机构	房屋建筑物		
	交通工具	420 000.00	103 550.00
	电子设备	14 000.00	5 911.11
	小计	434 000.00	109 461.11
厂部管理机构	房屋建筑物	20 200 000.00	5 524 250.00
	交通工具	380 000.00	192 533.33
	电子设备	18 050.00	7 462.40
	小计	20 598 050.00	5 724 245.73
合 计		23 028 050.00	6 388 586.00

6. 12月份期初无形资产资料

无形资产摊销年限为10年：（单位：元）

无　形　资　产	原　　价	减值准备	累计摊销	已摊销月份
SAPERP 管理系统	750 000.00	46 000.00	230 000.00	45
利群 S3 专利权	650 000.00	54 000.00	240 000.00	45
SA 非专利技术	200 000.00		20 000.00	12
合　　　计	1 600 000.00	100 000.00	490 000.00	

第三篇　模拟企业 12 月份经济业务

经济业务需要由实验指导老师予以分析讲解：

（1）从原始凭证的填制方面，分析由哪几方面人员负责填制。

（2）从原始凭证的种类方面，分析有哪几种，其功能、联次、填写要求、审核内容上的不同。

（3）提供的凭证是否都作为记账凭证的附件。

（4）会计处理涉及哪几个会计科目。

（5）由于篇幅有限，每笔付款业务都省略了付款审批单，可由教师指导，学生分析，模拟不同角色填制。

（注：不同部门人员填制可能导致会计分录所涉及的会计科目不同）

业务 1　12 月 1 日

　　售给天津大沽化工有限公司利群 S1 机床 10 台(货物自提),收转账支票一张;请填进账单,将转账支票送存开户银行,如凭证 1-1 至凭证 1-4 所示。

凭证 1-1

中国工商银行进账单 （回单或收款通知）　1

年　月　日

出票人	全称		收款人	全称											
	账号			账号											
	开户银行			开户银行											
金额	人民币 （大写）				亿	千	百	十	万	千	百	十	元	角	分
票据种类		票据张数													
票据号码															
复核：　　记账：				开户银行签章											

此联是开户银行交给持票人的回单

凭证 1-2

中国工商银行转账支票

10203310
81567341

付款期限自出票之日起十天

出票日期(大写)　贰零贰壹 年 壹拾贰 月 零壹 日　　付款行名称:工行河北路支行
收款人:天津滨海机械设备有限公司　　出票人账号:0302093412004550488

人民币 （大写）　捌万柒仟零壹拾元整	亿	千	百	十	万	千	百	十	元	角	分
				¥	8	7	0	1	0	0	0

用途购货款
上列款项请从
我账户内支付
出票人签章

密码＿＿＿＿＿＿
行号＿＿＿＿＿
复核　　记账

凭证 1-1 说明：

"回单"是受理证明，说明你要向银行存一张支票，但并不证明到账。

"收账通知"是入账证明，可以用来做账。

通常，可以把两联合在一起做账，不要重复做账。

本单的取得：单位开立银行账户后，直接在开户行购买。此单是常用的一种单据，由财会人员填制。

凭证 1-2 说明：

转账支票的正联交给收款人，收款人送存自己的开户行，存根联由开具转账支票的单位留存，作为原始凭证，证明款项支付。

转账支票使用说明

（1）单位应在开户银行的账户或核准经费户的余额内签发支票，每张支票金额不能低于规定的起点。

（2）每个账户使用的支票，不得用于其他账户，预算单位签发的支票，不得跨年使用。

（3）转账支票一律为记名式，只能转账，不能提取现金，亦不能流通转让。

（4）单位签发支票时，必须使用钢笔或毛笔，按支票簿排定的页数顺序填写，字体不得潦草，也不得使用红色或易褪色的墨水笔。"付款银行名称""出票人账号""总字第 号字第 号"及"银行会计分录"四栏系由银行使用不必填写，其他各栏必须填写清楚，并应注意以下几点：

① "签发日期"应填写实际出票日期，不得补填或预填日期；对"收款人"栏必须填写清楚；对"用途"栏，除填写预算科目外，企业及其他非预算单位只填明用途即可。

② 对大、小写金额必须填写齐全，如有错误不得更改，应另行签发；其他各栏填错，可在更改处加盖预留印章，予以证明。另外，在小写金额前应填写金额符号"￥"。

（5）"出票人签章"栏应填写清楚；"出票人签章"处应按预留印章分别签章，缺漏签章或签章不符时，银行不予受理。

（6）作废的支票不得撕去，应由签发单位自行注销，与存根折在一起注意保管，在结清销户时，连同未用空白支票一并缴还银行。

凭证 1-3

 1200213130

天津增值税专用发票

№ 20101201

此联不作报销务与抵扣凭证使用

1200213130

20101201

开票日期： 2021 年 12 月 01 日

<table>
<tr><td rowspan="4">购买方</td><td>名　　称：</td><td colspan="2">天津大沽化工有限公司</td><td rowspan="4">密码区</td><td colspan="4">66/-3947/->59*<818<33</td></tr>
<tr><td>纳税人识别号：</td><td colspan="2">91120119546537567T</td><td colspan="4">6>/0/4332*3-0+672<7*</td></tr>
<tr><td>地　址、电　话：</td><td colspan="2">天津市河北路1号 02266668888</td><td colspan="4">5+-<<51+41+>*>58*8460</td></tr>
<tr><td>开户行及账号：</td><td colspan="2">工商银行河北路支行 030209341200455048</td><td colspan="4">128990<42+*31/58>>33</td></tr>
<tr><td colspan="2">货物或应税劳务、服务名称</td><td>规格型号</td><td>单位</td><td>数量</td><td>单价</td><td>金　额</td><td>税率</td><td>税　额</td></tr>
<tr><td colspan="2">*组合机床*利群 S1 机床</td><td></td><td>台</td><td>10</td><td>7 700.00</td><td>77 000.00</td><td>13%</td><td>10 010.00</td></tr>
<tr><td colspan="2">合　　　　计</td><td></td><td></td><td></td><td></td><td>¥77 000.00</td><td></td><td>¥10 010.00</td></tr>
<tr><td colspan="2">价税合计（大写）</td><td colspan="4">⊗ 捌万柒仟零壹拾圆整</td><td colspan="3">（小写）¥87 010.00</td></tr>
<tr><td rowspan="4">销售方</td><td>名　　称：</td><td colspan="3">天津滨海机械设备有限公司</td><td rowspan="4">备注</td><td colspan="3"></td></tr>
<tr><td>纳税人识别号：</td><td colspan="3">911201003703088886</td><td colspan="3"></td></tr>
<tr><td>地　址、电　话：</td><td colspan="3">天津市滨海新区中心路 12 号 02288786666</td><td colspan="3"></td></tr>
<tr><td>开户行及账号：</td><td colspan="3">工商银行滨海支行 0302093412008888999</td><td colspan="3"></td></tr>
</table>

收款人：　　　　　复核：　　　　　开票人：赵雨　　　　　销售方：（章）

税总函（2021）62 号北京印钞有限公司

第一联：记账联 销售方记账凭证

凭证 1-4

产 品 出 库 单

用途：　　　　　　　　　年　月　日　　　　　　　　凭证编号：120001

仓库：产成品库

类别	编号	名称及规格	计量单位	数量	单位成本	总成本	附注：
合　　　计							

记账：　　　　　保管：　　　　　检验：　　　　　制单：

29

知识链接

凭证 1-3 说明：

增值税专用发票填写须知

(1) 用票单位取得经营收入时,使用蓝色或黑色复写纸;发生冲减经营收入时使用红色复写纸,复写时必须一次性复写,不得将各联分别填写。

(2) 按顺序号使用,填写时要字迹清楚,不得省略、不得涂改、不得挖补。作废的发票要加盖(或注明)"作废"字样,并把原有的各联附在存根联上。已用发票的存根,至少保存5年。

(3) 开票日期按公历用"阿拉伯数码"填写;单位名称填写全称,地址不省略;纳税人识别号按全国统一的税务登记证件代码(15位数)填写。开户银行账户按购货单位支票注明账号填写,以现金购货先询问开户银行及账号后再行填写。

(4) "货物或应税劳务、服务名称"栏可填写商品规格、型号、劳务种类等,不同商品或劳务名称应分别填列。

(5) "金额"栏应填写不含税的销售额。在票面上反映的是数量乘单价所得的积。"金额"合计栏应填写本发票所填开的不含税销售额之和,"单位""数量""单价"的合计栏不填写。

(6) "税率"栏应填写依据税收法规所确定的税率,税率合计栏不用填写,"税额"栏应填写金额乘税率所得的积,税额合计栏应填写本份发票税额合计数。

(7) "价税合计(大写)"栏应用中文填写金额合计与税额合计之和,"(小写)"后用阿拉伯数码填写价税合计数。

(8) "销售方"的"名称""地址电话""纳税人识别号""开户银行及账号"可以事先填写,上述项目一经发生变化应立即变更。

(9) 发票联和抵扣联应加盖在税务机关的发票发售部门预留印鉴的"发票专用章"。

(10) 每本发票使用完毕,应将全本发票的金额和税额合计数填写在发票封面的右上角以备查核。

(11) 自2018年1月1日起,纳税人通过增值税发票管理新系统开具增值税发票(包括:增值税专用发票、增值税普通发票、增值税电子普通发票)时,商品和服务税收分类编码对应的简称会自动显示并打印在发票票面"货物或应税劳务、服务名称"或"项目"栏次中。

业务 2　12 月 1 日

凭证 2-1

天津增值税电子普通发票

发票代码: 012002100111
发票号码: 68601345
开票日期: 2021 年 12 月 01 日
校验码: 06849043872047541033991

机器编号: 499908749665

购买方	名　　称	天津滨海机械设备有限公司	密码区	038101>918---7/->59*<818<33 6>/0/99-8>/01*3-0+672<7* 5+-<<51+41+>*>58*8460 128990<42+*31/58>>33
	纳税人识别号:	911201003703088886		
	地址、电话:	天津市滨海新区中心路 12 号 02288786666		
	开户行及账号:	工商银行滨海支行 0302093412008888999		

货物或应税劳务、服务名称	规格型号	单位	数量	单价	金　额	税率	税　额
*文具*圆珠笔		支	100	4.00	400.00	*	*
*文具*笔记本		本	40	10.00	400.00	*	*
		现金付讫					
合　　　计					¥800.00		*

价税合计（大写）	⊗ 捌佰圆整	（小写）¥800.00

销售方	名　　称	天津滨海商厦有限公司	备注	
	纳税人识别号:	911201003703036577		
	地址、电话:	天津市滨海新区解放路 1 号 02225346778		
	开户行及账号:	建设银行芙蓉支行 2455650081111200122		

收款人:　　　　　复核:　　　　　开票人: LUOYZX00　　　　　销售方:（章）

业务 3　12 月 1 日

天津滨海机械设备有限公司向银行借款 50 万元作为流动资金,其核算资料如下,填制或取得的原始凭证,如凭证 3-1 和凭证 3-2 所示。

凭证 3-1

借　款　申　请　书

2021 年 11 月 26 日

企业名称		法人代表		企业性质	
地　　址		财务负责人		联系电话	
经营范围		主管部门			
借款期限			借款金额		
主要用途:					
申请单位财务章 财务部门负责人（签章） 经办人签章: 李立			信贷员意见: 同意 银行主管签章　信贷部门负责人签章		

31

凭证 2 - 1 说明：

国家税务总局关于增值税电子普通发票使用有关事项的公告

国家税务总局公告 2018 年第 41 号

为了保障国税地税征管体制改革工作顺利推进,确保改革前后增值税电子普通发票有序衔接、平稳过渡,现将增值税电子普通发票使用有关事项公告如下：

一、新税务机构挂牌后,国家税务总局各省、自治区、直辖市和计划单列市税务局[以下简称"各省(区、市)税务局"]将启用新的发票监制章。增值税电子普通发票(含收费公路通行费增值税电子普通发票,下同)版式文件上的发票监制章,相应修改为各省(区、市)税务局新启用的发票监制章。

二、新启用的发票监制章形状为椭圆型,长轴为 3 厘米,短轴为 2 厘米,边宽为 0.1 厘米,内环加刻一细线,上环刻制"全国统一发票监制章"字样,中间刻制"国家税务总局"字样,下环刻制"××省(区、市)税务局"字样,下环字样例如："江苏省税务局""上海市税务局""内蒙古自治区税务局""新疆维吾尔自治区税务局"。字体为楷体 7 磅,印色为大红色。新启用的发票监制章样式见附件。

三、纳税人自建电子发票服务平台和第三方电子发票服务平台,应当于 2018 年 12 月 31 日前完成升级工作。电子发票服务平台升级后,生成的增值税电子普通发票版式文件使用各省(区、市)税务局新启用的发票监制章。电子发票服务平台升级前,生成的增值税电子普通发票版式文件可以继续使用原各省、自治区、直辖市和计划单列市国家税务局的发票监制章。

四、各省(区、市)税务局要利用多种渠道,切实做好增值税电子普通发票使用有关事项的宣传解释工作。要多措并举、扎实推进,将相关政策规定及时、准确告知自建电子发票服务平台的纳税人和第三方电子发票服务平台运营商,并督促其按时完成电子发票服务平台升级工作。

五、《国家税务总局关于推行通过增值税电子发票系统开具的增值税电子普通发票有关问题的公告》(国家税务总局公告 2015 年第 84 号发布,国家税务总局公告 2018 年第 31 号修改)附件 1 增值税电子普通发票票样中的发票监制章按照本公告规定调整。

本公告自发布之日起施行。

特此公告。

附件：发票监制章样式

国家税务总局

2018 年 7 月 23 日

中国工商银行贷款(借款)凭证

日期：2021年12月1日　　　　　　银行编号：001889966

<table>
<tr><td rowspan="3">收款单位</td><td>名　称</td><td colspan="2"></td><td rowspan="3">放款单位</td><td>名　称</td><td colspan="2">工商银行滨海支行</td></tr>
<tr><td>账　号</td><td colspan="2"></td><td>账　号</td><td colspan="2">030200120000000001</td></tr>
<tr><td>开户银行</td><td colspan="2"></td><td>开户银行</td><td colspan="2">工商银行滨海支行</td></tr>
<tr><td>借款期限</td><td>1年</td><td>年利率</td><td colspan="2">7.2%</td><td>起息日</td><td colspan="2">2021年12月1日</td></tr>
</table>

借款申请金额	亿	千	百	十	万	千	百	拾	元	角	分

借款原因及用途		银行核定金额	

备注	期限	计划还款日期	计划还款金额(本金)
		2022年6月1日	300 000 元
		2022年12月1日	200 000 元

上述借款已同意贷给并转入你单位开户银行户,借款应按期归还。

借款单位:

（银行盖章）　　　年　月　日

业务4　12月1日

天津物资有限公司购利群 S1 机床 26 台、利群 S2 机床 150 台,货款已收存开户银行,如凭证 4-1 至凭证 4-3 所示。

中国工商银行进账单(收账通知)　3

2021年12月01日　　　　　　　　第　号

<table>
<tr><td rowspan="3">出票人</td><td>全　称</td><td colspan="2">天津物资有限公司</td><td rowspan="3">收款人</td><td>全　称</td><td colspan="2">天津滨海机械设备有限公司</td></tr>
<tr><td>账　号</td><td colspan="2">0302093460031245666</td><td>账　号</td><td colspan="2">0302093412008888999</td></tr>
<tr><td>开户银行</td><td colspan="2">工商银行海南路分理处</td><td>开户银行</td><td colspan="2">工商银行滨海支行</td></tr>
</table>

人民币(大写)	壹佰叁拾捌万伍仟陆佰零陆圆整	千	百	十	万	千	百	十	元	角	分
		¥	1	3	8	5	6	0	6	0	0

票据种类	转账支票	票据张数	1
票据号码	33205488		

收款人开户银行签章

复核　　　　　　　　记账

提示

同城销售业务,单据多,编制记账凭证时,应注意分单及正确使用账户。

凭证 4-2

 1200213130

天津增值税专用发票

此联不得提销售扣税凭证使用

No 20101202

1200213130

20101202

开票日期： 2021 年 12 月 01 日

<table>
<tr><td rowspan="4">购买方</td><td>名　　称：</td><td colspan="2">天津物资有限公司</td><td rowspan="4">密码区</td><td colspan="2" rowspan="4">5635/-3947/->59*<818<33
6>/0/4332*3-0+672<7*
5+-<<51+41+>*>58*8460
128990<42+*31/58>>33</td></tr>
<tr><td>纳税人识别号：</td><td colspan="2">91120119546028777M</td></tr>
<tr><td>地址、电话：</td><td colspan="2">天津市南海路1号 02225281345</td></tr>
<tr><td>开户行及账号：</td><td colspan="2">工商银行南海路支行0302093460031245666</td></tr>
<tr><td colspan="2">货物或应税劳务、服务名称</td><td>规格型号</td><td>单位</td><td>数量</td><td>单价</td><td>金　额</td><td>税率</td><td>税　额</td></tr>
<tr><td colspan="2">*组合机床*利群 S1 机床</td><td></td><td>台</td><td>26</td><td>7 700.00</td><td>200 200.00</td><td>13%</td><td>26 026.00</td></tr>
<tr><td colspan="2">*组合机床*利群 S2 机床</td><td></td><td>台</td><td>150</td><td>6 840.00</td><td>1 026 000.00</td><td>13%</td><td>133 380.00</td></tr>
<tr><td colspan="2">合　　　计</td><td></td><td></td><td></td><td></td><td>￥1 226 200.00</td><td></td><td>￥159 406.00</td></tr>
<tr><td colspan="2">价税合计（大写）</td><td colspan="5">⊗壹佰叁拾捌万伍仟陆佰零陆圆整</td><td colspan="2">（小写）￥1 385 606.00</td></tr>
<tr><td rowspan="4">销售方</td><td>名　　称：</td><td colspan="2">天津滨海机械设备有限公司</td><td rowspan="4">备注</td><td colspan="2" rowspan="4"></td></tr>
<tr><td>纳税人识别号：</td><td colspan="2">911201003703088886</td></tr>
<tr><td>地址、电话：</td><td colspan="2">天津市滨海新区中心路 12 号 02288786666</td></tr>
<tr><td>开户行及账号：</td><td colspan="2">工商银行滨海支行0302093412008888999</td></tr>
</table>

收款人：　　　　复核：　　　　　开票人：赵雨　　　　　销售方：（章）

税总函（2021）62 号北京印钞有限公司

第一联：记账联　销售方记账凭证

凭证 4-3

产 品 出 库 单

用途：　　　　　　　　　　年　月　日　　　　　凭证编号：120002

仓库：产成品库

<table>
<tr><td>类别</td><td>编号</td><td>名称及规格</td><td>计量单位</td><td>数量</td><td>单位成本</td><td>总成本</td><td>附注：</td></tr>
<tr><td></td><td></td><td></td><td></td><td></td><td></td><td></td><td></td></tr>
<tr><td></td><td></td><td></td><td></td><td></td><td></td><td></td><td></td></tr>
<tr><td colspan="2">合　　计</td><td></td><td></td><td></td><td></td><td></td><td></td></tr>
</table>

记账：　　　　　保管：　　　　　检验：　　　　　制单：

业务 5　12 月 1 日

开出转账支票支付市石油用品公司润滑油款。货已验收入库,如凭证 5－1 至凭证 5－4 所示。

凭证 5－1

012002100104

天津增值税普通发票

发票联

校验码 04343 97563 52317 36827

No 11489651

012002100104

11489651

开票日期: 2021 年 12 月 01 日

税总函（2021）51 号北京东港安全印制有限公司

购买方	名　称: 天津滨海机械设备有限公司
	纳税人识别号: 911201003703088886
	地址、电话: 天津市滨海新区中心路 12 号 02288786666
	开户行及账号: 工商银行滨海支行 0302093412008888999

密码区 51/-3947/->59*<818<33 6>/0/5132*3-0+672<7* 5+-<<51+41+>*>58*8514 51245845190<42+*31/58>>90

第二联: 发票联 购买方记账凭证

货物或应税劳务、服务名称	规格型号	单位	数量	单价	金　额	税率	税　额
*石油制品*润滑油		升	500	4.20	2 038.83	3%	61.17
合　　计					¥2 038.83		¥61.17
价税合计（大写）	⊗贰仟壹佰圆整				（小写）¥2 100.00		

销售方	名　称: 天津石油用品有限公司	备注
	纳税人识别号: 911201003703066674	
	地址、电话: 天津市滨新区第一大街 31 号 02225321234	
	开户行及账号: 中国工商银行滨海支行 0302000543241217491	

收款人:　　　　复核:　　　　开票人: 王奎　　　　销售方（章）

天津石油用品有限公司 911201003703066674 发票专用章

凭证 5－2

收　料　单

供应单位: 市石油公司

发票号码:

2021 年 12 月 1 日

收料单号码: 0121

收料仓库: 原料库

材料编号	材料名称及规格	计量单位	数量		实际进价		计划价格		差异
			应收	实收	单价	金额	单价	金额	
	3 号润滑油	千克	500	500	4.20	2 100	4	2 000	

收料人员: 赵卫东　　　　检验人员:　　　　填单人员: 马卿

二、交财会科

此笔购进业务取得的是普通发票,注意对一般纳税人取得此种票据的业务处理规定。

知识链接

凭证 5 - 1 说明:

(1) 增值税发票是指增值税纳税人使用的一种发票。增值税发票包括增值税普通发票和增值税专用发票两种类型。

(2) 增值税专用发票是由国家税务总局监制设计印制的,通常为增值税一般纳税人领购使用的,既作为纳税人反映经济活动中的重要会计凭证又是兼记销货方纳税义务和购货方进项税额的合法证明;是增值税计算和管理中重要的、决定性的、合法的专用发票。

(3) 增值税普通发票,主要由增值税小规模纳税人使用,增值税一般纳税人在不能开具专用发票的情况下也可使用增值税普通发票。也就是说,纳税人可以使用同一套增值税防伪税控系统开具增值税专用发票、增值税普通发票等,俗称"一机多票"。增值税普通发票是不能抵扣的一种发票。

凭证 5 - 2 说明:

对材料验收入库的审核

(1) 材料验收入库单的数量(应验收数量)同发票数量(采购数量)是否一致,是否符合合同或协议的规定。

(2) 按实收数量的价值计算是否正确。

(3) 共同性的运费要在各种材料之间进行分配。其计算公式如下:

$$运费分配率 = \frac{运杂费}{各种材料数量(金额)之和}$$

某种材料应分配运杂费 = 该种材料的数量(金额) × 运杂费分配率

(4) 填制的手续是否齐全。

凭证 5-3

中国工商银行
转账支票存根

10203310
12075301

附加信息 _____

_____

_____

出票日期　　　年　月　日

| 收款人： |
| 金　额： |
| 用　途： |

单位主管　　　　　　会计

北京中钞印刷有限公司·2021年印刷

凭证 5-4

中国工商银行转账支票

10203310
12075301

出票日期(大写)　　　年　月　日

付款行名称：工商银行滨海支行

收款人：

出票人账号：12008888999

付款期限自出票之日起十天

人民币 (大写)		亿	千	百	十	万	千	百	十	元	角	分

用途_____

上列款项请从

我账户内支付

出票人签章

密码_____

行号_____

复核　　　记账

39

凭证 5 - 4 说明:

转账支票的正联交给收款人,收款人送存自己的开户行,开具转账支票的单位留存根联作为原始凭证,证明款项支付。

业务6 12月1日

凭证6-1

托收凭证（收款通知） 4

委托日期 2021年11月21日　　付款期限 2021年12月01日

业务类型	委托收款(□邮划、□电划)　　托收承付(□邮划、☑电划)																
付款人	全称	龙丰机械厂				收款人	全称	天津滨海机械设备有限公司									
	账号	030209343027555660					账号	0302093412008888999									
	地址	河北省 保定 市县	开户行	工商银行友谊路支行			地址	省 天津 市县	开户行	工商银行滨海支行							
金额	人民币（大写） 壹拾万元整					千	百	十	万	千	百	十	元	角	分		
							¥1	0	0	0	0	0	0	0	0		
款项内容	货款及运费	托收凭据名称		发票		附寄单证张数		4张									
商品发运情况				合同名称号码		12458											
备注：		款项收妥日期				收款人开户银行签章											
复核　　记账		年　月　日				年　月　日											

（印章：中国工商银行股份有限公司天津滨海支行 20211201 受理凭证专用章 收妥业务（1））

此联是付款人开户行给收款人的回单

业务7 12月1日

在新时代证券公司开户，存入周转使用的资金60万元人民币，如凭证7-1和凭证7-2所示。

凭证7-1

凭证 6-1 说明：

托收承付是指根据购销合同由收款人发货后委托银行向异地付款人收取款项，由付款人向银行承认付款的结算方式。使用托收承付结算方式的收款单位和付款单位，必须是国有企业、供销合作社以及经营管理较好，并经开户银行审查同意的城乡集体所有制工业企业。办理托收承付结算的款项，必须是商品交易以及因商品交易而产生的劳务供应的款项。代销、寄销、赊销商品的款项，不得办理托收承付结算。收款人办理托收，必须具有商品确已发运的证件及其他有效证件。

凭证 7 - 2

天津市企业单位统一收据

2021年12月1日   No 12001011

交款单位　　　天津滨海机械设备有限公司

人民币(大写)　　**陆拾万元整**　　　　　　　　　　　　¥ 600 000.00

系　付　　　投标保证金

现　金	
支　票	✓
付　委	

收款单位(盖章有效)　　财务　钱一　　　经手人_____

③ 收据

- -

业务 8　12 月 2 日

凭证 8 - 1

天津市企业单位统一收据

年　月　日   No 120745001

交款单位_____

人民币(大写)_____　　¥_____

系　付_____

现　金	
支　票	
付　委	

收款单位(盖章有效)　　财务_____　　经手人_____

③ 记账联

43

知识链接

凭证 8-1 说明：

增值税一般纳税人发生的住宿费进项抵扣应当区分情况，对下列七种情况不得从销项税额中抵扣：

(1) 交际应酬所发生的住宿费不能抵扣进项税，如接待客户发生的住宿费。

(2) 员工外出旅游发生的住宿费属于福利费用范畴，其负担的增值税不能从销项税额中抵扣。

(3) 个人发生的住宿费属于个人消费，即便发票抬头为本单位也不能从销项税额中抵扣。

(4) 因公出差发生的住宿费抬头必须是本单位的全称，以个人名义开具或单位名称不全的均不能从销项税额中抵扣。

(5) 选择适用简易计税方法的，如建筑施工企业提供建筑劳务为"老项目"（即"营改增"全面实施前的项目），并且选择适用简易计税方法，其发生的住宿费不得抵扣进项税额。

(6) 用于免征增值税项目所发生的住宿费不能进项抵扣。

(7) 结算的属于"营改增"之前发生的住宿费，即便是取得了增值税专用发票，也不得从销项税额中抵扣。

凭证 8-2

天津滨海机械设备有限公司出差报销单

2021 年 12 月 2 日

姓　　名	张　凯	工作部门	厂　部	出差日期	11 月 25～28 日
出差事由	外出联系工作	出差地点	上　海	往返天数	4 天
发生费用	交通费	住宿费	伙食补贴	其　他	合　计
发生费用	800.00	2 900.00	200.00	100.00	4 000.00
发生费用					
合　　计	800.00	2 900.00	200.00	100.00	4 000.00
合　　计	人民币(大写)肆仟元整				
预借金额	5 000.00	应退金额	1 000.00	应补金额	

批准人：王伟　　　　审核人：张梅　　　　部门主管：秦峰　　　　出差人：张凯

凭证 8-3

上海增值税电子专用发票

发票代码：110020200113
发票号码：2022012211
开票日期：2021 年 11 月 28 日
校验码：11339 66147 88090 175

机器编号：000049001

购买方	名　　称： 天津滨海机械设备有限公司 纳税人识别号：911201003703088886 地　址、电话：天津市滨海新区中心路12号 02288786666 开户行及账号：中国工商银行天津滨海支行0302093412008888999	密码区	53212172312-4-275>1+46*54*1346 2rrt145<181321-5-8182*59*09618 47868<4<3*2702-9>9*+153-/01234 1283*08/4-/*152-3*0/9/<<-*25351

项目名称	规格型号	单位	数量	单价	金额	税率	税额
*住宿服务*住宿费		天	3	911.94969	2735.85	6%	164.15
合　　计					¥2735.85		¥164.15
价税合计(大写)	⊗贰仟玖佰圆整				(小写) ¥2900.00		

销售方	名　　称： 上海温雅宾馆 纳税人识别号：9112055465213116MQ 地　址、电话：上海市浦东新区浦电路108号 02161133700 开户行及账号：中国银行浦东东路支行6620200000785510120	备注	2021.11.25-2021.11.27 #1610

收款人：王靓　　　　复核:吴天　　　　开票人：杨亚妮

凭证 8-3 说明：

国家税务总局关于在新办纳税人中实行增值税
专用发票电子化有关事项的公告

国家税务总局公告 2020 年第 22 号

主要内容

二、电子专票由各省税务局监制，采用电子签名代替发票专用章，属于增值税专用发票，其法律效力、基本用途、基本使用规定等与增值税纸质专用发票（以下简称"纸质专票"）相同。电子专票票样见附件。

三、电子专票的发票代码为 12 位，编码规则：第 1 位为 0，第 2～5 位代表省、自治区、直辖市和计划单列市，第 6～7 位代表年度，第 8～10 位代表批次，第 11～12 位为 13。发票号码为 8 位，按年度、分批次编制。

四、自各地专票电子化实行之日起，本地区需要开具增值税纸质普通发票、增值税电子普通发票（以下简称"电子普票"）、纸质专票、电子专票、纸质机动车销售统一发票和纸质二手车销售统一发票的新办纳税人，统一领取税务 UKey 开具发票。税务机关向新办纳税人免费发放税务 UKey，并依托增值税电子发票公共服务平台，为纳税人提供免费的电子专票开具服务。

五、税务机关按照电子专票和纸质专票的合计数，为纳税人核定增值税专用发票领用数量。电子专票和纸质专票的增值税专用发票（增值税税控系统）最高开票限额应当相同。

六、纳税人开具增值税专用发票时，既可以开具电子专票，也可以开具纸质专票。受票方索取纸质专票的，开票方应当开具纸质专票。

七、纳税人开具电子专票后，发生销货退回、开票有误、应税服务中止、销售折让等情形，需要开具红字电子专票的，按照以下规定执行：

（一）购买方已将电子专票用于申报抵扣的，由购买方在增值税发票管理系统（以下简称"发票管理系统"）中填开并上传《开具红字增值税专用发票信息表》（以下简称《信息表》），填开《信息表》时不填写相对应的蓝字电子专票信息。

购买方未将电子专票用于申报抵扣的，由销售方在发票管理系统中填开并上传《信息表》，填开《信息表》时应填写相对应的蓝字电子专票信息。

（二）税务机关通过网络接收纳税人上传的《信息表》，系统自动校验通过后，生成带有"红字发票信息表编号"的《信息表》，并将信息同步至纳税人端系统中。

（三）销售方凭税务机关系统校验通过的《信息表》开具红字电子专票，在发票管理系统中以销项负数开具。红字电子专票应与《信息表》一一对应。

（四）购买方已将电子专票用于申报抵扣的，应当暂依《信息表》所列增值税税额从当期进项税额中转出，待取得销售方开具的红字电子专票后，与《信息表》一并作为记账凭证。

八、受票方取得电子专票用于申报抵扣增值税进项税额或申请出口退税、代办退税的，应当登录增值税发票综合服务平台确认发票用途，登录地址由各省税务局确定并公布。

九、单位和个人可以通过全国增值税发票查验平台（https://inv-veri. chinatax. gov. cn）对电子专票信息进行查验；可以通过全国增值税发票查验平台下载增值税电子发票版式文件阅读器，查阅电子专票并验证电子签名有效性。

十、纳税人以电子发票（含电子专票和电子普票）报销入账归档的，按照《财政部 国家档案局关于规范电子会计凭证报销入账归档的通知》（财会〔2020〕6 号）的规定执行。

十一、本公告自 2020 年 12 月 21 日起施行。

特此公告。

国家税务总局
2020 年 12 月 20 日

凭证 8－4

航空运输电子客票行程单
ITINERARY/RECEIPT OF E-TICKET

印刷序号 SERIAL NUMBER: 5466895440

旅客名称 NAME OF PASSENGER 张凯		有效身份证件号码 ID.NO. 120107199512084321				签注 ENDORSEMENTS/RESTRICTIONS(CARBON) 不得签转			
	承运人 CARRIER	航班号 FLGHT	座位等级 CLASS	日期 DATE	时间 TIME	客票登记/客票类别 FARE BASIS	客票生效日期 NOTVALID BEFORE	有效截止日期 NOT VALID AFTER	免费行李 ALLOW
自FROM 天津/TJ	CA	3132	Y	25-Nov	13:00	PREOWNNP-YHQ			20K
至TO 上海/SH		VOID							
至TO		VOID							
至TO		VOID							
	票价FRAE CNY 290.0	机场建设费 AIRPORT TA 50.0	燃油附加费 FUEL SURCHARGE CNY YQ 60.0		其他税费 OTHER TAXES	合计TOTAL CNY 400.0			

电子客票号码 E-TICKET NO. 7843593020366
销售单位代号 AGENT CODE SJW193
验真网址 WWW. TEAVELSKY.COM

验证码 CK.
填开单位 ISSUED BY
服务热线

电子客票提示信息 INFORMATION
中国南方航空公司网站WWW.CSAIR.COM直销
短信验真: 发送JP至10669018

保险费 INSURANCE XXX
填开日期 DATE OF ISSUE 2021-11-25

请旅客乘机前认真阅读《旅客须知》及承运人的运输总条件内容
The Important Notice and the general conditions of carriage must be read before traveling

凭证 8－5

航空运输电子客票行程单
ITINERARY/RECEIPT OF E-TICKET

印刷序号 SERIAL NUMBER: 5412689436 0

旅客名称 NAME OF PASSENGER 张凯		有效身份证件号码 ID.NO. 120107199512084321				签注 ENDORSEMENTS/RESTRICTIONS(CARBON) 不得签转			
	承运人 CARRIER	航班号 FLGHT	座位等级 CLASS	日期 DATE	时间 TIME	客票登记/客票类别 FARE BASIS	客票生效日期 NOTVALID BEFORE	有效截止日期 NOT VALID AFTER	免费行李 ALLOW
自FROM 上海/SH	CA	3136	Y	28-Nov	16:00	PREOWNNP-YHQ			20K
至TO 天津/TJ		VOID							
至TO		VOID							
至TO		VOID							
	票价FRAE CNY 290.0	机场建设费 AIRPORT TA 50.0	燃油附加费 FUEL SURCHARGE CNY YQ 60.0		其他税费 OTHER TAXES	合计TOTAL CNY 400.0			

电子客票号码 E-TICKET NO. 7843593345456
销售单位代号 AGENT CODE SJW193
验真网址 WWW. TEAVELSKY.COM

验证码 CK.
填开单位 ISSUED BY
服务热线

电子客票提示信息 INFORMATION
中国南方航空公司网站WWW.CSAIR.COM直销
短信验真: 发送JP至10669018

保险费 INSURANCE XXX
填开日期 DATE OF ISSUE 2021-11-28

请旅客乘机前认真阅读《旅客须知》及承运人的运输总条件内容
The Important Notice and the general conditions of carriage must be read before traveling

---

业务9　12月2日

凭证 9－1

托收凭证（付款通知）　5

委托日期2021年11月26日　付款期限2021年12月06日

业务类型	委托收款（□邮划、☑电划）　　托收承付（□邮划、□电划）														
付款人	全称	天津滨海机械设备有限公司			收款人	全称	北方钢铁有限公司								
	账号	0302093412008888999				账号	0302648857105543 47								
	地址	省 天津 市县 开户行	工商银行 滨海支行			地址	辽宁省 锦州 市县 开户行	工商银行北方钢铁支行							
金额	人民币（大写）	壹万肆仟叁佰肆拾玖元柒角叁分		千	百	十	万	千	百	十	元	角	分
						￥1	4	3	4	9	7	3

款项内容	钢材款及运费	托收凭据名称	发票	附寄单证张数	4 张
商品发运情况			合同名称号码		

备注：
付款人开户银行收到日期：
复核　记账

款项收妥日期

付款人开户银行签章
年 月 日

付款人注意：
1. 根据支付结算办法，上列委托收款（托收承付）款项在付款期限内未提出拒付，即视为同意付款，以此代付款通知。
2. 如需提出全部或部分拒付，应在规定期限内，将拒付理由书并附债务证明退交开户银行。

此联付款人开户银行给付款人按期付款通知

知识链接

凭证 8-2、凭证 8-3 说明：

一、政策原文摘要

《财政部 国家税务总局 海关总署关于深化增值税改革有关政策的公告》（财政部 税务总局 海关总署公告 2019 年第 39 号）

六、纳税人购进国内旅客运输服务，其进项税额允许从销项税额中抵扣。

（一）纳税人未取得增值税专用发票的，暂按照以下规定确定进项税额：

1. 取得增值税电子普通发票的，为发票上注明的税额；

2. 取得注明旅客身份信息的航空运输电子客票行程单的，为按照下列公式计算进项税额：航空旅客运输进项税额＝（票价＋燃油附加费）÷（1＋9％）×9％

3. 取得注明旅客身份信息的铁路车票的，为按照下列公式计算的进项税额：铁路旅客运输进项税额＝票面金额÷（1＋9％）×9％

……

九、本公告自 2019 年 4 月 1 日起执行。

二、政策解读

在航空运输电子客票行程单中，票价、燃油附加费和民航发展基金是分别列示的。

其中，民航发展基金属于政府性基金，不计入航空运输企业的销售收入，不征收增值税。增值税遵循"征扣一致"的基本原则，上环节征多少，下环节扣多少，上环节不征税，下环节不扣税。因此，民航发展基金不应纳入进项抵扣的范围。

提示

操作者注意委托收款结算方式下，付款时复核的重点，会计处理时正确使用账户。

知识链接

凭证 9-1 说明：

委托银行收款结算凭证传递流程图

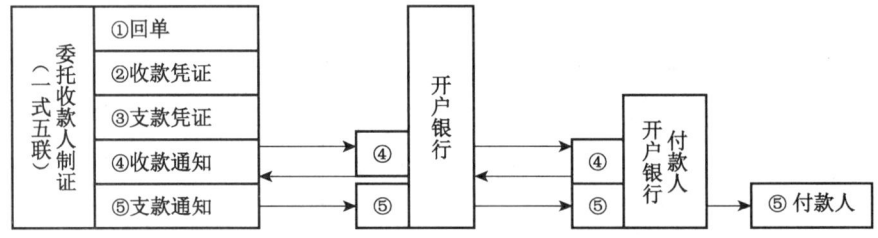

委托收款人到开户银行办理委托收款，可选择邮寄划款或电报划款。

① 委托收款人选择邮寄划款，需填写邮划委托收款凭证。收款人填好委托收款凭证后，在第二联加盖收款人印章，连同有关单证（发货票、运单、商业承兑汇票和其他）送交开户银行。

② 收款人开户银行审查无误受理后，将第一联收回，第二联留存，第三联至第五联和有关单证寄付款人开户银行。

③ 付款人开户银行将第三联、第四联留存，第五联送交付款人通知付款。

④ 付款人付款后，付款人开户银行将第三联作为付款人支付款项的支款凭证，第四联作为退回收款人开户银行转给收款人。

凭证 9-2

 1700213140

辽宁增值税专用发票
发票联

No 00591880

1700213140
00591880

开票日期: 2021 年 11 月 26 日

购买方	名　　称：天津滨海机械设备有限公司 纳税人识别号：911201003703088886 地址、电话：天津市滨海新区中心路 12 号 02288786666 开户行及账号：工商银行滨海支行0302093412008888999	密码区	0766/8-3947/->49*<618<33 6>/120054140*3-0+672<7* 5+-<<076641+>*>07591234 124585240<42+*31/58>>90

货物或应税劳务、服务名称	规格型号	单位	数量	单价	金　额	税率	税　额
*线材（盘条）*圆钢		千克	5 000	2.46	12 300.00	13%	1 599.00
合　　计					¥12 300.00		¥1 599.00

价税合计（大写）	⊗壹万叁仟捌佰玖拾玖圆整	（小写）¥13 899.00

销售方	名　　称：北方钢铁有限公司 纳税人识别号：912301003703066643 地址、电话：锦州市民族路 8 号 84724325 开户行及账号：中国工商银行北方钢铁支行030264885710554347	备注	北方钢铁有限公司 912301003703066643 发票专用章

收款人：　　　　复核：　　　　开票人：李奇　　　　销售方：（章）

第三联：发票联　购买方记账凭证

税总函（2021）62 号沈阳印钞制有限公司

凭证 9-3

 1700213140

辽宁增值税专用发票
抵扣联

No 00591880

1700213140
00591880

开票日期: 2021 年 11 月 26 日

购买方	名　　称：天津滨海机械设备有限公司 纳税人识别号：911201003703088886 地址、电话：天津市滨海新区中心路 12 号 02288786666 开户行及账号：工商银行滨海支行0302093412008888999	密码区	0766/8-3947/->49*<618<33 6>/120054140*3-0+672<7* 5+-<<076641+>*>07591234 124585240<42+*31/58>>90

货物或应税劳务、服务名称	规格型号	单位	数量	单价	金　额	税率	税　额
*线材（盘条）*圆钢		千克	5 000	2.46	12 300.00	13%	1 599.00
合　　计					¥12 300.00		¥1 599.00

价税合计（大写）	⊗壹万叁仟捌佰玖拾玖圆整	（小写）¥13 899.00

销售方	名　　称：北方钢铁有限公司 纳税人识别号：912301003703066643 地址、电话：锦州市民族路 8 号 84724325 开户行及账号：中国工商银行北方钢铁支行030264885710554347	备注	北方钢铁有限公司 912301003703066643 发票专用章

收款人：　　　　复核：　　　　开票人：李奇　　　　销售方：（章）

第二联：抵扣联　购买方扣税凭证

税总函（2021）62 号沈阳印钞制有限公司

凭证 9-2、凭证 9-3 说明：

一、增值税专用发票可以从两个方面识别真伪

第一，从外表看有以下两个方面特征：

（1）红色荧光防伪标记或微缩字母防伪标记，专用发票发票联、抵扣联"××增值税专用发票"字样下端的双实线由微缩字母组成。其中，上线为"××增值税专用发票"等汉字的汉语拼音声母缩写，下线为"国家税务总局监制"等汉字的汉语拼音声母缩写。发票监制章的内圆线由多组"国家税务总局监制"等汉字的汉语拼音声母缩写组成，即"GJSHWZJJZH"（通过高倍放大镜可以清晰地看到）。

（2）增值税专用发票号码采用异型号码字体印刷。

第二，增值税防伪税控系统能起到防伪功能作用。

增值税防伪税控系统是强化专用发票的防伪功能，避免收取假发票的有力手段。企业从税务机关领购专用发票时，需持由税务机关统一核发的税控 IC 卡，由税务部门通过企业发行子系统将企业所购发票的起止范围登记在其税控 IC 卡上，同时有关这些发票的流向信息被登记在企业发行子系统中。这样，税务部门在发票的发放环节便掌握了专用发票使用的重要信息，便于加强控制的管理。

在开票过程中，利用防伪开票子系统提供的加密功能，将发票上的主要信息（包括开票日期、发票代码、发票号、购销双方的税务登记号、金额和税额等）经数据加密形成防伪电子密码（又称密文）打印在发票上，同时将用于加密的所有信息逐票录到金税卡的黑匣子中。如需识别一张发票的真伪，可通过数据扫描仪或键盘将发票上的密文输入认证报税子系统，采用字符识别技术将图像转换成数字信息经解密恢复出七项关键参数，再与发票上的相应内容比对，由于防伪增值税专用发票是一票一密，因而比对结果一致则为真票，若不相符即为假票。

二、增值税专用发票的"勾选认证"

根据《国家税务总局关于纳税信用 A 级纳税人取消增值税发票认证有关问题的公告》（国家税务总局公告 2016 年第 7 号）及《国家税务总局关于全面推开营业税改征增值税试点有关税收征收管理事项的公告》（国家税务总局公告 2016 年第 23 号）扩大取消增值税发票认证的纳税人范围的规定，许多省市的纳税信用 A 级和 B 级纳税人取得销售方使用增值税发票系统升级版开具的增值税发票，可以不再进行扫描认证。企业可以通过增值税发票查询平台，查询、选择用于申报抵扣的增值税发票信息。

《国家税务总局关于取消增值税扣税凭证认证确认期限等增值税征管问题的公告》（国家税务总局公告 2019 年第 45 号）规定：增值税一般纳税人取得 2017 年 1 月 1 日及以后开具的增值税专用发票、海关进口增值税专用缴款书、机动车销售统一发票、收费公路通行费增值税电子普通发票，取消认证确认、稽核比对、申报抵扣的期限。纳税人在进行增值税纳税申报时，应当通过本省（自治区、直辖市和计划单列市）增值税发票综合服务平台对上述扣税凭证信息进行用途确认。

凭证 9-4

1700213140

辽宁增值税专用发票
发票联

No 00614721

1700213140
00614721

开票日期： 2021 年 11 月 26 日

购买方	名　　　　称： 天津滨海机械设备有限公司	密码区	4554/8-3947/->49*<618<33 6>/120054140*3-0+672<7* 5+-<<076641+>*>07591234 1245855240<42+*31/58>>90
	纳税人识别号： 911201003703088886		
	地址、电话： 天津市滨海新区中心路 12 号 02288786666		
	开户行及账号： 工商银行滨海支行0302093412008888999		

货物或应税劳务、服务名称	规格型号	单位	数量	单价	金额	税率	税额
*国内铁路货物运输服务*铁路运输					413.51	9%	37.22
合　　计					¥413.51		¥37.22

价税合计（大写）	⊗肆佰伍拾圆柒角叁分	（小写）¥450.73

销售方	名　　　　称： 锦州联运有限公司	备注	锦州-天津 圆钢
	纳税人识别号： 911210147895733121		
	地址、电话： 锦州市凌河区洛阳路 1131 号 04165671222		
	开户行及账号： 中国建设银行锦州市分行 6621000543321100377		

收款人：李平　　　　复核：　　　　开票人：姚华　　　　销售方：（章）

第三联：发票联　购买方记账凭证

凭证 9-5

1700213140

辽宁增值税专用发票
抵扣联

No 00591880

1700213140
00591880

开票日期： 2021 年 11 月 26 日

购买方	名　　　　称： 天津滨海机械设备有限公司	密码区	4554/8-3947/->49*<618<33 6>/120054140*3-0+672<7* 5+-<<076641+>*>07591234 1245855240<42+*31/58>>90
	纳税人识别号： 911201003703088886		
	地址、电话： 天津市滨海新区中心路 12 号 02288786666		
	开户行及账号： 工商银行滨海支行0302093412008888999		

货物或应税劳务、服务名称	规格型号	单位	数量	单价	金额	税率	税额
*国内铁路货物运输服务*铁路运输					413.51	9%	37.22
合　　计					¥413.51		¥37.22

价税合计（大写）	⊗肆佰伍拾圆柒角叁分	（小写）¥450.73

销售方	名　　　　称： 锦州联运有限公司	备注	锦州-天津 圆钢
	纳税人识别号： 911210147895733121		
	地址、电话： 锦州市凌河区洛阳路 1131 号 04165671222		
	开户行及账号： 中国建设银行锦州市分行 6621000543321100377		

收款人：李平　　　　复核：　　　　开票人：姚华　　　　销售方：（章）

第二联：抵扣联　购买方扣税凭证

凭证 **9-4** 说明：

关于停止使用货物运输业增值税专用发票有关问题的公告

国家税务总局公告 2015 年第 99 号

为规范增值税发票管理，方便纳税人发票使用，税务总局决定停止使用货物运输业增值税专用发票(以下简称货运专票)，现将有关问题公告如下：

一、增值税一般纳税人提供货物运输服务，使用增值税专用发票和增值税普通发票，开具发票时应将起运地、到达地、车种车号以及运输货物信息等内容填写在发票备注栏中，如内容较多可另附清单。

二、为避免浪费，方便纳税人发票使用衔接，货运专票最迟可使用至 2016 年 6 月 30 日，7 月 1 日起停止使用。

三、铁路运输企业受托代征的印花税款信息，可填写在发票备注栏中。中国铁路总公司及其所属运输企业(含分支机构)提供货物运输服务，可自 2015 年 11 月 1 日起使用增值税专用发票和增值税普通发票，所开具的铁路货票、运费杂费收据可作为发票清单使用。

四、除本公告第三条外，其他规定自 2016 年 1 月 1 日起施行，《国家税务总局关于铁路运输和邮政业营业税改增值税发票及税控系统使用问题的公告》(国家税务总局公告 2013 年第 76 号)第一条第一项、第二条、第三条同时废止。

特此公告。

国家税务总局

2015 年 12 月 31 日

业务 10   12 月 2 日

　　企业为一车间购入不需安装生产用设备 1 台,预计使用 10 年,以转账支票付讫,如凭证
10 - 1 至凭证 10 - 4 所示。

凭证 10 - 1

天津增值税专用发票
发票联

No 00126432

1200214130

机器编号：
4999060001980

1200214130
00126432

开票日期： 2021 年 12 月 02 日

购买方	名　　称：天津滨海机械设备有限公司 纳税人识别号：911201003703088886 地址、电话：天津市滨海新区中心路 12 号 02288786666 开户行及账号：工商银行滨海支行0302093412008888999	密码区	037/8-880/->49*<618<33 6>/120054140*3-0+672<7* 5+-<<076641+>*>07591234 124585240<42+*31/58>>90

货物或应税劳务、服务名称	规格型号	单位	数量	单价	金　额	税率	税　额
*气动元件、系统及装置*气压泵		台	1	200 000.00	200 000.00	13%	26 000.00
合　　计					¥200 000.00		¥26 000.00

价税合计（大写）	⊗贰拾贰万陆仟圆整		（小写）¥226 000.00

销售方	名　　称：天津荣丰机械有限公司 纳税人识别号：911201003703064563 地址、电话：天津市黄海路 1120 号 02289780666 开户行及账号：中国工商银行黄海路支行030200888999677385	备注	（天津荣丰机械有限公司 911201003703064563 发票专用章）

收款人：　　　　复核：　　　　开票人：赵立　　　　销售方：（章）

税务函（2021）62 号北京东港安全印制有限公司

第三联：发票联　购买方记账凭证

- -

凭证 10 - 2

天津增值税专用发票
抵扣联

No 00126432

1200214130

机器编号：
4999060001980

1200214130
00126432

开票日期： 2021 年 12 月 02 日

购买方	名　　称：天津滨海机械设备有限公司 纳税人识别号：911201003703088886 地址、电话：天津市滨海新区中心路 12 号 02088786666 开户行及账号：工商银行滨海支行0302093412008888999	密码区	037/8-880/->49*<618<33 6>/120054140*3-0+672<7* 5+-<<076641+>*>07591234 124585240<42+*31/58>>90

货物或应税劳务、服务名称	规格型号	单位	数量	单价	金　额	税率	税　额
*气动元件、系统及装置*气压泵		台	1	200 000.00	200 000.00	13%	26 000.00
合　　计					¥200 000.00		¥26 000.00

价税合计（大写）	⊗贰拾贰万陆仟圆整		（小写）¥226 000.00

销售方	名　　称：天津荣丰机械有限公司 纳税人识别号：911201003703064563 地址、电话：天津市黄海路 1120 号 02289780666 开户行及账号：中国工商银行黄海路支行030200888999677385	备注	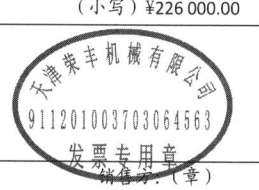

收款人：　　　　复核：　　　　开票人：赵立　　　　销售方：（章）

税务函（2021）62 号北京东港安全印制有限公司

第二联：抵扣联　购买方扣税凭证

知识链接

凭证 10 - 1 说明：

增值税转型改革从 2009 年 1 月 1 日起实施,准予抵扣的固定资产范围仅限于现行增值税征税范围内的固定资产,包括机器、机械、运输工具以及其他与生产、经营有关的设备、工具、器具。建筑物等不动产,不得抵扣进项税额。

根据《国家税务总局关于发布〈不动产进项税额分期抵扣暂行办法〉的公告》(国家税务总局公告 2016 年第 15 号)第二条第一款规定,增值税一般纳税人 2016 年 5 月 1 日后取得并在会计制度上按固定资产核算的不动产,以及 2016 年 5 月 1 日后发生的不动产在建工程,其进项税额应按照本办法有关规定分 2 年从销项税额中抵扣,第一年抵扣比例为 60%,第二年抵扣比例为 40%。第四条第二款规定,上述进项税额中,60% 的部分于取得扣税凭证的当期从销项税额中抵扣;40% 的部分为待抵扣进项税额,于取得扣税凭证的当月起第 13 个月从销项税额中抵扣。

根据《关于深化增值税改革有关政策的公告》(财政部 税务总局海关总署公告 2019 年第 39 号)规定,自 2019 年 4 月 1 日起,《营业税改征增值税试点有关事项的规定》(财税〔2016〕36 号印发)第一条第(四)项第 1 点、第二条第(一)项第 1 点停止执行,纳税人取得不动产或者不动产在建工程的进项税额不再分 2 年抵扣。此前按照上述规定尚未抵扣完毕的待抵扣进项税额,可自 2019 年 4 月税款所属期起从销项税额中抵扣。

因此,"营改增"全面实施后,不动产或者不动产在建工程的进项税额可以从销项税额中抵扣。

凭证 10－3

中国工商银行
转账支票存根

10203310
12075303

北京中钞印刷有限公司·2021年印刷

附加信息 _____

_____

_____

出票日期　　年　月　日

收款人：
金　额：
用　途：

单位主管　　　　　　　　会计

凭证 10－4

固定资产验收交接单

固定资产类别：　　　　　　　　　　　　　　　　　　　　　　编号：12001

固定资产名称		规格型号		生产单位		取得来源	
原值		预计净残值率		数量		使用部门	
生产日期		验收日期		开始使用日期		预计使用年限	
投入日期		投入时已使用年限		尚能使用年限		投入时已提折旧	
验收意见	符合规定质量标准,验收合格。 　　　　　　　　　　负责人：						
移交单位		移交单位负责人		移交人		年　月　日	
接管单位		接管单位负责人		接管人		年　月　日	

业务 11　12 月 2 日

通过银行办理完毕银行汇票,将汇票交采购员。根据有关凭证进行会计处理,如凭证 11-1 和凭证 11-2 所示。

凭证 11-1

 **中国工商银行**　　银行汇(本)票申请书　　№ 0024360

币别:人民币　　　　　　2021 年 12 月 02 日　　　　　　流水号:

业务类型	☑银行汇票　　□银行本票	付款方式	☑转账　　□现金
申请人	天津滨海机械设备有限公司	收款人	昆山钢铁股份有限公司
账　号	03020934120088888999	账　号	66207889510844139
用　途	购材料	代理付款行	

金额	(大写)壹拾万元整	亿	千	百	十	万	千	百	十	元	角	分
				¥	1	0	0	0	0	0	0	0

客户签章　印李华

支付密码

会计主管　　　授权　　　　复核　　　　录入

第三联 客户回单

凭证 11-2

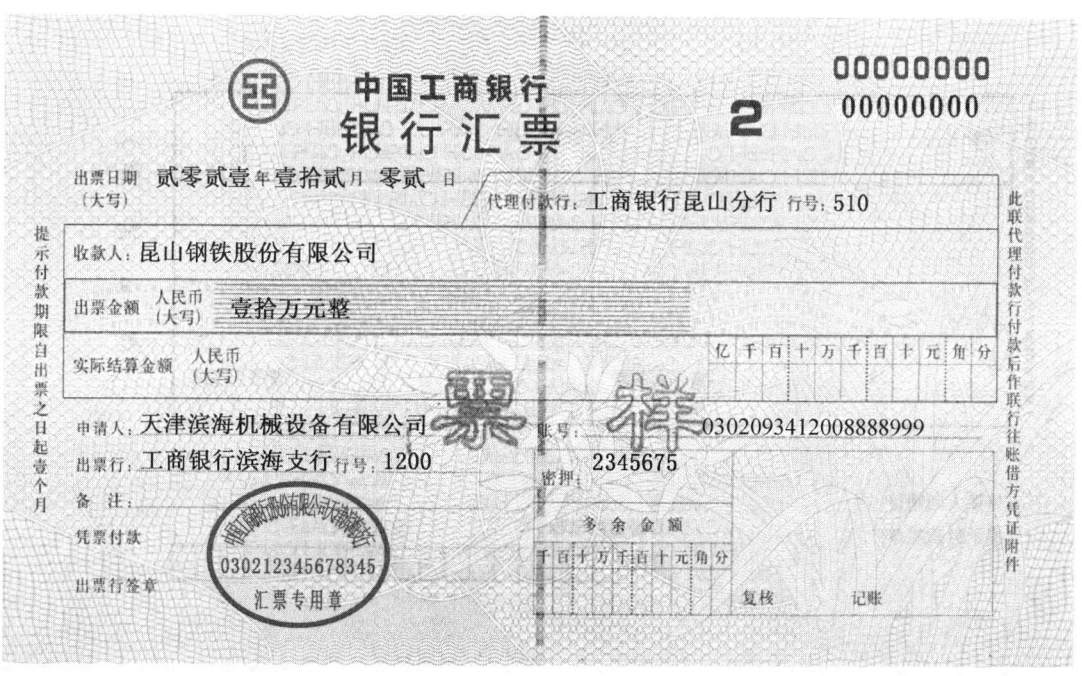

必须掌握此种结算方式的办理、审核、使用的有关规定。同时,把握住此结算方式在哪个会计科目内核算。

知识链接

凭证 11 – 1 说明:

采用银行汇票结算方式,单位需自行填制一式三联"汇票申请书"、手续费、邮电费单据,在第二联次上加盖单位预留银行印鉴后,一并送交开户银行;银行审查后,当即收取款项,然后据此签发"银行汇票"。

凭证 11 – 2 说明:

银行汇票是一式四联的结算票据,是办理异地结算的重要结算方式。第一联存根,第二联银行汇票正联,第三联解讫通知,第四联多余账款。"银行汇票"是由指定银行签发,签发后第二、第三联交付汇票申请人持往异地办理经济业务。复核、签发都有严格规定,请参阅"银行结算办法"的有关规定。

业务 12　12 月 3 日

凭证 12 - 1

领 料 单

领料部门：一车间　　　　　开票日期　2021 年 12 月 3 日　　　　NO：002347

材料编号	材料名称	规　格	单　位	请领数量	实发数量	计划单价	计划总金额
	生　铁		吨	30	30	2 500	75 000
用　途	S1 机床	发 料 部 门			领 料 部 门		
		核准人	发料人	负责人	领料人		
			王　清		赵　军		

- -

凭证 12 - 2

领 料 单

领料部门：一车间　　　　　开票日期　2021 年 12 月 3 日　　　　NO：002348

材料编号	材料名称	规　格	单　位	请领数量	实发数量	计划单价	计划总金额
	焦　炭		吨	10	10	800	8 000
用　途	S1 机床	发 料 部 门			领 料 部 门		
		核准人	发料人	负责人	领料人		
			王　颖		张　翔		

- -

凭证 12 - 3

领 料 单

领料部门：一车间　　　　　开票日期　2021 年 12 月 3 日　　　　NO：002349

材料编号	材料名称	规　格	单　位	请领数量	实发数量	计划单价	计划总金额
	煤		吨	8	8	600	4 800
用　途	S1 机床	发 料 部 门			领 料 部 门		
		核准人	发料人	负责人	领料人		
			王　颖		张　翔		

凭证 12－4

领 料 单

领料部门：一车间　　　　　开票日期　2021 年 12 月 3 日　　　　　NO：002350

材料编号	材料名称	规　格	单　位	请领数量	实发数量	计划单价	计划总金额
	生　铁		吨	20	20	2 500	50 000
用　途	S2 机床	发　料　部　门				领　料　部　门	
		核准人	发料人		负责人	领料人	
			王　清			赵　军	

凭证 12－5

领 料 单

领料部门：一车间　　　　　开票日期　2021 年 12 月 3 日　　　　　NO：002351

材料编号	材料名称	规　格	单　位	请领数量	实发数量	计划单价	计划总金额
	焦　炭		吨	12	12	800	9 600
用　途	S2 机床	发　料　部　门				领　料　部　门	
		核准人	发料人		负责人	领料人	
			王　颖			张　翔	

凭证 12－6

领 料 单

领料部门：一车间　　　　　开票日期　2021 年 12 月 3 日　　　　　NO：002352

材料编号	材料名称	规　格	单　位	请领数量	实发数量	计划单价	计划总金额
	煤		吨	10	10	600	6 000
用　途	S2 机床	发　料　部　门				领　料　部　门	
		核准人	发料人		负责人	领料人	
			王　颖			张　翔	

凭证 12-7

领 料 单

领料部门：二车间　　　　　　开票日期　2021 年 12 月 3 日　　　　　　NO：002353

材料编号	材料名称	规　格	单　位	请领数量	实发数量	计划单价	计划总金额
	圆　钢		吨	10	10	3 000	30 000
用　途	S1 机床	发　料　部　门			领　料　部　门		
		核准人	发料人		负责人	领料人	
			王　清			赵　军	

凭证 12-8

领 料 单

领料部门：二车间　　　　　　开票日期　2021 年 12 月 3 日　　　　　　NO：002354

材料编号	材料名称	规　格	单　位	请领数量	实发数量	计划单价	计划总金额
	焦　炭		吨	4	4	800	3 200
用　途	S1 机床	发　料　部　门			领　料　部　门		
		核准人	发料人		负责人	领料人	
			王　颖			张　翔	

凭证 12-9

领 料 单

领料部门：二车间　　　　　　开票日期　2021 年 12 月 3 日　　　　　　NO：002355

材料编号	材料名称	规　格	单　位	请领数量	实发数量	计划单价	计划总金额
	煤		吨	5	5	600	3 000
用　途	S1 机床	发　料　部　门			领　料　部　门		
		核准人	发料人		负责人	领料人	
			王　颖			张　翔	

凭证 12－10

领 料 单

领料部门：二车间　　　　　开票日期　2021 年 12 月 3 日　　　　　NO：002356

材料编号	材料名称	规　格	单　位	请领数量	实发数量	计划单价	计划总金额
	圆　钢		吨	18	18	3 000	54 000
用　途	S2 机床	发 料 部 门				领 料 部 门	
		核准人	发料人		负责人	领料人	
			王　清			赵　军	

凭证 12－11

领 料 单

领料部门：二车间　　　　　开票日期　2021 年 12 月 3 日　　　　　NO：002357

材料编号	材料名称	规　格	单　位	请领数量	实发数量	计划单价	计划总金额
	焦　炭		吨	5	5	800	4 000
用　途	S2 机床	发 料 部 门				领 料 部 门	
		核准人	发料人		负责人	领料人	
			王　颖			张　翔	

凭证 12－12

领 料 单

领料部门：二车间　　　　　开票日期　2021 年 12 月 3 日　　　　　NO：002358

材料编号	材料名称	规　格	单　位	请领数量	实发数量	计划单价	计划总金额
	煤		吨	7	7	600	4 200
用　途	S2 机床	发 料 部 门				领 料 部 门	
		核准人	发料人		负责人	领料人	
			王　颖			张　翔	

凭证 12－13

领 料 单

领料部门：装配车间　　　　　开票日期　2021 年 12 月 3 日　　　　　NO：002359

材料编号	材料名称	规　格	单　位	请领数量	实发数量	计划单价	计划总金额
	轴承 1		套	200	200	200	40 000
用　途	S1 机床	发 料 部 门				领 料 部 门	
		核准人	发料人		负责人	领料人	
			李　立			王　江	

凭证 12－14

领 料 单

领料部门：装配车间　　　　　开票日期　2021 年 12 月 3 日　　　　　NO：002360

材料编号	材料名称	规　格	单　位	请领数量	实发数量	计划单价	计划总金额
	轴承 2		套	300	300	100	30 000
用　途	S2 机床	发 料 部 门				领 料 部 门	
		核准人	发料人		负责人	领料人	
			李　立			王　江	

凭证 12－15

领 料 单

领料部门：装配车间　　　　　开票日期　2021 年 12 月 3 日　　　　　NO：002361

材料编号	材料名称	规　格	单　位	请领数量	实发数量	计划单价	计划总金额
	润滑油		千克	20	20	4	80
用　途	S1 机床	发 料 部 门				领 料 部 门	
		核准人	发料人		负责人	领料人	
			王　颖			张　翔	

凭证 12－16

领 料 单

领料部门：装配车间　　　　　　开票日期　2021 年 12 月 3 日　　　　　　NO：002362

材料编号	材料名称	规　格	单　位	请领数量	实发数量	计划单价	计划总金额
	润滑油		千克	40	40	4	160
用　途	S2 机床	发 料 部 门				领 料 部 门	
		核准人	发料人		负责人		领料人
			王　颖				张　翔

凭证 12－17

领 料 单

领料部门：装配车间　　　　　　开票日期　2021 年 12 月 3 日　　　　　　NO：002363

材料编号	材料名称	规　格	单　位	请领数量	实发数量	计划单价	计划总金额
	螺丝螺母		套	100	100	2	200
用　途	S1 机床	发 料 部 门				领 料 部 门	
		核准人	发料人		负责人		领料人
			王　颖				张　翔

凭证 12－18

领 料 单

领料部门：装配车间　　　　　　开票日期　2021 年 12 月 3 日　　　　　　NO：002364

材料编号	材料名称	规　格	单　位	请领数量	实发数量	计划单价	计划总金额
	螺丝螺母		套	200	200	2	400
用　途	S2 机床	发 料 部 门				领 料 部 门	
		核准人	发料人		负责人		领料人
			王　颖				张　翔

领料凭证汇总表 1

年 月 日

材料名称	单位	计划价格	基本生产车间产品用														辅助车间				基本生产车间用						销售部		厂部		合计	
			一车间		二车间		装配车间		机修		供气		一车间		二车间		装配车间													
			S1机床		S2机床		S1机床		S2机床		S1机床		S2机床		数量	金额	数量	金额	数量	金额	数量	金额	数量	金额	数量	金额	数量	金额	数量	金额
			数量	金额	数量	金额	数量	金额	数量	金额	数量	金额	数量	金额																
生铁																														
圆钢																														
原料合计																														
煤																														
焦炭																														
燃料合计																														
轴承1																														
轴承2																														
半成品合计																														
油漆																														
润滑油																														
辅助材料合计																														
螺丝螺母																														
包装箱																														
周转材料合计																														
合计																														

业务 13　12 月 3 日

　　山东光学仪器公司购利群 S2 机床 50 台,货物自提,如凭证 13 - 1 至凭证 13 - 4 所示。

　　提示:审核"银行汇票",并填写有关结算金额、进账单。实际结算金额为发票金额,其与汇款金额差额为多余金额,多余金额会自动退回。

凭证 13 - 1

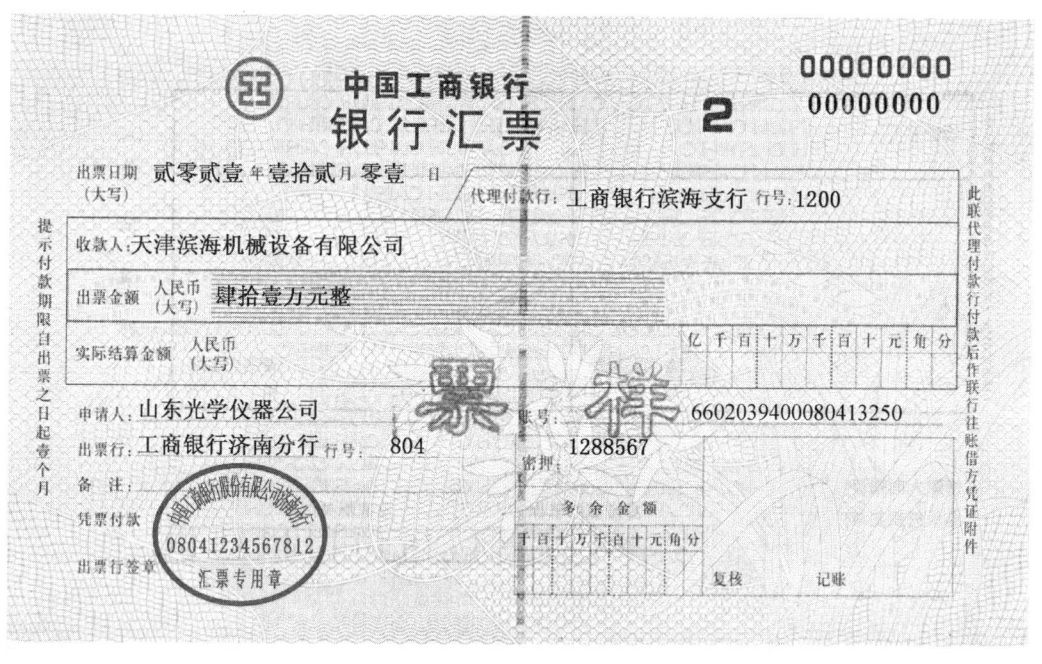

凭证 13 - 2

中国工商银行**进账单**(回单或收账通知)

年　月　日

出票人	全　称		收款人	全　称			千	百	十	万	千	百	十	元	角	分
	账　号			账　号												
	开户银行			开户银行												
人民币 (大写)							千	百	十	万	千	百	十	元	角	分
票据种类		票据张数														
票据号码																
复核　　　记账				开户银行签章												

此联是持票人开户银行交给持票人的回单或收账通知

73

凭证 13－3

1200213130

天津增值税专用发票

$\mathscr{N}_{0}$ 20101203

1200213130
20101203

此联不作扣税、退税凭证使用

开票日期： 2021 年 12 月 03 日

购买方	名　称： 山东光学仪器公司 纳税人识别号： 911230293100456756 地址、电话： 济南市和平路49号　053155468845 开户行及账号： 工商银行济南分行6602039400080413250					密码区	5635/-3947/->59*<818<33 6>/0/4332*3-0+672<7* 5+-<<51+41+>*>58*8460 128990<42+*31/58>>33		
货物或应税劳务、服务名称	规格型号	单位	数量	单价	金　额		税率		税　额
*组合机床*利群 S2 机床		台	50	6 840.00	342 000.00		13%		44 460.00
合　计					¥342 000.00				¥44 460.00
价税合计（大写）	⊗叁拾捌万陆仟肆佰陆拾圆整						（小写）¥386 460.00		
销售方	名　称： 天津滨海机械设备有限公司 纳税人识别号： 911201003703088886 地址、电话： 天津市滨海新区中心路 12 号　02288786666 开户行及账号： 工商银行滨海支行 0302093412008888999					备注			

收款人：　　　　复核：　　　　　　开票人：赵雨　　　　　销售方：（章）

税总函（2021）62 号北京印钞有限公司

第一联：记账联　销售方记账凭证

凭证 13－4

产 品 出 库 单

用途：　　　　　　　　　年 月 日　　　　　　凭证编号：120003
　　　　　　　　　　　　　　　　　　　　　　仓库：产成品库

类别	编号	名称及规格	计量单位	数量	单位成本	总成本	附注：
合　　　计							

记账：　　　　　保管：　　　　　检验：　　　　　制单：

业务 14　12 月 3 日

　　天津长河公司购利群 S1 机床 10 台, 利群 S2 机床 50 台, 根据合同规定给购方 2％折扣, 收转账支票一张。填制进账单送存银行。利群 S1 机床定价 7 700 元/台, 利群 S2 机床定价 6 840 元/台, 如凭证 14－1 至凭证 14－4 所示。

凭证 14－1

No 20101204

天津增值税专用发票

1200213130

此联不能报销付款和抵扣凭证使用

1200213130

20101204

开票日期：　2021 年 12 月 03 日

购买方	名　　称：天津长河有限公司 纳税人识别号：91120119937185499 地址、电话：天津市河西区淮海路85号 02287468845 开户行及账号：工商银行淮海路支行0302093411162540312					密码区	6741/-3947/->59*<818<33 6>/0/484522*3-0+672<7* 5525+-<<51+41+>*>58*8460 852-44*50<42+*31/58>>33	

货物或应税劳务、服务名称	规格型号	单位	数量	单价	金　额	税率	税　额
*组合机床*利群 S1 机床		台	10	7 546.00	75 460.00	13%	9 809.80
*组合机床*利群 S2 机床		台	50	6 703.20	335 160.00	13%	43 570.80
合　　　计					¥410 620.00		¥53 380.60
价税合计（大写）	⊗ 肆拾陆万肆仟圆陆角整				（小写）¥464 000.60		

销售方	名　　称：天津滨海机械设备有限公司 纳税人识别号：911201003703088886 地址、电话：天津市滨海新区中心路12号 02288786666 开户行及账号：工商银行滨海支行0302093412008888999		备注	

收款人：　　　　　复核：　　　　　开票人：赵雨　　　　　销售方：（章）

税总函（2021）62 号北京印钞有限公司

第一联：记账联　销售方记账凭证

凭证 14－2

中国工商银行转账支票

10203310
81587344

出票日期（大写）　贰零贰壹年壹拾贰月零叁日　　　付款行名称：淮海路支行
收款人：　　　　　　　　　　　　　　　　　出票人账号：0302093411162540312

付款期限自出票之日起十天

人民币 （大写）	肆拾陆万肆仟元陆角整	亿	千	百	十	万	千	百	十	元	角	分
				¥	4	6	4	0	0	0	6	0

用途 购货款
上列款项请从
我账户内支付
出票人签章

密码＿＿＿＿＿
行号＿＿＿＿＿

复核　　　记账

凭证 14-3

中国工商银行进账单(回单或收账通知)

年 月 日

<table>
<tr><td rowspan="3">出票人</td><td>全　称</td><td></td><td rowspan="3">收款人</td><td>全　称</td><td colspan="11"></td><td rowspan="9">此联是持票人开户银行交给持票人的收账通知</td></tr>
<tr><td>账　号</td><td></td><td>账　号</td><td colspan="11"></td></tr>
<tr><td>开户银行</td><td></td><td>开户银行</td><td colspan="11"></td></tr>
<tr><td colspan="2" rowspan="2">人民币
(大写)</td><td colspan="2"></td><td>千</td><td>百</td><td>十</td><td>万</td><td>千</td><td>百</td><td>十</td><td>元</td><td>角</td><td>分</td></tr>
<tr><td colspan="2"></td><td></td><td></td><td></td><td></td><td></td><td></td><td></td><td></td><td></td><td></td></tr>
<tr><td>票据种类</td><td></td><td>票据张数</td><td></td><td colspan="11" rowspan="3"></td></tr>
<tr><td colspan="4" align="center">票据号码</td></tr>
<tr><td colspan="4"></td></tr>
<tr><td colspan="4">复核　　记账</td><td colspan="11" align="center">开户银行签章</td></tr>
</table>

120315#

凭证 14-4

产 品 出 库 单

用途:　　　　　　　　　　年　月　日　　　　　　　凭证编号:120004
仓库:产成品库

<table>
<tr><td>类别</td><td>编号</td><td>名称及规格</td><td>计量单位</td><td>数量</td><td>单位成本</td><td>总成本</td><td rowspan="4">附注:</td></tr>
<tr><td></td><td></td><td></td><td></td><td></td><td></td><td></td></tr>
<tr><td></td><td></td><td></td><td></td><td></td><td></td><td></td></tr>
<tr><td colspan="3" align="center">合　　　　计</td><td></td><td></td><td></td><td></td></tr>
</table>

记账:　　　　　　　保管:　　　　　　　检验:　　　　　　　制单:

业务 15 12 月 3 日

该公司本期从境外购入 App 技术(非专利技术)一项,价款为 60 000 美元,购入时市场汇率为 1 美元＝6.8 元人民币,款项尚未支付。暂不考虑税金。

凭证 15－1

Xmountain Machinery Co. ,Ltd.

INVOICE

NO：DY20211203002

DATE：12/03/2021

Messer：_____

_____

345 Columbia Place PNW Calgary DC T2342 Canada   ON/ABT：03/12/2021

_____

TEL：001 403 3902208

_____

ATTN：TIANJIN

Sipped   per   BY UPS

	Description of goods	Quantity	Unit price	Amount
	nonproprietary technology	1	$60 000	$60 000
	Total： Original：Canada Payment：TT	1		$60 000

业务 16　12 月 4 日

开出转账支票，支付下年度报刊订阅费，如凭证 16-1 至凭证 16-3 所示。

凭证 16-1

012002100104

天津增值税普通发票

发票联

№ 02344321

012002100104

02344321

校验码 04343 97563 52317 36827　　　　　　　　　　　开票日期：2021年12月04日

<table>
<tr><td rowspan="4">购买方</td><td>名　　称：</td><td colspan="5">天津滨海机械设备有限公司</td><td rowspan="4">密码区</td><td colspan="2">435-8-880/-8647/->49*<618<33</td></tr>
<tr><td>纳税人识别号：</td><td colspan="5">911201003703088886</td><td colspan="2">6>/34205/4140>2*3-0+672<7*</td></tr>
<tr><td>地　址、电话：</td><td colspan="5">天津市滨海新区中心路 12 号 02288786666</td><td colspan="2">5+-<<076641+41+>*>07591234</td></tr>
<tr><td>开户行及账号：</td><td colspan="5">工商银行滨海支行 0302093412008888999</td><td colspan="2">125490<42+*31/58>>33</td></tr>
<tr><td colspan="2">货物或应税劳务、服务名称</td><td>规格型号</td><td>单位</td><td>数量</td><td>单价</td><td>金　额</td><td>税率</td><td>税　额</td></tr>
<tr><td colspan="2">*印刷品*人民日报</td><td></td><td>份</td><td>28</td><td>27.52</td><td>770.64</td><td>9%</td><td>69.36</td></tr>
<tr><td colspan="2">*印刷品*财务与会计</td><td></td><td>份</td><td>2</td><td>33.03</td><td>66.06</td><td>9%</td><td>5.94</td></tr>
<tr><td colspan="2"></td><td></td><td></td><td></td><td></td><td></td><td></td><td></td></tr>
<tr><td colspan="2">合　　　计</td><td></td><td></td><td></td><td></td><td>¥836.70</td><td></td><td>¥75.31</td></tr>
<tr><td colspan="2">价税合计（大写）</td><td colspan="5">⊗玖佰壹拾贰圆整</td><td colspan="2">（小写）¥912.00</td></tr>
<tr><td rowspan="4">销售方</td><td>名　　称：</td><td colspan="5">天津滨海邮电中心路分所</td><td rowspan="4">备注</td><td colspan="2" rowspan="4">2022 年 1～3 月</td></tr>
<tr><td>纳税人识别号：</td><td colspan="5">311201478957334326</td></tr>
<tr><td>地　址、电话：</td><td colspan="5">天津市滨海新区洞庭路 3 号 02225321241</td></tr>
<tr><td>开户行及账号：</td><td colspan="5">中国工商银行洞庭支行 0302000333210000431</td></tr>
<tr><td colspan="3">收款人：李平</td><td colspan="3">复核：</td><td colspan="3">开票人：姚华　　销售方：</td></tr>
</table>

税总函〔2021〕51 号北京印钞有限公司

第二联：发票联　购买方记账凭证

凭证 16-2

北京中钞印刷有限公司·2021年印刷

中国工商银行

转账支票存根

10203310

12075304

附加信息＿＿＿＿＿＿＿＿＿＿

＿＿＿＿＿＿＿＿＿＿＿＿＿＿

＿＿＿＿＿＿＿＿＿＿＿＿＿＿

出票日期　　年　月　日

收款人：

金　额：

用　途：

单位主管　　　　会计

注意审核及发生的经济业务内容,正确使用会计科目。

知识链接

凭证 16 - 1 说明:

专业发票是指国有金融、保险企业的存贷、汇兑、转账凭证以及保险凭证;国有邮政、电信企业的邮票、邮单、话务、电报收据;国有铁路、民用航空企业和交通部门、国有公路、水上运输企业的客票、货票等。经国家税务总局或者省、市、自治区税务机关批准,专业发票可由政府主管部门自行管理,不套印税务机关的统一发票监制章,也可根据税收征管的需要纳入统一发票管理。

凭证 16－3

中国工商银行转账支票

10203310
12075304

出票日期(大写)　　　　　　年　月　日　付款行名称：工商银行滨海支行

收款人：　　　　　　　　　　　　　　　出票人账号：0302093412008888999

人民币 （大写）		亿	千	百	十	万	千	百	十	元	角	分

用途＿＿＿＿＿
上列款项请从
我账户内支付
出票人签章

密码＿＿＿＿＿
行号＿＿＿＿＿

复核　　　记账

（天津滨海机械设备有限公司 财务专用章）（李华印）

业务 17　12 月 4 日

银行转来,天津市九洲有限公司货款收回,如凭证 17－1 所示。

凭证 17－1

托收凭证（收款通知）　4

委托日期　2021 年 11 月 29 日　付款期限　2021 年 12 月 04 日

业务类型		委托收款(□邮划、☑电划)　　托收承付(□邮划、□电划)													
付款人	全称	天津市九洲有限公司				收款人	全称	天津滨海机械设备有限公司							
	账号	0302104790741954260					账号	0302093412008888999							
	地址	省天津市县	开户行	工商银行河西支行			地址	省天津市县	开户行	工商银行滨海支行					
金额	人民币 （大写）	贰拾万元整		千	百	十	万	千	百	十	元	角	分		
				¥	2	0	0	0	0	0	0	0	0		
款项内容		货款	托收凭据名称		发票		附寄单证张数		4						
商品发运情况		已发货		合同名称号码			12033								
备注： 　复核　记账			上列款项已划回收入你方账户内。 收款人开户行签章 年　月　日												

(中国工商银行股份有限公司天津滨海支行 20211204 受理凭证专用章 收妥业务(1))

凭证 17 - 1 说明：
查看相关客户的往来明细账。

业务18 12月5日

采购人员申请采用商业汇票结算方式办理采购业务,财会人员持购货合同办理银行承兑汇票申请书,由开户银行签发银行承兑汇票。银行受理签发,并按规定收取0.1%的手续费。采购人员将商业汇票交付江洲钢铁公司。货已验收入库,其中运费1303.92元,如凭证18-1至凭证18-8所示。

凭证 18-1

申请用款单

2021 年 12 月 5 日   编号:

收款单位:江洲钢铁有限公司			（限额: ）
开户银行:工商银行江洲支行		账号:6022006700804584322	
金额（大写)肆万壹仟叁佰零玖元伍角肆分		￥41 309.54	
付款方式:现金、支票、电汇、信汇、汇票、转账、银行承兑汇票√			
用款项目:购货			
合 同 号:943728			
计算依据	购进14.4吨,单价2 460.00/吨,另加增值税及运费。		
说　 明	附有关结算单据,额度内免保证金		
总经理	计财部:王红	部门领导:　科长:张佳	经办人:刘红

本单作支款依据,不作报销用

- -

凭证 18-2

银行承兑汇票（存根）

汇票号码

签发日期 2021 年 12 月 5 日   第　　号

收款人	全　　称	江洲钢铁有限公司	承兑申请人	全　　称	天津滨海机械设备有限公司											
	账　　号	6022006700804584322		账　　号	0302093412008888999											
	开户银行	工商银行江洲支行　行号804		开户银行	工商银行滨海支行　　行号604											
汇票金额	人民币(大写) 肆万壹仟叁佰零玖元伍角肆分					千	百	十	万	千	百	十	元	角	分
								￥	4	1	3	0	9	5	4
汇票到期日	2022 年 5 月 5 日														
备注			承兑协议编号	1569	交易合同号码			943728								
			负责		经办		王 红									

此联签发人存查

87

操作者应掌握商业汇票结算方式的申办、使用、审核的有关规定;核算时,正确使用会计科目。参见教材"材料核算"的有关内容。

知识链接

凭证 18-1 说明:

"申请用款单"为企业自行设置的凭证。此单为一联。支用款项时,按企业管理要求及部门管理权限,经有关人员签字后方为有效,未经领导批准及经办人签字,不得办理用款。

凭证 18-2 说明:

付款人申请办理银行承兑汇票时,应填写一式三联的银行承兑协议,同时在银行承兑汇票上填写承兑银行的名称及申请日期,并在承兑申请人处加盖预留银行的印章,然后将银行承兑汇票、承兑协议及购销合同送交开户银行的信贷部门审查,经审查符合承兑条件的,由银行的信贷部门与付款人签署承兑协议,经银行会计部门在汇票二联上加盖印章(印章一般为钢印),压印汇票金额以后,手续费每笔不足 10 元的交 10 元。

付款人即承兑申请人,应于银行承兑汇票到期前,将票款足额交存其开户银行或银行账户上保留足以支付票款的存款余额,于汇票到期日由银行凭证将款划付给收款人。如果付款人在银行承兑汇票到期日未能足额缴存票款或在银行账户上没有足以支付票款的存款余额时,银行根据承兑协议的规定,主动从付款人在银行的账户上执行扣款,并对尚未扣回部分的票款,每天按 5‰计收罚息。

收款人持盖好背书的承兑汇票于到期日填写送款单一并交存银行,银行通过内部结算将票款转到收款人账户中。

中国工商银行收费凭证

第 号

2021 年 12 月 5 日　　　　　　　　凭证号码：105611549

户　　名	天津滨海机械设备有限公司	账　　号	0302093412008888999									
开户银行	工商银行滨海支行	凭证(结算)种类	单价	数量	金　　额							
收费种类	手续费				万	千	百	十	元	角	分	
1. 客户购买凭证时在"收费种类"填写工本费,在"凭证种类"栏填写所购凭证名称。 2. 客户在办理结算业务时,在"收费种类"栏分别填写手续费或邮电费,在"结算种类"栏填写办理的结算方式。		银行承兑汇票	0.1%	1				4	1	3	1	
		合计人民币(大写)肆拾壹元叁角壹分					¥	4	1	3	1	

 4400213140

重庆增值税专用发票

发票联

№ 06591831

4400213140
06591831

开票日期：2021 年 12 月 01 日

购买方	名　　称：天津滨海机械设备有限公司 纳税人识别号：911201003703088886 地址、电话：天津市滨海新区中心路 12 号 02288786666 开户行及账号：工商银行滨海支行0302093412008888999	密码区	34/8-3947/->49*<618<33 6>/120054140*3-0+672<7* 5+-<<076641+>*>07591234 4445855240<42+*31/58>>90

货物或应税劳务、服务名称	规格型号	单位	数量	单价	金　　额	税率	税　　额
*线材(盘条)*圆钢		吨	14.40	2 460.00	35 424 .00	13%	4 605.12
合　　计					¥35 424.00		¥4 605.12
价税合计(大写)	⊗肆万零贰拾玖圆壹角贰分				(小写)¥40 029.12		

销售方	名　　称：江州钢铁有限公司 纳税人识别号：911340010 3703063243 地址、电话：重庆市江州县江水路 2 号 8723567 开户行及账号：中国工商银行江州支行6022006700804584322	备注	

收款人：　　　　复核：　　　　开票人：李奇　　　　销售方：(章)

税总函〔2021〕62 号北京印钞制有限公司

第三联：发票联　购买方记账凭证

知识链接

凭证 18－3 说明：

单位办理各项结算业务都要按照规定交纳手续费、邮电费和工本费用。手续费和邮电费单据为一式三联：第一联收费凭证回单联（银行盖章后交单位方为有效）；第二联贷方凭证联，银行留存；第三联借方凭证联（须加盖付款人预留银行印鉴），银行凭此联支企业账户中款项。

办理汇兑、托收承付、委托收款和汇票业务时，单位根据所办结算业务种类自行填写手续费凭证及邮电费凭证，在凭证的有关联上加盖预留银行印鉴，连同所办业务一同交送银行。多笔业务可填写一份手续费凭证和邮电费凭证，以减少单位的记账凭证、方便核算。交纳的金额参照银行结算业务收费表填写。

凭证 18－4 说明：

增值税专用发票是纳税人销售货物或提供应税劳务，按规定向购买者填开的、作为扣款凭证使用的专用发票，只限于增值税一般纳税人领购使用，增值税小规模纳税人和非增值税纳税人不得领购使用。增值税专用发票由国家税务总局统一印制，禁止私自印制、伪造、变造发票。向其他纳税人填开的专用发票，作为商业凭证，不具有扣税凭证作用。

专用发票只限于纳税人在本省、自治区、直辖市范围使用，在本省、自治区、直辖市范围以外经营的，应凭所在地税务机关的证明，按《增值税发票管理办法》有关规定向经营地税务机关申请购买专用发票。

凭证 18 - 5

4400213140

重庆增值税专用发票
抵扣联

№ 06591831

4400213140
06591831

开票日期： 2021 年 12 月 01 日

购买方	名　　称：天津滨海机械设备有限公司
	纳税人识别号：911201003703088886
	地址、电话：天津市滨海新区中心路 12 号 02288786666
	开户行及账号：工商银行滨海支行0302093412008888999

密码区
34/8-3947/->49*<618<33
6>/120054140*3-0+672<7*
5+-<<076641+>*>07591234
4445855240<42+*31/58>>90

货物或应税劳务、服务名称	规格型号	单位	数量	单价	金　额	税率	税　额
*线材（盘条）*圆钢		吨	14.40	2 460.00	35 424.00	13%	4 605.12
合　　计					¥35 424.00		¥4 605.12

| 价税合计（大写） | ⊗肆万零贰拾玖圆壹角贰分 | （小写）¥40 029.12 |

销售方	名　　称：江州钢铁有限公司
	纳税人识别号：911340010370306 3243
	地址、电话：重庆市江州县江水路 2 号 8723567
	开户行及账号：中国工商银行江州支行6022006700804584322

备注

收款人：　　　复核：　　　开票人：李奇　　　销售方：（章）

第二联：抵扣联　购买方扣税凭证

税总函（2021）62 号北京印钞有限公司

凭证 18 - 6

4400213140

重庆增值税专用发票
发票联

№ 06147212

4400213140
06147212

开票日期： 2021 年 12 月 01 日

购买方	名　　称：天津滨海机械设备有限公司
	纳税人识别号：911201003703088886
	地址、电话：天津市滨海新区中心路 12 号 02288786666
	开户行及账号：工商银行滨海支行0302093412008888999

密码区
435-8-880/-8647/->49*<618<33
6>/34205/4140>2*3-0+672<7*
5+-<<076641+41+>*>07591234
125490<42+*31/58>>33

货物或应税劳务、服务名称	规格型号	单位	数量	单价	金　额	税率	税　额
*国内铁路货物运输服务*铁路运输					1 174.70	9%	105.72
合　　计					¥1 174.70		¥105.72

| 价税合计（大写） | ⊗壹仟贰佰捌拾圆肆角贰分 | （小写）¥1 280.42 |

销售方	名　　称：江州运输有限公司
	纳税人识别号：911340147895733121
	地址、电话：江州县江水路 131 号 87234321
	开户行及账号：工商银行江州市分行6022032210005433207

备注：江州-天津 圆钢

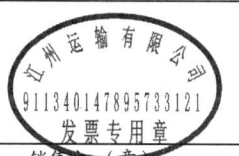

收款人：吴强　　　复核：　　　开票人：李振　　　销售方：（章）

第三联：发票联　购买方记账凭证

税总函（2021）62 号北京印钞有限公司

凭证 18 - 5 说明：

对进项税额抵扣凭证的审核

（1）审查纳税人购进货物或应税劳务取得增值税专用发票注明进项税额。首先，审查取得的增值税专用发票的真伪；然后，审查票据开具的内容是否填写齐全正确，税务登记号是否准确，取得增值税专用发票的实际金额与增值税专用发票版面是否相符。

（2）审查纳税人据此核算进项税额的增值税专用发票的发票联、抵扣联的记账是否一致，有无只有抵扣联而无发票联或者只有发票联而无抵扣联的增值税专用发票。

（3）审查纳税人购进货物是否与购货方的生产、经营相关。

（4）对纳入防伪税控管理的企业，取得防伪税控系统工具的专用发票，属于扣税范围的，应于纳税申报时或纳税申报前到税务机关认证，在取得税务机关开具的《认证结果通知书》和加盖"认证相符"戳记的专用发票抵扣联后，申报抵扣税款，凡认证不符的，不得作为抵扣凭证。

凭证 18 - 6 说明：

交通运输业和部分现代服务业营业税改征增值税试点有关事项的规定：

原增值税一般纳税人接受试点纳税人提供的应税服务，取得的增值税专用发票上注明的增值税额为进项税额，准予从销项税额中抵扣。

原增值税一般纳税人从试点地区取得的 2012 年 1 月 1 日（含）以后开具的运输费用结算单据（铁路运输费用结算单据除外），一律不得作为增值税扣税凭证。

凭证 18－7

4400213140

重庆增值税专用发票
抵扣联

No 06147212

4400213140
06147212

开票日期： 2021 年 12 月 01 日

购买方	名 称： 天津滨海机械设备有限公司
	纳税人识别号： 911201003703088886
	地址、电话： 天津市滨海新区中心路 12 号 0228878666
	开户行及账号： 工商银行滨海支行0302093412008888999

密码区

435-8-880/-8647/->49*<618<33
6>/34205/4140>2*3-0+672<7*
5+-<<076641+41+>*>07591234
125490<42+*31/58>>33

第二联：抵扣联 购买方扣税凭证

货物或应税劳务、服务名称	规格型号	单位	数量	单价	金 额	税率	税 额
*国内铁路货物运输服务*铁路运输					1 174.70	9%	105.72
合 计					¥1 174.70		¥105.72

价税合计（大写） ⊗壹仟贰佰捌拾圆肆角贰分 （小写）¥1 280.42

销售方	名 称： 江州运输有限公司
	纳税人识别号： 911340147895733121
	地址、电话： 江州县江水路 131 号 87234321
	开户行及账号： 工商银行江州市分行 6022032210005433207

备注 江州-天津 圆钢

江州运输有限公司
911340147895733121
发票专用章

收款人： 吴强　　　　复核：　　　　开票人： 李振　　　　销售方：（章）

凭证 18－8

收 料 单

供应单位：江洲钢铁有限公司
发票号码：06591831

2021 年 12 月 5 日

收料单号码：0122
收料仓库：原料库

材料编号	材料名称及规格	计量单位	数 量		实际进价		计划价格		差 异	
			应收	实收	单价	金 额	单价	金 额		
	圆钢 45	吨	14.4	14.4	2 541.58	36 598.70	3 000	43 200		

二、交财会科

收料人员： 赵卫东　　　　　　检验人员：　　　　　　填单人员： 马卿

知识链接

凭证18-7说明：

材料验收入库单传递流程图

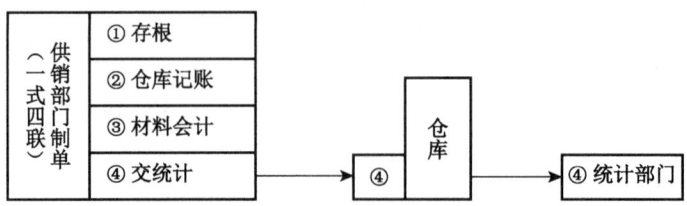

供销部门有关人员根据购货单位的发货票和提货通知等凭证填写材料验收入库单，通知仓库办理验收入库；仓库验收入库后将材料验收入库单的第三、第四联分别传递给财会部门和统计部门；财会部门据此办理货款结算和账务处理有关事项。

业务 19   12 月 5 日

接受陈治捐赠的一辆全新本田轿车,价值 300 000 元,预计使用 5 年,交厂部办公室使用,如凭证 19-1 和凭证 19-2 所示。

凭证 19-1

捐赠协议书

2021 年 12 月 5 日

捐赠单位	陈　治	接受单位	天津滨海机械设备有限公司
账号或地址	6606038800001256789	账号或地址	0302093412008888999
开户银行	工商银行林海市分行	开户银行	工商银行滨海支行
捐赠金额	人民币(大写)叁拾万元整		
协议条款	经双方友好协商达成如下协议: 1. 建立互惠互利机制。 2. 双方沟通信息,开拓市场。 3. 陈治愿意无偿捐赠新本田轿车一辆。 捐赠代表签字:陈治　　　　　　　　　　接受代表签字:李华		

- -

凭证 19-2

固定资产验收交接单

固定资产类别:　　　　　　　　　　　　　　　　　　　　　　　　　　　　　编号:12002

固定资产名称		规格型号		生产单位		取得来源	
原值		预计净残值率		数量		使用部门	
生产日期		验收日期		开始使用日期		预计使用年限	
投入日期		投入时已使用年限		尚能使用年限		投入时已提折旧	
验收意见		符合规定质量标准,验收合格。　　　　　　　　负责人:					
移交单位		移交单位负责人		移交人		年　月　日	
接管单位		接管单位负责人		接管人		年　月　日	

业务 20   12 月 5 日

以出包方式建造厂部管理部门用的一个简易仓库,工程预算总造价 180 000 元,已完工 50%,按合同约定支付合同价款的 50%,预计 20 天完工,如凭证 20-1 和凭证 20-2 所示。

凭证 20-1

天津市企业单位统一收据

2021 年 12 月 5 日   No 1204377031

交款单位 天津滨海机械设备有限公司

人民币(大写) 玖万元整   ￥90 000.00

系   付 预付简易仓库包工款

现 金		
支 票		✓
付 委		

收款单位(盖章有效)财务 余新   经手人 张平

③ 记账联

凭证 20-2

北京中钞印刷有限公司·2021年印刷

中国工商银行
转账支票存根

10203310
12075305

附加信息 _____

_____

_____

出票日期   年   月   日

收款人:

金 额:

用 途:

单位主管   会计

业务 21   12 月 5 日

凭证 21－1

 中国工商银行天津市滨海支行   电子缴税付款凭证

转账日期:20211205   凭证字号:14121087

纳税人全称及纳税人识别号:天津滨海机械设备有限公司 9112010037703088886

付款人全称:天津滨海机械设备有限公司

付款人账号:03020934120088888999   征收机关名称:天津市滨海新区第四国家税务局

付款人开户银行:工商银行滨海支行   收款国库(银行)名称:国家金库天津市滨海支库

小写(合计)金额:¥123 492.04   缴款书交易流水号:91011227

大写(合计)金额:壹拾贰万叁仟肆佰玖拾贰元零角肆分   税票号码:1271990165908675

税种名称	所属时间	实缴金额
增值税	20211101—20211130	¥123 492.04

第二联   作付款回单(无银行收讫章无效)   复核(略)   记账(略)

（印章：中国工商银行股份有限公司天津 滨海支行 20211205 受理凭证专用章 付妥业务（1））

凭证 21－2

中国工商银行天津市滨海支行   电子缴税付款凭证

转账日期:20211205   凭证字号:14121088

纳税人全称及纳税人识别号:天津滨海机械设备有限公司 9112010037703088886

付款人全称:天津滨海机械设备有限公司

付款人账号:03020934120088888999   征收机关名称:天津市滨海新区第四国家税务局

付款人开户银行:工商银行滨海支行   收款国库(银行)名称:国家金库天津市滨海支库

小写(合计)金额:¥16 053.96   缴款书交易流水号:91011227

大写(合计)金额:壹万陆仟零伍拾叁元玖角陆分   税票号码:1272014165908676

税种名称	所属时间	实缴金额
城市维护建设税	20211101—20211130	¥8 644.44
教育费附加	20211101—20211130	¥3 704.76
地方教育费附加	20211101—20211130	¥2 469.84
印花税	20211101—20211130	¥1 234.92

第二联   作付款回单(无银行收讫章无效)   复核(略)   记账(略)

（印章：中国工商银行股份有限公司天津 滨海支行 20211205 受理凭证专用章 付妥业务（1））

凭证 21-3

 中国工商银行天津市滨海支行　电子缴税付款凭证

转账日期:20211205　　　　　　　　　凭证字号:14121089

纳税人全称及纳税人识别号:天津滨海机械设备有限公司 911201003703088886

付款人全称:天津滨海机械设备有限公司

付款人账号:0302093412008888999　　　　　征收机关名称:天津市滨海新区第四国家税务局

付款人开户银行:工商银行滨海支行　　　　收款国库(银行)名称:国家金库天津市滨海支库

付款人开户银行:工商银行滨海支行工行　　收款国库(银行)名称:国家金库天津市滨海支库

小写(合计)金额:￥3 360.00　　　　　　缴款书交易流水号:91011227

大写(合计)金额:叁仟叁佰陆拾元整　　　　税票号码:1272014165908677

税种名称	所属时间	实缴金额
个人所得税	20211101—20211130	￥3 360.00

业务 22 12 月 5 日

开户行转来滦州第一煤矿公司委托收款结算单据，货已验收入库，如凭证 22-1 至凭证 22-3 所示。

凭证 22-1

2400213140	河北增值税专用发票 发票联		No 66591630 2400213140 66591630

开票日期：　2021 年 12 月 05 日

<table>
<tr><td rowspan="4">购买方</td><td>名　称：</td><td colspan="2">天津滨海机械设备有限公司</td><td rowspan="4">密码区</td><td colspan="5" rowspan="4">4663/-3947/->49*<618<33
6>/120054140*3-0+672<7*
5+-<<076641+>*>07591234
4445855240<42+*31/58>>90</td></tr>
<tr><td>纳税人识别号：</td><td colspan="2">911201003703088886</td></tr>
<tr><td>地址、电话：</td><td colspan="2">天津市滨海新区中心路 12 号 02288786666</td></tr>
<tr><td>开户行及账号：</td><td colspan="2">工商银行滨海支行3020093412008888999</td></tr>
<tr><td colspan="2">货物或应税劳务、服务名称</td><td>规格型号</td><td>单位</td><td>数量</td><td>单价</td><td>金　额</td><td>税率</td><td colspan="2">税　额</td></tr>
<tr><td colspan="2">*原煤*煤</td><td></td><td>吨</td><td>500</td><td>605.00</td><td>302 500 .00</td><td>13%</td><td colspan="2">39 325.00</td></tr>
<tr><td colspan="2">合　计</td><td></td><td></td><td></td><td></td><td>￥302 500.00</td><td></td><td colspan="2">￥39 325.00</td></tr>
<tr><td colspan="2">价税合计（大写）</td><td colspan="4">⊗ 叁拾肆万壹仟捌佰贰拾伍圆整</td><td colspan="4">（小写）￥341 825.00</td></tr>
<tr><td rowspan="4">销售方</td><td>名　称：</td><td colspan="2">滦州第一煤矿公司</td><td rowspan="4">备注</td><td colspan="5" rowspan="4">（滦州第一煤矿公司 发票专用章 911701003703064321）</td></tr>
<tr><td>纳税人识别号：</td><td colspan="2">911701003703064321</td></tr>
<tr><td>地址、电话：</td><td colspan="2">河北省滦州市煤海路 37 号 031589723567</td></tr>
<tr><td>开户行及账号：</td><td colspan="2">中国建设银行滦州支行6227548800695724385</td></tr>
</table>

收款人：　　　复核：　　　开票人：梁羽　　　销售方：（章）

第三联：发票联　购买方记账凭证

税总函（2021）62 号北京印钞制有限公司

凭证 22-2

2400213140	河北增值税专用发票 抵扣联		No 66591630 2400213140 66591630

开票日期：　2021 年 12 月 05 日

<table>
<tr><td rowspan="4">购买方</td><td>名　称：</td><td colspan="2">天津滨海机械设备有限公司</td><td rowspan="4">密码区</td><td colspan="5" rowspan="4">4663/-3947/->49*<618<33
6>/120054140*3-0+672<7*
5+-<<076641+>*>07591234
4445855240<42+*31/58>>90</td></tr>
<tr><td>纳税人识别号：</td><td colspan="2">911201003703088886</td></tr>
<tr><td>地址、电话：</td><td colspan="2">天津市滨海新区中心路 12 号 02288786666</td></tr>
<tr><td>开户行及账号：</td><td colspan="2">工商银行滨海支行3020093412008888999</td></tr>
<tr><td colspan="2">货物或应税劳务、服务名称</td><td>规格型号</td><td>单位</td><td>数量</td><td>单价</td><td>金　额</td><td>税率</td><td colspan="2">税　额</td></tr>
<tr><td colspan="2">*原煤*煤</td><td></td><td>吨</td><td>500</td><td>605.00</td><td>302 500 .00</td><td>13%</td><td colspan="2">39 325.00</td></tr>
<tr><td colspan="2">合　计</td><td></td><td></td><td></td><td></td><td>￥302 500.00</td><td></td><td colspan="2">￥39 325.00</td></tr>
<tr><td colspan="2">价税合计（大写）</td><td colspan="4">⊗ 叁拾肆万壹仟捌佰贰拾伍圆整</td><td colspan="4">（小写）￥341 825.00</td></tr>
<tr><td rowspan="4">销售方</td><td>名　称：</td><td colspan="2">滦州第一煤矿公司</td><td rowspan="4">备注</td><td colspan="5" rowspan="4">（滦州第一煤矿公司 发票专用章 911701003703064321）</td></tr>
<tr><td>纳税人识别号：</td><td colspan="2">911701003703064321</td></tr>
<tr><td>地址、电话：</td><td colspan="2">河北省滦州市煤海路 37 号 031589723567</td></tr>
<tr><td>开户行及账号：</td><td colspan="2">中国建设银行滦州支行6227548800695724385</td></tr>
</table>

收款人：　　　复核：　　　开票人：梁羽　　　销售方：（章）

第二联：抵扣联　购买方扣税凭证

税总函（2021）62 号北京印钞制有限公司

凭证 22-3

收　料　单

供应单位：　　　　　　　　　　　　　　　　　　　　　收料单号码：0123
发票号码：　　　　　　　　2021 年 12 月 5 日　　　　　　收料仓库：原料库

材料编号	材料名称及规格	计量单位	数　量		实际进价		计划价格		差异
			应收	实收	单价	金　额	单价	金　额	
	煤	吨	500	500	605	302 500.00	600	300 000.00	

收料人员：赵卫东　　　　　　　检验人员：　　　　　　　填单人员：马卿

业务 23　12 月 5 日

从北方钢铁公司购入的货物运到企业,验收发现短缺 400 千克。经查询系运输途中丢失。经交涉,铁路部门负责赔偿,如凭证 23-1 和凭证 23-2 所示。

凭证 23-1

赔　偿　请　求　单

2021 年 12 月 5 日

请求赔偿单位：天津滨海机械设备有限公司

货物名称	钢材	发运单位	北钢供销处	票据编号	000491	发运数量	圆钢 5 吨
金　额	13 899.00		运杂费 450.73		到站实际数量：圆钢 4.6 吨		
丢失品种	圆钢	损失数量	0.4 吨		要求赔偿金额		1 147.98
损失原因	由于在沈阳车站转挂车头,在货车及停车场被人偷走,系运输部门责任,请求运输部门给予赔偿。						

赔偿单位意见：系运输途中丢失,同意赔偿。　　　　　　　　　长春铁路分局长春站

凭证 23-2

收　料　单

供应单位：北方钢铁公司　　　　　　　　　　　　　　　收料单号码：0124
发票号码：00591880　　　　　2021 年 12 月 5 日　　　　　收料仓库：原料库

材料编号	材料名称及规格	计量单位	数　量		实际进价		计划价格		差异
			应收	实收	单　价	金　额	单价	金额	
	圆钢 45	吨	5	4.6			3 000	13 800	

收料人员：赵卫东　　　　　　　检验人员：　　　　　　　填单人员：马卿

业务 24　12 月 6 日

南海农机有限公司购利群 S2 机床 2 台,货物通过铁路运输,本企业代垫运杂费 100.00 元。请财会部门办理委托收款事宜,并将货物及运输发票联及抵扣联交给银行,转给客户,如凭证 24 - 1 至凭证 24 - 5 所示。提示:分析后编制"委托收款"结算凭证,要求电划。

凭证 24 - 1

托收凭证（受理回单）

1

委托日期：　　年　　月　　日

业务类型		委托收款(□邮划、□电划)　　托收承付(□邮划、□电划)															
付款人	全称					收款人	全称										
	账号						账号										
	地址	省　　　市县　　开户行					地址	省　　市县　　开户行									
金额	人民币（大写）						千	百	十	万	千	百	十	元	角	分	
款项内容			托收凭据名称						附寄单证张数								
商品发运情况			合同名称号码														
备注： 复核　　　记账			款项收受日期 　　年　　月　　日					收款人开户银行签章 　　年　　月　　日									

此联作收款人开户银行给收款人的受理回单

- -

凭证 24 - 2

 1200213130　**天津增值税专用发票**　　*No* 20101205

天津
此联不作报销售方与购销凭证使用

1200213130
20101205

开票日期：　2021 年 12 月 06 日

购买方	名　　　称：南海农机有限公司 纳税人识别号：913205930541304666 地址、电话：南海市中山路18号 07572779967 开户行及账号：中国工商银行南海路支行 0302001700080205960	密码区	66/-3947/->59*<818<33 6>/0/4332*3-0+672<7* 5+-<<51+41+>*>58*8460 128990<42*+*31/58>>33

货物或应税劳务、服务名称	规格型号	单位	数量	单价	金额	税率	税额
*组合机床*利群 S2 机床		台	2	6 840.00	13 680.00	13%	1 778.40
合　　　计					¥13 680.00		¥1 778.40
价税合计（大写）		⊗壹万伍仟肆佰伍拾捌圆肆角整				（小写）¥15 458.40	

销售方	名　　　称：天津滨海机械设备有限公司 纳税人识别号：911201003703088886 地址、电话：天津市滨海新区中心路 12 号 02288786666 开户行及账号：工商银行滨海支行 0302093412008888999	备注	

收款人：　　　　复核：　　　　开票人：赵雨　　　　销售方：（章）

税总函（2021）62 号北京印钞有限公司　　第一联：记账联　销售方记账凭证

知识链接

凭证 24 - 1 说明:

（1）委托银行收款是收款单位向他的开户银行提供收款依据,委托开户银行向付款单位收取款项的一种转账结算方式。

（2）凭证由收款单位财会部门填写,为复写凭证,一式五联。第一联是收款人开户行给收款人的回单;第二联是收款人开户行作贷方凭证;第三联是付款人开户行作借款凭证;第四联是付款人开户行凭以拍发电报;第五联是付款人开户行给付款人按期付款的通知。收款是通过电报和有关凭证传递完成的。其程序图示如下：

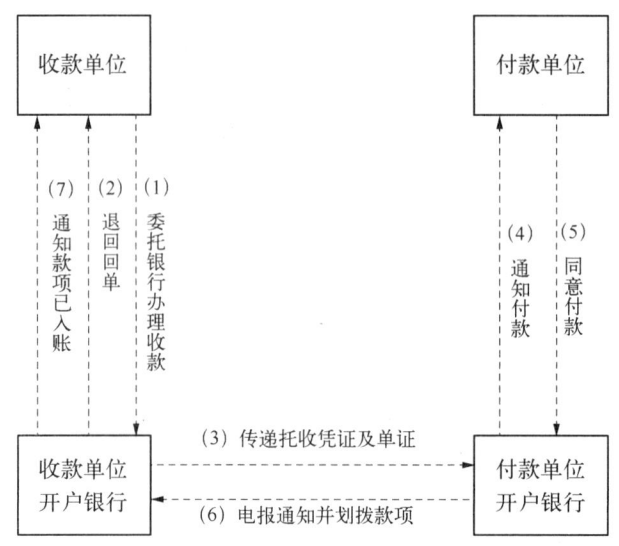

凭证 24 - 3

1200213130

_No_ 02844377

1200213130
02844377

开票日期：2021 年 12 月 06 日

购买方	名　称：南海农机有限公司 纳税人识别号：913205930541304666 地址、电话：南海市中山路18号 07572779967 开户行及账号：工商银行南海市中山支行 0302001700080205960	密码区	12435-8-880/-8647/->49*<618<336>/34205/4140>2*3-0+672<7*5+-<<076641+41+>*>07591234125490<42+*31/58>>33

货物或应税劳务、服务名称	规格型号	单位	数量	单价	金　额	税率	税　额
*国内铁路货物运输服务*铁路运输					97.09	3%	2.91
合　　　计					¥97.09		¥2.91

价税合计（大写）	⊗壹佰圆整	（小写）¥100.00

销售方	名　　称：天津滨海新区国家税务局第四税务所　　（代开机关） 纳税人识别号：12010700GF0265412040　　（代开机关） 地址、电话：天津市滨海新区开发区宏达路31号 022-25320012 开户行及账号：00240029　　（完税凭证号）	备注	代开企业税号：911201004260101777 代开企业名称：天津联运服务有限公司 天津-南海 机床

收款人：　　　　　复核：　　　　　开票人：杨红　　　　　销售方：（章）

第三联：发票联　购买方记账凭证

税总函（2021）62 号北京印钞有限公司

凭证 24 - 4

1200213130

_No_ 02844377

1200213130
02844377

开票日期：2021 年 12 月 06 日

购买方	名　称：南海农机有限公司 纳税人识别号：913205930541304666 地址、电话：南海市中山路18号 07572779967 开户行及账号：工商银行南海市中山支行 0302001700080205960	密码区	12435-8-880/-8647/->49*<618<336>/34205/4140>2*3-0+672<7*5+-<<076641+41+>*>07591234125490<42+*31/58>>33

货物或应税劳务、服务名称	规格型号	单位	数量	单价	金　额	税率	税　额
*国内铁路货物运输服务*铁路运输					97.09	3%	2.91
合　　　计					¥97.09		¥2.91

价税合计（大写）	⊗壹佰圆整	（小写）¥100.00

销售方	名　　称：天津滨海新区国家税务局第四税务所　　（代开机关） 纳税人识别号：12010700GF0265412040　　（代开机关） 地址、电话：天津市滨海新区开发区宏达路31号 022-25320012 开户行及账号：00240029　　（完税凭证号）	备注	代开企业税号：911201004260101777 代开企业名称：天津联运服务有限公司 天津-南海 机床

收款人：　　　　　复核：　　　　　开票人：杨红　　　　　销售方：（章）

第二联：抵扣联　购买方扣税凭证

税总函（2021）62 号北京印钞有限公司

产 品 出 库 单

用途：　　　　　　　　　　　年　月　日　　　　　凭证编号：120005
　　　　　　　　　　　　　　　　　　　　　　　　　仓库：产成品库

类别	编号	名称及规格	计量单位	数量	单位成本	总成本	附注：
合　　计							

记账：　　　　　　保管：　　　　　　检验：　　　　　　制单：

业务 25　12 月 6 日

　　山东光学仪器公司购利群 S2 机床 10 台,交银行承兑汇票一张。货物已发运,现金运费 772.00 元由本公司负担,如凭证 25－1 至凭证 25－5 所示。其他文件略。

凭证 25－1

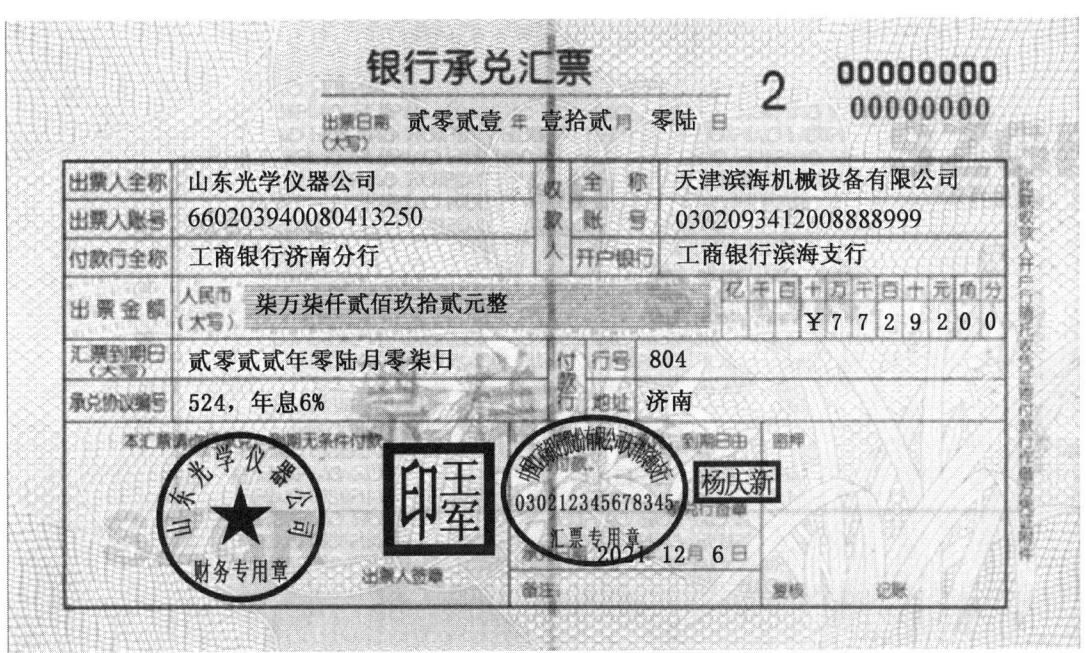

凭证 25－2

1200213130

天津增值税专用发票
发票联

№ 02844377

12000213130

02844378

开票日期：2021 年 12 月 06 日

税总函（2021）62 号北京印钞有限公司

购买方	名　　称：天津滨海机械设备有限公司 纳税人识别号：911201003703088886 地址、电话：天津市滨海新区中心路 12 号 02288786666 开户行及账号：工商银行滨海支行 0302093412008888999	密码区	8866-8-880/-8647/->49*<618<33 6>/34205/4140>2*3-0+672<7* 5+-<<076641+41+>*>07591234 125490<42**31/58>>33

货物或应税劳务、服务名称	规格型号	单位	数量	单价	金额	税率	税额
*国内铁路货物运输服务*铁路运输					749.51	3%	22.49
合　　计					¥749.51		¥22.49
价税合计（大写）	⊗柒佰柒拾贰圆整				（小写）¥772.00		

销售方	名　　称：天津滨海新区国家税务局第四税务所　　（代开机关） 纳税人识别号：12010700GF0265412040　　（代开机关） 地址、电话：天津市滨海新区开发区宏达路 31 号　022-25320012 开户行及账号：00240029　　　　　　　　　　（完税凭证号）	备注	代开企业税号：911201004260101777 代开企业名称：天津联运服务有限公司 天津-山东 机床

收款人：　　　　　　复核：　　　　　　开票人：杨红　　　　　销售方：（章）

第三联：发票联　购买方记账凭证

凭证 25－3

1200213130

天津增值税专用发票
抵扣联

№ 02844377

12000213130

02844378

开票日期：2021 年 12 月 06 日

税总函（2021）62 号北京印钞有限公司

购买方	名　　称：天津滨海机械设备有限公司 纳税人识别号：911201003703088886 地址、电话：天津市滨海新区中心路 12 号 02288786666 开户行及账号：工商银行滨海支行 0302093412008888999	密码区	8866-8-880/-8647/->49*<618<33 6>/34205/4140>2*3-0+672<7* 5+-<<076641+41+>*>07591234 125490<42**31/58>>33

货物或应税劳务、服务名称	规格型号	单位	数量	单价	金额	税率	税额
*国内铁路货物运输服务*铁路运输					749.51	3%	22.49
合　　计					¥749.51		¥22.49
价税合计（大写）	⊗柒佰柒拾贰圆整				（小写）¥772.00		

销售方	名　　称：天津滨海新区国家税务局第四税务所　　（代开机关） 纳税人识别号：12010700GF0265412040　　（代开机关） 地址、电话：天津市滨海新区开发区宏达路 31 号　022-25320012 开户行及账号：00240029　　　　　　　　　　（完税凭证号）	备注	代开企业税号：911201004260101777 代开企业名称：天津联运服务有限公司 天津-山东 机床

收款人：　　　　　　复核：　　　　　　开票人：杨红　　　　　销售方：（章）

第二联：抵扣联　购买方扣税凭证

凭证 25 - 2、凭证 25 - 3 说明：

交通运输业和部分现代服务业营业税改征增值税试点有关事项的规定：

小规模纳税人提供的交通运输业服务,由税务机关代开的货物运输增值税专用发票,可按票面税额从销项税额中抵扣。

凭证 25 - 4

 1200213130 天 津 增 值 税 专 用 发 票 No 20101206

天 津

此联不作报销务与记账凭证使用

1200213130

20101206

开票日期： 2021 年 12 月 06 日

购买方	名　　称：山东光学仪器有限公司 纳税人识别号：911230293100456756 地址、电话：济南市和平路49号 053155468845 开户行及账号：工商银行济南分行 6602039400080413250	密码区	66/-3947/->59*<818<33 6>/0/4332*3-0+672<7* 5+-<<51+41+>*>58*8460 128990<42+*31/58>>33

货物或应税劳务、服务名称	规格型号	单位	数量	单价	金额	税率	税额
*组合机床*利群 S2 机床		台	10	6 840.00	68 400.00	13%	8 892.00
合　　　　计					¥68 400.00		¥8 892.00

价税合计（大写）	⊗柒万柒仟贰佰玖拾贰圆整	（小写）¥77 292.00

销售方	名　　称：天津滨海机械设备有限公司 纳税人识别号：911201003703088886 地址、电话：天津市滨海新区中心路 12 号 02288786666 开户行及账号：工商银行滨海支行 0302093412008888999	备注	

收款人：　　　　复核：　　　　　　开票：赵雨　　　　　销售方：（章）

税总函（2021）62 号北京印钞有限公司

第一联：记账联 销售方记账凭证

凭证 25 - 5

产 品 出 库 单

用途：　　　　　　　　　年　月　日　　　　　凭证编号：120006

仓库：产成品库

类别	编号	名称及规格	计量单位	数量	单位成本	总成本	附注：
合　　　　计							

记账：　　　　保管：　　　　　检验：　　　　　制单：

115

业务 26 12 月 7 日

凭证 26－1

天津市托儿所托费专用收据

2021 年 12 月 7 日   编号：BX1123

姓　名	王永民	班　级	托幼	家　长	张佳
托费项目	1. 托费：400 元		2. 伙食费：300 元	3. 医药费：20 元	
合　计	人民币(大写)柒佰贰拾元整				￥720.00

收款单位(公章)：　　　　　　　　　　　　　　　　　　收款人：王清

报销单位审批意见：

按规定同意报销托儿费肆佰元整。

工会：华东   2021 年 12 月 7 日

业务 27 12 月 8 日

上海轧钢有限公司发来铸造用生铁，货物验收入库，发票及结算单据未到。

凭证 27－1

收　料　单

供应单位：上海轧钢有限公司　　　　　　　　　　　收料单号码：0125

发票号码：　　　　　　　　　2021 年 12 月 8 日　　　收料仓库：原料库

材料编号	材料名称及规格	计量单位	数 量		实际进价		计划价格		差 异
			应收	实收	单价	金 额	单价	金 额	
	生　铁	吨		10			2 500	25 000	

收料人员：赵卫东　　　　　　　检验人员：　　　　　　　填单人员：马卿

二、交财会科

117

提示

凭证 27 - 1 说明：

每月入库业务笔数不多,可在业务发生时进行会计处理;若笔数较多,业务发生时可不进行会计处理,定期编制入库汇总表,进行会计处理。

业务 28 12 月 8 日

采购员李明送来"申请用款单",请根据要求填制凭证,开立有关异地采购账户,如凭证 28-1 和凭证 28-2 所示。

凭证 28-1

申 请 用 款 单

2021 年 12 月 8 日   编号:010022

收款单位:天津滨海机械设备有限公司	（限额: ）
开户银行:工商银行潮州支行	账号:0302093300020478533
金额(大写)壹万叁仟元整	￥13 000.00
付款方式:现金、支票、电汇、✓信汇、汇票、转账	
用款项目:材料采购	
合 同 号:	
计算依据:	
说 明	开立异地采购账户:工商银行潮州支行,临时账号:20478533
总 经 理	计财部:蔡 部门领导: 科长:孙 经办人:李明

本单作支款不作报销用

凭证 28-2

中国工商银行电汇凭证(回单) 1 第   号

□普通□加急   委托日期   年   月   日

汇款人	全 称		收款人	全 称		
	账号			账号		
	汇出地点	省 市/县		汇入地点	省 市/县	
汇出行名称			汇入行名称			

金额		亿	千	百	十	万	千	百	十	元	角	分

汇出行签章

票证安全码

附加信息及用途:
复核: 记账:

此联汇出行给汇款人的回单

货币资金划转业务,汇兑结算方式填制操作。参看说明。

凭证 28 – 2 说明:

(1) 信汇是付款单位的开户银行将款项汇给外地收款单位或个人的一种转账结算方法。信汇凭证属于外来原始凭证。

(2) 信汇凭证由付款单位填写,为复写凭证,一式四联,第一联(回单)、第二联(支款凭证)、第三联(收款凭证)、第四联(或取款收据)。

(3) 付款单位财务部门在凭证第二联(支款凭证)上加盖单位预留银行印鉴,连同其他各联送开户银行,银行受理后,在第一联(回单)上加盖公章退给企业记账。汇款是通过凭证传递完成的,其传递程序图示如下:

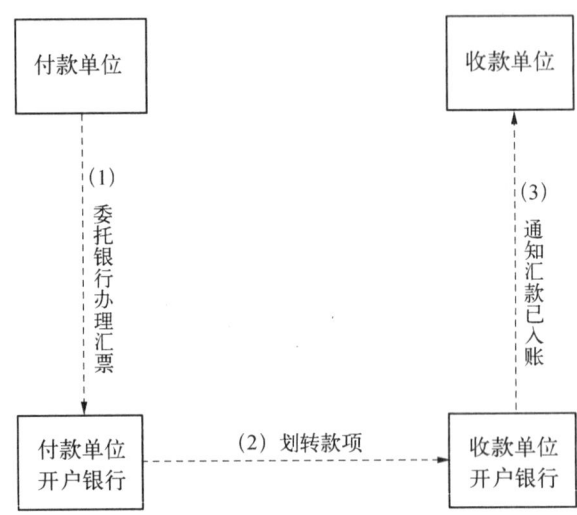

业务 29　12 月 8 日

凭证 29－1

012002100104

天津增值税普通发票
发票联

No 10489002

012002100104
10489002

开票日期：2021 年 12 月 08 日

购买方	名　　称：	天津滨海机械设备有限公司
	纳税人识别号：	911201003703088886
	地址、电话：	天津市滨海新区中心路 12 号 02288786666
	开户行及账号：	工商银行滨海支行 0302093412008888999

密码区
551*/2547/->59*<818<33
6>/0/5521*--0+672<7*
5+-<<51+4++2013>58*8514
51245-5120<42+*31/58>>90

第二联：发票联　购买方记账凭证

货物或应税劳务、服务名称	规格型号	单位	数量	单价	金　额	税率	税　额
*餐饮住宿服务*餐饮服务					1 886.79	6%	113.21
合　　计					¥1 886.79		¥113.21

| 价税合计（大写） | ⊗贰仟圆整 | （小写）¥2 000.00 |

销售方	名　　称：	天津泰达中心酒店	备注	校验码 04343 97563 52317 36827
	纳税人识别号：	911201003703038321		
	地址、电话：	天津市滨新区黄海路 10 号 022-25325566		
	开户行及账号：	中国工商银行滨海支行 0302000254129938222		

收款人：　　　复核：　　　开票人：王雅　　　销售方：（章）

业务 30　12 月 8 日

凭证 30－1

北京增值税电子普通发票

发票代码：01100170011
发票号码：35989222
开票日期：2021 年 12 月 08 日
校验码：06814 90423 83720 47654

机器编号：669908749665

购买方	名　　称：	天津滨海机械设备有限公司
	纳税人识别号：	911201003703088886
	地址、电话：	天津市滨海新区中心路 12 号 02288786666
	开户行及账号：	工商银行滨海支行 0302093412008888999

密码区
038101>918---7/->59*<818<33
6>/0/99-8>/01*3-0+672<7*
5+-<<51+41+>*>58*8460
128990<42+*31/58>>33

货物或应税劳务、服务名称	规格型号	单位	数量	单价	金　额	税率	税　额
*输入设备及装置*扫描仪		台	1	1 814.16	1 814.16	13%	235.84
*输入设备及装置*扫描仪					-44.25	13%	-5.75
合　　计					¥1 769.91		¥230.09

| 价税合计（大写） | ⊗贰仟圆整 | （小写）¥2000.00 |

销售方	名　　称：	北京京东世纪信息技术有限公司	备注	
	纳税人识别号：	91110302562134916R		
	地址、电话：	北京市北京经济技术开发区科创十四街 99 号 2 幢 B78 室 62648622		
	开户行及账号：	交行北京海淀支行 11006057601815009352		

收款人：赵翼　　　复核：　　　开票人：王亚楠　　　销售方：（章）

凭证 30-2

固定资产验收交接单

固定资产类别：电子设备

编号：12003

固定资产名称	扫描仪	规格型号		生产单位	佳能	取得来源	购入
原值	2 000	预计净残值率	5%	数量	1	使用部门	厂部
生产日期	2021.11.8	验收日期	2021.12.8	开始使用日期	2021.12.8	预计使用年限	3
投入日期	2021.12.8	投入时已使用年限	0	尚能使用年限	3	投入时已提折旧	0
验收意见	符合规定质量标准，验收合格。　　　　　　　　　　　　负责人：王强						
移交单位		移交单位负责人		移交人		年　月　日	
接管单位		接管单位负责人		接管人		年　月　日	

凭证 30-3

中国工商银行

转账支票存根

10203310

12075306

附加信息

_____

出票日期　　年　月　日

收款人：

金　额：

用　途：

单位主管　　　　会计

北京中钞印刷有限公司·2021年印刷

业务 31　12 月 8 日

凭证 31-1

中国工商银行

转账支票存根

10203310

12075307

附加信息

_____

出票日期　　年　月　日

收款人：

金　额：

用　途：

单位主管　　　　会计

北京中钞印刷有限公司·2021年印刷

凭证 31 - 2

天津市企业单位统一收据

2021年12月8日   No 1207345003

交款单位　天津滨海机械设备有限公司

人民币（大写）　**叁仟元整**　　　　　　　　　　　￥3 000.00

系　付　职工幼儿园经费

收款单位(盖章有效)财务　丁一　经手人　张平

现　金	
支　票	✓
付　委	

③ 记账联

业务 32　12 月 8 日

凭证 32 - 1

 1200213130

天津增值税专用发票

天津

此联不作报销报务与纳税凭证使用

No 20101207

1200213130

20101207

开票日期：2021 年 12 月 08 日

					密码区	66/-3947/->59*<818<33 6>/0/4332*3-0+672<7* 5+-<<51+41+>*4621>58*8460 128990<42+*31/58>>33
购买方	名　　　称：天津宏达机械设备有限公司 纳税人识别号：91120100541304621 地址、电话：天津市海南路100号 02256619967 开户行及账号：中国工商银行滨海支行0302080120088344665					

货物或应税劳务、服务名称	规格型号	单位	数量	单价	金　额	税率	税　额
*专利技术*利群 S3 专利					566 037.74	6%	33 962.26
合　　计					¥566 037.74		¥33 962.26

价税合计（大写）	⊗陆拾万圆整	（小写）¥600 000.00

销售方	名　　　称：天津滨海机械设备有限公司 纳税人识别号：911201003703088886 地址、电话：天津市滨海新区中心路 12 号 02288786666 开户行及账号：工商银行滨海支行0302093412008888999	备注

收款人：　　　复核：　　　开票人：赵雨　　　销售方：(章)

税总函（2021）62 号北京印钞有限公司

第一联：记账联　销售方记账凭证

125

提示

凭证 32－1 说明：

该企业将拥有的一项专利权出售给天津宏达机械设备有限公司，取得收入 600 000 元，该企业不符合免税条件，转让无形资产不得免征增值税。该专利权在第二篇的无形资产资料中查询。账面原值为 650 000 元，累计摊销为 240 000 元，已计提的减值准备为 54 000 元。

新增"资产处置损益"科目

"资产处置损益"科目核算企业出售划分为持有待售的非流动资产（金融工具、长期股权投资和投资性房地产除外）或处置组（子公司和业务除外）时确认的处置利得或损失，以及处置未划分为持有待售的固定资产、在建工程、生产性生物资产及无形资产而产生的处置利得或损失。

"资产处置损益"科目按照处置的资产类别或处置组进行明细核算。

债务重组中因处置非流动资产产生的利得或损失和非货币性资产交换中换出非流动资产产生的利得或损失也在本科目核算。

企业处置持有待售的非流动资产或处置组时，按处置过程中收到的价款，借记"银行存款"等科目，按相关负债的账面余额，借记"持有待售负债"科目，按相关资产的账面余额，贷记"持有待售资产"科目，按其差额借记或贷记本科目，已计提减值准备的，还应同时结转已计提的减值准备；按处置过程中发生的相关税费，借记本科目，贷记"银行存款""应交税费"等科目。期末，应将本科目余额转入"本年利润"科目，本科目结转后应无余额。

ICBC 中国工商银行

业务回单（收款）

入账时间：2021-12-8　　　　回单编号：1416120665

付款人户名：天津宏达机械设备有限公司

付款人账号：0302080120088344665

付款人开户行（发报行）：工商银行天津市滨海支行

收款人户名：天津滨海机械设备有限公司

收款人账号：0302093412008888999

收款人开户行（发报行）：工商银行天津市滨海支行

币种：人民币（本位币）　　　金额（小写）￥600 000.00

金额（大写）陆拾万元整

凭证种类：0　　　　凭证号码：49314

业务（产品）种类：电汇　　　摘要：货款　　　渠道：柜台交易

交易机构号：00089901231　　记账柜员号：121007　　交易代码：05378321　　用途：

附言：设备款

支付交易序号：3423254　　报文种类：CWT100　　委托日期：2021-12-08

业务种类：

打印次数：1次　机打回单注意重复　　打印日期：2021-12-08　　打印柜员：000123　　验证码：5214CF0435

（印章：中国工商银行股份有限公司天津滨海支行 20211208 受理凭证专用章 收妥业务（1））

业务 33　12 月 9 日

领　料　单

领料部门：一车间　　　开票日期　2021 年 12 月 9 日　　　NO：002365

材料编号	材料名称	规　格	单　位	请领数量	实发数量	计划单价	计划总金额
	工　具		个	10	10	120	1 200
用　途	车间用	发料部门			领料部门		
		核准人	发料人		负责人	领料人	
			王　清			赵　军	

领　料　单

领料部门：二车间　　　开票日期　2021 年 12 月 9 日　　　NO：002366

材料编号	材料名称	规　格	单　位	请领数量	实发数量	计划单价	计划总金额
	工　具		个	25	25	120	3 000
用　途	车间用	发料部门			领料部门		
		核准人	发料人		负责人	领料人	
			王　清			赵　军	

凭证 33－3

领 料 单

领料部门：装配车间　　　　开票日期　2021 年 12 月 9 日　　　　NO：002367

材料编号	材料名称	规 格	单 位	请领数量	实发数量	计划单价	计划总金额
	工　具		个	15	15	120	1 800
用　途	车间用	发 料 部 门			领 料 部 门		
		核准人	发料人	负责人	领料人		
			王　清		赵　军		

- -

凭证 33－4

领 料 单

领料部门：机修车间　　　　开票日期　2021 年 12 月 9 日　　　　NO：002368

材料编号	材料名称	规 格	单 位	请领数量	实发数量	计划单价	计划总金额
	工　具		个	18	18	120	2 160
用　途	车间用	发 料 部 门			领 料 部 门		
		核准人	发料人	负责人	领料人		
			王　清		赵　军		

- -

凭证 33－5

领 料 单

领料部门：供气车间　　　　开票日期　2021 年 12 月 9 日　　　　NO：002369

材料编号	材料名称	规 格	单 位	请领数量	实发数量	计划单价	计划总金额
	工　具		个	5	5	120	600
用　途	车间用	发 料 部 门			领 料 部 门		
		核准人	发料人	负责人	领料人		
			王　清		赵　军		

凭证 33 - 6

领 料 单

领料部门：一车间　　　　　　开票日期　2021 年 12 月 9 日　　　　　NO：002370

材料编号	材料名称	规　格	单　位	请领数量	实发数量	计划单价	计划总金额
	手　套		打	20	20	100	2 000

用　途	车间用	发 料 部 门		领 料 部 门	
		核准人	发料人	负责人	领料人
			王　清		赵　军

凭证 33 - 7

领 料 单

领料部门：二车间　　　　　　开票日期　2021 年 12 月 9 日　　　　　NO：002371

材料编号	材料名称	规　格	单　位	请领数量	实发数量	计划单价	计划总金额
	手　套		打	30	30	100	3 000

用　途	车间用	发 料 部 门		领 料 部 门	
		核准人	发料人	负责人	领料人
			王　清		赵　军

凭证 33 - 8

领 料 单

领料部门：供气车间　　　　　　开票日期　2021 年 12 月 9 日　　　　　NO：002372

材料编号	材料名称	规　格	单　位	请领数量	实发数量	计划单价	计划总金额
	手　套		打	5	5	100	500

用　途	车间用	发 料 部 门		领 料 部 门	
		核准人	发料人	负责人	领料人
			王　清		赵　军

领 料 单

领料部门：机修车间　　　　开票日期　2021 年 12 月 9 日　　　　NO：002373

材料编号	材料名称	规　格	单　位	请领数量	实发数量	计划单价	计划总金额
	手　套		打	4	4	100	400
用　途	车间用	发 料 部 门			领 料 部 门		
		核准人	发料人	负责人	领料人		
			王　清		赵　军		

领 料 单

领料部门：装配车间　　　　开票日期　2021 年 12 月 9 日　　　　NO：002374

材料编号	材料名称	规　格	单　位	请领数量	实发数量	计划单价	计划总金额
	手　套		打	15	15	100	1 500
用　途	车间用	发 料 部 门			领 料 部 门		
		核准人	发料人	负责人	领料人		
			王　清		赵　军		

领 料 单

领料部门：一车间　　　　开票日期　2021 年 12 月 9 日　　　　NO：002375

材料编号	材料名称	规　格	单　位	请领数量	实发数量	计划单价	计划总金额
	工作服		套	8	8	150	1 200
用　途	车间用	发 料 部 门			领 料 部 门		
		核准人	发料人	负责人	领料人		
			王　清		赵　军		

凭证 33－12

领 料 单

领料部门：二车间　　　　　　　开票日期　2021 年 12 月 9 日　　　　　NO：002376

材料编号	材料名称	规　格	单　位	请领数量	实发数量	计划单价	计划总金额
	工作服		套	10	10	150	1 500
用　途	车间用	发 料 部 门			领 料 部 门		
		核准人	发料人	负责人	领料人		
			王　清		赵　军		

凭证 33－13

领 料 单

领料部门：装配车间　　　　　　开票日期　2021 年 12 月 9 日　　　　　NO：002377

材料编号	材料名称	规　格	单　位	请领数量	实发数量	计划单价	计划总金额
	工作服		套	15	15	150	2 250
用　途	车间用	发 料 部 门			领 料 部 门		
		核准人	发料人	负责人	领料人		
			王　清		赵　军		

凭证 33－14

领 料 单

领料部门：机修车间　　　　　　开票日期　2021 年 12 月 9 日　　　　　NO：002378

材料编号	材料名称	规　格	单　位	请领数量	实发数量	计划单价	计划总金额
	工作服		套	10	10	150	1 500
用　途	车间用	发 料 部 门			领 料 部 门		
		核准人	发料人	负责人	领料人		
			王　清		赵　军		

凭证 33－15

领 料 单

领料部门：供气车间　　　　　开票日期　2021 年 12 月 9 日　　　　　NO：002379

材料编号	材料名称	规 格	单 位	请领数量	实发数量	计划单价	计划总金额
	工作服		套	6	6	150	900
用 途	车间用	发 料 部 门				领 料 部 门	
		核准人	发料人		负责人	领料人	
			王 清			赵 军	

凭证 33－16

领 料 单

领料部门：厂部　　　　　开票日期　2021 年 12 月 9 日　　　　　NO：002380

材料编号	材料名称	规 格	单 位	请领数量	实发数量	计划单价	计划总金额
	工作服		套	5	5	150	750
用 途	厂部用	发 料 部 门				领 料 部 门	
		核准人	发料人		负责人	领料人	
			王 清			赵 军	

凭证 33－17

领 料 单

领料部门：销售部　　　　　开票日期　2021 年 12 月 9 日　　　　　NO：002381

材料编号	材料名称	规 格	单 位	请领数量	实发数量	计划单价	计划总金额
	工作服		套	6	6	150	900
用 途	销售部用	发 料 部 门				领 料 部 门	
		核准人	发料人		负责人	领料人	
			王 清			赵 军	

领料凭证汇总表 2

年　月　日

材料名称	单位	计划价格	基本生产车间产品用													辅助车间				基本生产车间用						销售部		厂部		合计	
			一车间				二车间				装配车间				机修		供气		一车间		二车间		装配车间							
			S1机床		S2机床		S1机床		S2机床		S1机床		S2机床																	
			数量	金额	数量	金额	数量	金额	数量	金额	数量	金额	数量	金额	数量	金额	数量	金额	数量	金额	数量	金额	数量	金额	数量	金额	数量	金额	数量	金额
生　铁																														
圆　钢																														
原料合计																														
煤																														
焦　炭																														
燃料合计																														
轴承1																														
轴承2																														
半成品合计																														
油　漆																														
润滑油																														
辅助材料合计																														
螺丝螺母																														
手　套																														
工作服																														
工　具																														
周转材料合计																														
合　计																														

业务 34　12 月 9 日

企业购入二车间生产用数控机床一台,机床已运回,投入安装。

凭证 34 - 1

河北增值税专用发票

发票联

No 00126432

242400213140
00126432

开票日期:　2021 年 12 月 09 日

购买方	名　称	天津滨海机械设备有限公司
	纳税人识别号:	911201003703088886
	地址、电话	天津市滨海新区中心路 12 号 02288786666
	开户行及账号	工商银行滨海支行 0302093412008888999

密码区　854/-54947/->49*<618<33 6>/120054140*3-0+672<7* 5+-<<076641+>*>07591234 4445855240<42+*31/58>>90

货物或应税劳务、服务名称	规格型号	单位	数量	单价	金　额	税率	税　额
*组合机床*数控机床		台	1	100 00.00	100 000 .00	13%	13 000.00
合　计					¥100 000.00		¥13 000.00

价税合计 (大写)	⊗ 壹拾壹万叁仟圆整	(小写)¥113 000.00

销售方	名　称	河北华新机床厂	备注
	纳税人识别号:	911120366008887443	
	地址、电话	河北省华新市广州路 30 号 031153441236	
	开户行及账号	中国工商银行华新市分行 6602079900020884598	

河北华新机床厂
911120366008887443
发票专用章

收款人:　　　复核:　　　开票人: 王强　　　销售方: (章)

第三联:发票联 购买方记账凭证

税总函 (2021) 62 号北京印钞制有限公司

凭证 34 - 2

河北增值税专用发票

抵扣联

No 00126432

2400213140
00126432

开票日期:　2021 年 12 月 09 日

购买方	名　称	天津滨海机械设备有限公司
	纳税人识别号:	911201003703088886
	地址、电话	天津市滨海新区中心路 12 号 02288786666
	开户行及账号	工商银行滨海支行 0302093412008888999

密码区　854/-54947/->49*<618<33 6>/120054140*3-0+672<7* 5+-<<076641+>*>07591234 4445855240<42+*31/58>>90

货物或应税劳务、服务名称	规格型号	单位	数量	单价	金　额	税率	税　额
*组合机床*数控机床		台	1	100 00.00	100 000 .00	13%	13 000.00
合　计					¥100 000.00		¥13 000.00

价税合计 (大写)	⊗ 壹拾壹万叁仟圆整	(小写)¥113 000.00

销售方	名　称	河北华新机床厂	备注
	纳税人识别号:	911120366008887443	
	地址、电话	河北省华新市广州路 30 号 031153441236	
	开户行及账号	中国工商银行华新市分行 6602079900020884598	

河北华新机床厂
911120366008887443
发票专用章

收款人:　　　复核:　　　开票人: 王强　　　销售方: (章)

第二联:抵扣联 购买方扣税凭证

税总函 (2021) 62 号北京印钞制有限公司

中国工商银行

转账支票存根

10203310
12075308

附加信息 _____

_____

出票日期	年 月 日
收款人：	
金　额：	
用　途：	

单位主管　　　　　　会计

北京中钞印刷有限公司 · 2021年印刷

业务 35　12 月 10 日

公司接受滨海机械总公司投资者投入的厂房一栋用于装配车间使用寿命 20 年。其他资料略。

凭证 35－1

固定资产调拨单

单位：元

投资方	滨海机械总公司		接受投资单位	天津滨海机械设备有限公司	
固定资产名称	单　位	数　量	原始价值	已提折旧	评估净值
厂　房	座	1	2 000 000		8 000 000

投资单位签章

2021 年 12 月 10 日

接收单位签章

2021 年 12 月 10 日

凭证 35 - 1 说明：

尚未达到可使用状态的固定资产,应在"在建工程"账户中核算。

业务 36   12 月 10 日

济南市重光公司所欠的账款 300 000 元已超过 3 年,屡催无效,断定无法收回,则应对客户的应收账款作坏账损失处理(采用备抵法提坏账准备)。催款记录和诉讼文件另行保管。

凭证 36 - 1

授权批准书

天津滨海机械设备有限公司:

济南市重光公司所欠货款,因屡催无效。经我部门研究决定,现批准将该公司所欠的已超过3年的应收账款 300 000 元,确认为坏账。

滨海机械总公司
2021 年 12 月 10 日

附件1:催款记录
附件2:诉讼文件

业务 37   12 月 11 日

以库存现金 2 000 元支付新数控机床的安装费,安装完毕交付二车间使用,预计使用 10 年。

凭证 37 - 1

2400213140   河北增值税专用发票   № 00126437

发票联

2400213140
00126437

开票日期: 2021 年 12 月 11 日

购买方	名　称: 天津滨海机械设备有限公司 纳税人识别号: 911201003703088886 地址、电话: 天津市滨海新区中心路 12 号 02288786666 开户行及账号: 工商银行滨海支行 0302093412008888999	密码区	831/-54947/->49*<618<33 6>/120054140*3-0+672<7* 5+-<<076641+>*>07591234 4445855240<42+*31/58>>90

税总函 (2021) 62 号北京印钞制有限公司

货物或应税劳务、服务名称	规格型号	单位	数量	单价	金额	税率	税额
*安装服务*设备安装费					1 769.91	13%	230.09
合　计					¥1 769.91		¥230.09

价税合计(大写)	⊗ 贰仟圆整	(小写)¥2 000.00

销售方	名　称: 河北华新机床厂 纳税人识别号: 911120366008887443 地址、电话: 河北省华新市广州路 30 号 031153441236 开户行及账号: 中国工商银行华新市分行 6602079900020884598	备注	（河北华新机床厂 911120366008887443 发票专用章）

收款人:　　　复核:　　　开票人: 王强　　　销售方:(章)

第三联:发票联 购买方记账凭证

2400213140

No 00126437

河北增值税专用发票
抵扣联

2400213140
00126437

开票日期： 2021 年 12 月 11 日

购买方	名　　　称	天津滨海机械设备有限公司	密码区	831/-54947/->49*<618<336>/120054140*3-0+672<7*5+-<<076641+>*>07591234445855240<42+*31/58>>90
	纳税人识别号	911201003703088886		
	地址、电话	天津市滨海新区中心路12号 02288786666		
	开户行及账号	工商银行滨海支行 0302093412008888999		

货物或应税劳务、服务名称	规格型号	单位	数量	单价	金　额	税率	税　额
*安装服务*设备安装费					1 769.91	13%	230.09
合　　计					¥1 769.91		¥230.09

价税合计（大写）	⊗ 贰仟圆整	（小写）¥2 000.00

销售方	名　　　称	河北华新机床厂	备注	（发票专用章：河北华新机床厂 911120366008887443 发票专用章）
	纳税人识别号	911120366008887443		
	地址、电话	河北省华新市广州路30号 031153441236		
	开户行及账号	中国工商银行华新市分行 6602079900020884598		

收款人：　　　　复核：　　　　开票人：王强　　　　销售方：（章）

税总函（2021）62号北京印钞有限公司

第二联：抵扣联　购买方扣税凭证

固定资产验收交接单

固定资产类别：　　　　　　　　　　　　　　　　　　　　　　编号：12004

固定资产名称		规格型号		生产单位		取得来源	
原值		预计净残值率		数量		使用部门	二车间
生产日期		验收日期		开始使用日期		预计使用年限	
投入日期		投入时已使用年限		尚能使用年限		投入时已提折旧	
验收意见		符合规定质量标准,验收合格。 负责人：					
移交单位		移交单位负责人		移交人		年　月　日	
接管单位		接管单位负责人		接管人		年　月　日	

业务 38 12 月 11 日

凭证 38－1

1200213130

No 09823796

1200213130
09823796

开票日期： 2021 年 12 月 11 日

购买方	名　　称： 天津滨海机械设备有限公司					密码区	037/8-880/->49*<618<33 6>/120054140*3-0+672<7* 5+-<<076641+>*>07591234 1245855240<42+*31/58>>90		
	纳税人识别号： 911201003703088886								
	地址、电话： 天津市滨海新区中心路 12 号 0228878666								
	开户行及账号： 工商银行滨海支行 0302093412008888999								

货物或应税劳务、服务名称	规格型号	单位	数量	单价	金　额	税率	税　额
*认证服务*设备检验费					13 401.71	6%	804.10
合　　计					¥13 401.71		¥804.10

价税合计（大写）	⊗壹万肆仟贰佰零伍圆捌角壹分	（小写）¥14 205.81

销售方	名　　称： 天津市设备大修厂		备注	
	纳税人识别号： 91120120311111120			
	地址、电话： 天津市塘沽区河北路 20 号 02266268444			
	开户行及账号： 中国工商银行塘沽支行 0302008842334477820			

收款人： 王清　　　复核：　　　开票人： 李玲　　　销售方：（章）

第三联：发票联　购买方记账凭证

凭证 38－2

1200213130

No 09823796

1200213130
09823796

开票日期： 2021 年 12 月 11 日

购买方	名　　称： 天津滨海机械设备有限公司					密码区	037/8-880/->49*<618<33 6>/120054140*3-0+672<7* 5+-<<076641+>*>07591234 1245855240<42+*31/58>>90		
	纳税人识别号： 911201003703088886								
	地址、电话： 天津市滨海新区中心路 12 号 02088786666								
	开户行及账号： 工商银行滨海支行 0302093412008888999								

货物或应税劳务、服务名称	规格型号	单位	数量	单价	金　额	税率	税　额
*认证服务*设备检验费					13 401.71	6%	804.10
合　　计					¥13 401.71		¥804.10

价税合计（大写）	⊗壹万肆仟贰佰零伍圆捌角壹分	（小写）¥14 205.81

销售方	名　　称： 天津市设备大修厂		备注	
	纳税人识别号： 91120120311111120			
	地址、电话： 天津市塘沽区河北路 20 号 02266268444			
	开户行及账号： 中国工商银行塘沽支行 0302008842334477820			

收款人： 王清　　　复核：　　　开票人： 李玲　　　销售方：（章）

第二联：抵扣联　购买方扣税凭证

知识链接

凭证 38 - 1 说明：

此设备检验费用是机修分厂委托天津市设备大修厂对公司的三个基本生产车间的设备进行定期检验的费用。先归集到机修分厂的成本里，月末再按照劳务量进行费用的分配。

凭证 38 - 3

中国工商银行
转账支票存根
10203310
12075309

北京中钞印刷有限公司 · 2021年印刷

附加信息 _____

_____

_____

出票日期　　年　月　日

收款人：

金　额：

用　途：

单位主管　　　　　　会计

- -

业务 39　　12 月 11 日

凭证 39 - 1

№ 00814911

天津增值税普通发票
发票联

012002100104

012002100104
00814911

校验码　1284 3109 3987 6983 727

开票日期：　2021 年 12 月 11 日

购买方	名　　称：天津滨海机械设备有限公司 纳税人识别号：911201003703088886 地址、电话：天津市滨海新区中心路 12 号 02288786666 开户行及账号：工商银行滨海支行0302093412008888999	密码区	038915/-3947/->59*<818<33 6>/0/5132*3-0+672<7* 5+-<<51+41+>*>58*8514 51245845190<42+*31/58>>90

货物或应税劳务、服务名称	规格型号	单位	数量	单价	金　额	税率	税　额
*广告服务*广告发布服务					6 310.68	3%	189.32
合　　　计					¥6 310.68		¥189.32

价税合计（大写）	⊗陆仟伍佰圆整	（小写）¥6 500.00

销售方	名　　称：天津滨海广告公司 纳税人识别号：911201003702346578 地址、电话：天津市滨新区南海路 279 号 022-25754546 开户行及账号：中国工商银行莲花支行0302000412340037211	备注	天津滨海广告公司 911201003702346578 发票专用章

收款人：　　　　　复核：　　　　　开票人：祁军　　　　　销售方：（章）

第二联：发票联　购买方记账凭证

151

中国工商银行

转账支票存根

10203310

12075310

附加信息 _____

_____

_____

出票日期 　　年　月　日

收款人：

金　额：

用　途：

单位主管　　　　　会计

北京中钞印刷有限公司·2021年印刷

业务 40　12 月 12 日

开户银行转来南海农机有限公司的"委托收款拒付理由书"及有关凭证,由 S2 机床换为 S1 机床,重新发货,运费 100 元,请进行账务处理(与 24 笔业务有联系),如凭证 40 - 1 至凭证 40 - 5 所示。

凭证 40 - 1

托收承付 委托收款　结算　全部 部分　拒绝付款理由书(代通知 或收款通知)　1

	拒付日期	2021 年 12 月 12 日				原托收号码：		

付款人	全　称	南海农机有限公司	收款人	全　称	天津滨海机械设备有限公司			
	账　号	0302001700008025960		账　号	0302093412008888999			
	开户银行	南海市工商银行中山路支行	行号	802	开户银行	工商银行滨海支行	行号	1200

					十万	千	百	十	元	角	分
托收金额	15 558.40	拒付金额	15 558.40	部分付款金额							

附寄单证	4 张	部分付款金额(大写)	零

拒付理由：规格不符

付款人盖章

拒付理由：规格不符

此联作收款单位收账通知或全部拒付通知书

凭证 40 - 1 说明：

"拒付理由书"一式四联：

第一联：银行给付款人的回单或支款通知；

第二联：银行作付出传票或存查；

第三联：银行作收入传票或存查；

第四联：银行给收款人作收账通知或全部拒付。

凭证 40－2

1200213130

天津增值税专用发票

天津

此联不作报销开具凭证使用

№ 20101208

1200213130

20101208

开票日期： 2021 年 12 月 12 日

购买方	名　　　称：南海农机有限公司 纳税人识别号：913205930541304666 地址、电话：南海市中山路18号 07572779967 开户行及账号：工商银行南海市中山支行 0757280205960	密码区	66/-3947/->59*<818<33 6>/0/4332*3-0+672<7* 5+-<<51+41+>*4621>58*8460 128990<42+*31/58>>33

货物或应税劳务、服务名称	规格型号	单位	数量	单价	金　额	税率	税　额
*组合机床*利群 S1 机床		台	2	7 700.00	15 400.00	13%	2 002.00
合　　计					¥15 400.00		¥2 002.00

价税合计（大写）　⊗壹万柒仟肆佰零贰圆整　　　　（小写）¥17 402.00

销售方	名　　　称：天津滨海机械设备有限公司 纳税人识别号：911201003703088886 地址、电话：天津市滨海新区中心路 12 号 02288786666 开户行及账号：工商银行滨海支行 0302093412008888999	备注	

收款人：　　　复核：　　　开票人：赵雨　　　销售方：（章）

第一联：记账联　销售方记账凭证

税总函（2021）62 号北京印钞有限公司

凭证 40－3

1200213130

天津增值税专用发票

天津

发票联

№ 02844390

1200213130

02844390

开票日期： 2021 年 12 月 12 日

购买方	名　　　称：天津滨海机械设备有限公司 纳税人识别号：911201003703088886 地址、电话：天津市滨海新区中心路 12 号 02288786666 开户行及账号：工商银行滨海支行 0302093412008888999	密码区	8866-8-880/-8647/->49*<618<33 6>/34205/4140>2*3-0+672<7* 5+-<<076641+41+>*>07591234 125490<42+*31/58>>33

货物或应税劳务、服务名称	规格型号	单位	数量	单价	金　额	税率	税　额
*国内铁路货物运输服务*铁路运输					97.09	3%	2.91
合　　计					¥97.09		¥2.91

价税合计（大写）　⊗壹佰圆整　　　　（小写）¥100.00

销售方	名　　　称：天津滨海新区国家税务局第四税务所　（代开机关） 纳税人识别号：12010700GF0265412040　（代开机关） 地址、电话：天津市滨海新区开发区宏达路 31 号 022-25320012 开户行及账号：00240029　（完税凭证号）	备注	代开企业税号：911201004260101777 代开企业名称：天津联运服务有限公司 天津-南海 机床

收款人：　　　复核：　　　开票人：杨红　　　销售方：（章）

第三联：发票联　购买方记账凭证

税总函（2021）62 号北京印钞有限公司

155

知识链接

凭证 40 - 2 说明：

收回原发票直接按作废处理,重新开具发票。

这种方式对开票方来说,操作简单,方便快捷。《国家税务总局关于修订增值税专用发票使用规定的通知》(国税发〔2006〕156 号)第十三条规定：一般纳税人在开具专用发票当月,发生销货退回、开票有误等情形,收到退回的发票联、抵扣联符合作废条件的,按作废处理;开具时发现有误的,可即时作废。作废专用发票须在防伪税控系统中将相应的数据电文按"作废"处理,在纸质专用发票(含未打印的专用发票)各联次上注明"作废"字样,全联次留存。但是,税务机关对专用发票的作废条件规定相对严格,必须同时符合以下三个条件：第一,收到退回的发票联、抵扣联时间未超过销售方开票当月;第二,销售方未抄税并且未记账;第三,购买方未认证或者认证结果为"纳税人识别号认证不符""专用发票代码、号码认证不符"。

凭证 40－4

天津增值税专用发票

抵扣联

1200213130

№ 02844390

1200213130
02844390

开票日期：2021 年 12 月 12 日

购买方	名　　称：天津滨海机械设备有限公司 纳税人识别号：911201003703088886 地　址、电话：天津市滨海新区中心路 12 号 02288786666 开户行及账号：工商银行滨海支行 0302093412008888999	密码区	8866-8-880/-8647/->49*<618<33 6>/34205/4140>2*3-0+672<7* 5+-<<076641+41+>*>07591234 125490<42+*31/58>>33

货物或应税劳务、服务名称	规格型号	单位	数量	单价	金额	税率	税额
*国内铁路货物运输服务*铁路运输					97.09	3%	2.91
合　　　计					¥97.09		¥2.91

价税合计（大写）	⊗壹佰圆整	（小写）¥100.00

销售方	名　　称：天津滨海新区国家税务局第四税务所　（代开机关） 纳税人识别号：12010700GF0265412040　（代开机关） 地　址、电话：天津市滨海新区开发区宏达路 31 号 022-25320012 开户行及账号：00240029　（完税凭证号）	备注	代开企业税号：91120100426010177 代开企业名称：天津联运服务有限公司 天津-南海 机床

收款人：　　　　复核：　　　　开票人：杨红　　　　销售方：（章）

- -

凭证 40－5

产　品　出　库　单

用途：　　　　　　　　　年　月　日　　　　　凭证编号：120007
　　　　　　　　　　　　　　　　　　　　　　　仓库：产成品库

类别	编号	名称及规格	计量单位	数量	单位成本	总成本	附注：
合　　　计							

记账：　　　　保管：　　　　检验：　　　　制单：

157

业务 41 12 月 12 日

企业出售生产二车间用的旧 2 号车床一台,该机床账面原值 456 000 元,购入时取得普通发票,增值税进项税额未抵扣。以前月份已提折旧 180 500 元,本月计提 3 610 元。以库存现金支付清理费 1 500 元(没有取得正式发票),协商价 455 000 元,按 3‰计算增值税,并减按 2‰缴纳,如凭证 41-1 至凭证 41-3 所示。

附:固定资产出售(调拨单)、银行进账单、收据。

凭证 41-1

固定资产出售调拨单

调出单位:天津滨海机械设备有限公司　　　　　　　　　　调拨单号:1201
调入单位:天津华林机床厂　　　　　　　年　月　日　　　单　位:元

调拨资产名称					有　　　偿				
固定资产名称	规格及型号	单位	数量	预计使用年限	已使用年限	原值	已提折旧	净值	协商价格
调出单位公章: 财务: 经办:陈青		(公章)		调入单位公章: 财务: 经办:郑林		(公章)		备注:	

会计主管:杨为　　　　　　稽核:张梅　　　　　　　　制单:李晓

凭证 41-2

> **收条**
> 今收到天津滨海机械设备有限公司清理费人民币壹仟伍佰元整(¥1 500.00)。
>
> 　　　　　　　　　　　　　　　　　　　周青发
> 　　　　　　　　　　　　　　　　　　　2021 年 12 月 12 日

凭证 41 - 1 说明:

固定资产出售损益,应通过"固定资产清理"账户核算。

ICBC 中国工商银行

业务回单(收款)

入账时间：2021-12-12　　　　　回单编号：1416790603

付款人户名：天津华林机床厂
付款人账号：0302093310516222111
付款人开户行(发报行)：工商银行天津市津南支行
收款人户名：天津滨海机械设备有限公司
收款人账号：0302093412008888999
收款人开户行(发报行)：工商银行天津市滨海支行
币种：人民币(本位币)　　　金额(小写)￥455 000.00
金额(大写)肆拾伍万伍仟元整
凭证种类：0　　　　凭证号码：49314
业务(产品)种类：电汇　　　摘要：货款　　　渠道：柜台交易
交易机构号：000899000231　记账柜员号：121007　交易代码：0537811　用途：
附言：货款
支付交易序号：3423254　报文种类：CWT100　委托日期：2021-12-12
业务种类：
打印次数：1 次　机打回单注意重复打印日期：2021-12-12　打印柜员：000123　验证码：5214CF0034

（中国工商银行股份有限公司天津滨海支行　20211212　受理凭证专用章　收妥业务（1））

业务 42　12 月 15 日

投资协议书

2021 年 12 月 15 日

投资单位	天津红星机械厂	接受单位	天津滨海机械设备有限公司
账号或地址	66024775000012675888	账号或地址	0302093412008888999
开户银行	工商银行人民路支行	开户银行	工商银行滨海支行
投资金额	人民币(大写) 叁佰万元整		

协议条款	经双方友好协商达成如下协议：1. 投资期限20年。　2. 在投资期限内甲方不得抽回投资。3. 在投资期限内乙方保证甲方投资保值和增值。　4. 在投资期限内乙方应按利润分配规定支付甲方利润。　5. 未尽事宜另行商定。 甲方代表签字：　　乙方代表签字：

凭证 42 - 1 说明：

筹 资 业 务

企业根据其经营管理的需要，主要通过两种渠道筹集资金：一是接受投资者投入的资金；二是借入资金。筹资业务核算要点如下表所示。

筹资业务核算要点

主要经济业务	会计核算内容	账 簿 设 置	
		总 账	明 细 账
投入资本	投资者按照企业章程或合同的约定，投入企业的资本	实收资本(或股本)	按投资主体设置三栏式明细账
		资本公积	按"资本(或股本)溢价"设置三栏式明细账
借入资金	企业债权人借给企业和在企业生产过程中形成并由企业偿付的资金	短期借款、长期借款	按贷款单位设置三栏式明细账
		应付债券	按"面值""利息调整""应计利息"等设置明细账
		长期应付款	按长期应付款的种类和债权人设置明细账
		应付账款、应付票据	按债权人设置明细账

投 资 业 务

投资是指"企业为通过分配来增加财富，或为谋求其他利益，而将资产过渡给其他单位所获得的另一项资产"。投资有广义与狭义之分，广义的投资包括对外的权益性投资、债权性投资、期货投资和房地产投资，以及对内的固定资产投资、存货投资等；狭义的投资一般仅包括对外的投资，不包括对内的投资。财务会计中的投资一般指狭义投资。

凭证 42－2

中国工商银行
ICBC

业务回单（收款）

入账时间：2021-12-15　　　　回单编号：1416790921

付款人户名：天津红星机械厂
付款人账号：6602477500012675888
付款人开户行（发报行）：工商银行天津市南开支行
收款人户名：天津滨海机械设备有限公司
收款人账号：0302093412008888999
收款人开户行（发报行）：工商银行天津市滨海支行
币种：人民币(本位币)　　金额（小写）：¥3 000 000.00
金额（大写）叁佰万元整
凭证种类：0　　　　　凭证号码：49543
业务（产品）种类：电汇　　　摘要：投资款　　　渠道：柜台交易
交易机构号：000899000231　　记账柜员号：121007　　交易代码：0537811　　用途：
附言：投资款
支付交易序号：3423453　　报文种类：CWT100　　委托日期：2021-12-15
业务种类：
打印次数：1次　机打回单注意重复打印日期：2021-12-15　　打印柜员：000123　　验证码：521TF70034

（印章：中国工商银行股份有限公司天津滨海支行 20211215 受理凭证专用章 收妥业务（1））

业务 43　12 月 15 日

凭证 43－1

离休、退休补助发放清单

2021 年 12 月 15 日

编　号	姓　名	离退休补助	补　贴	代扣款项		实付离退休补助	签　收
				房租费	电　费		
1	梁　力	675		55		620	梁　力
2	万　华	640		40		600	万　华
…	…	…	…	…	…	…	
	合　计	11 000		800		10 200	

凭证 43－2

天津市企业单位统一收据

2021 年 12 月 15 日　　　　　No 1208745331

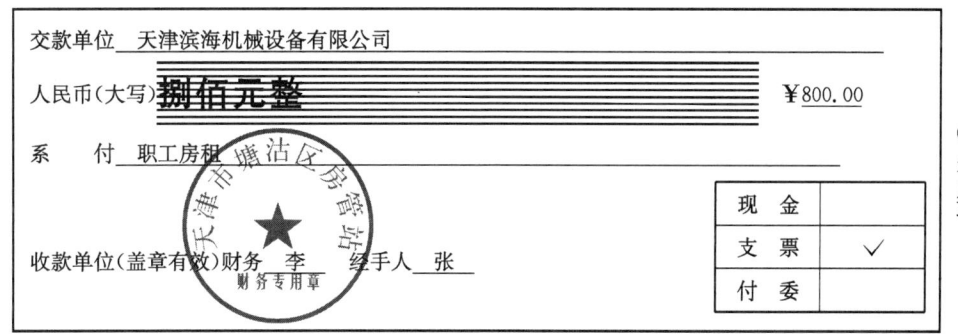

交款单位　天津滨海机械设备有限公司

人民币(大写)　**捌佰元整**　　　　　　　　　　¥800.00

系　　付　职工房租

收款单位(盖章有效)财务　李　　经手人　张

现　金	
支　票	✓
付　委	

③ 客户联

163

凭证 43－3

中国工商银行
转账支票存根

10203310
12075311

北京中钞印刷有限公司 · 2021年印刷

附加信息 _____

_____

_____

出票日期　　年　月　日

收款人：

金　额：￥800.00

用　途：

单位主管　　　　　会计

凭证 43－4

中国工商银行
转账支票存根

10203310
12075312

北京中钞印刷有限公司 · 2021年印刷

附加信息 _____

_____

_____

出票日期　　年　月　日

收款人：

金　额：￥10 200.00

用　途：

单位主管　　　　　会计

业务 44   12 月 16 日

企业将供气车间毁损供气设备一台报废,该计算机设备账面原值为 480 000 元,期初已提折旧 95 000 元,本月折旧 3 800 元,预计使用 10 年,已用 2 年零 3 个月,以转账支票支付清理费 1 500 元,取得变价收入 10 000 元,款项已收存银行,如凭证 44 - 1 至凭证 44 - 5 所示。

凭证 44 - 1

天津滨海机械设备有限公司设备报废单

2021 年 12 月 16 日

设备名称	供气设备	预计使用年限	10	已使用年限	2 年 3 个月
设备编号	206	原值(元)	480 000	已提折旧(元)	98 800
使用部门	供气车间	折余价值(元)	381 200	预计残值(元)	24 000
报废原因	毁损	技术部门意见	机器设备毁损,影响供气质量,建议报废。 吴花		
报废处理建议	送废品公司回收	设备部门意见	同意报废。 张海		
企业领导意见	同意。 李华	报废日期	2021 年 12 月 16 日		

经办部门:设备科   经办人:陈青

凭证 44 - 2

滨海废品公司

收 购 凭 单

NO. 1111112

单位地址:林荫路 216 号
税务登记号:3712345
工商登记号:7654321

2021 年 12 月 16 日

收购货物名称	计量单位	数量	单价	金 额						
				万	千	百	十	元	角	分
废钢铁	千克	1 000	10	1	0	0	0	0	0	0
合计金额(大写)	壹万零仟零佰零拾零元零角零分			1	0	0	0	0	0	0

收款企业(盖章有效)   财务:刘成   开票人:刘美

凭证 44 - 3

012002100104

天津增值税普通发票
发票联

No 02349001

校验码 04343 97563 43317 36824

012002100104
02349001

开票日期： 2021 年 12 月 15 日

税总函（2021）62 号北京东港安全印刷有限公司

购买方	名　称： 天津滨海机械设备有限公司 纳税人识别号： 911201003703088886 地址、电话： 天津市滨海新区中心路 12 号 02288786666 开户行及账号： 工商银行滨海支行 0302093412008888999	密码区	435-8-800/-8647/->59*<818<33 6>/0/5132*3-0+672<7* 5+-<<51+41+>*>58*8514 51245845190<42+*31/58>>90

货物或应税劳务、服务名称	规格型号	单位	数 量	单 价	金 额	税率	税 额
*现代服务*装卸搬倒					1 456.31	3%	43.69
合　　　计					¥1 45631		¥43.69
价税合计（大写）	⊗壹仟伍佰圆整				（小写）¥1 500.00		

销售方	名　称： 天津新城装卸有限公司 纳税人识别号： 911201003702344588M 地址、电话： 天津市滨海新区新城镇秦晋路 3 号 022-24324354 开户行及账号： 中国工商银行新城支行 0302000344561120026	备注	天津新城装卸有限公司 911201003702344588M 发票专用章

收款人： 蔡英　　　　　复核：　　　　　开票人： 王建　　　　　销售方：（章）

第二联：发票联　购买方记账凭证

凭证 44 - 4

中国工商银行
转账支票存根

10203310
12075313

附加信息 _____
_____
_____

出票日期　　　年　月　日

收款人：	
金　额：	¥1 500.00
用　途：	

单位主管　　　　　会计

北京中钞印刷有限公司 · 2021年印刷

凭证 44－5

ICBC 中国工商银行

业务回单(收款)

入账时间:2021-12-16　　　　　回单编号:1416790943

付款人户名:滨海废品有限公司
付款人账号:0302093410765432112
付款人开户行(发报行):工商银行天津市滨海支行
收款人户名:天津滨海机械设备有限公司
收款人账号:0302093412008888999
收款人开户行(发报行):工商银行天津市滨海支行
币种:人民币(本位币)　　　　金额(小写)￥10 000.00
金额(大写)壹万元整
凭证种类:0　　　　凭证号码:49543
业务(产品)种类:电汇　　　摘要:　　　渠道:柜台交易
交易机构号:000899000231　记账柜员号:121007　交易代码:0537651　用途:
附言:货款
支付交易序号:3423493　报文种类:CWT100　委托日期:2021-12-16
业务种类:
打印次数:1 次　机打回单注意重复　　打印日期:2021-12-16　　打印柜员:000123　验证码:521TF70734

中国工商银行股份有限公司天津
滨海支行
2021-12-16
受理凭证专用章
收妥业务（1）

业务 45　12 月 16 日

公司支付财产保险。

凭证 45－1

天津增值税专用发票　　No 02345001

1200213130

发票联

1200213130
02345001

开票日期:2021 年 12 月 15 日

购买方	名　称:天津滨海机械设备有限公司 纳税人识别号:911201003703088886 地　址、电话:天津市滨海新区中心路 12 号 022-88786666 开户行及账号:工商银行滨海支行 0302093412008888999	密码区	435-8-880/-8647/->49*<618<33 6>/34205/4140>2*3-0+672<7* 5+-<<076641+41+>*>07591234 125490<42+*31/58>>33

货物或应税劳务、服务名称	规格型号	单位	数量	单价	金额	税率	税额
*财产保险服务*其他财产保险服务					43 396.23	6%	2 603.77
合　　计					￥43 396.23		￥2 603.77

价税合计(大写)	⊗肆仟陆佰圆整	(小写)￥46 000.00

销售方	名　称:中国平安财产保险股份有限公司天津分公司 纳税人识别号:91120114746651037Y 地　址、电话:天津市滨海新区豪威大厦 8 号 95511 开户行及账号:中国工商银行滨海支行 0302000332450028411	备注	保单号 030G1234356 2020 年度财产保险 中国平安财产保险股份有限公司天津分公司 91120100370234458 8M 发票专用章

收款人:李涓　　复核:　　开票人:王露　　销售方:(章)

税总函（2021）62 号北京印钞有限公司

第三联:发票联　购买方记账凭证

171

凭证 45－2

 120021 3130

 天津增值税专用发票
抵扣联

No 02345001

1200213130
02345001

开票日期: 2021 年 12 月 15 日

购买方	名　称： 天津滨海机械设备有限公司 纳税人识别号： 911201003703088886 地 址、电 话： 天津市滨海新区中心路 12 号 022-88786666 开户行及账号： 工商银行滨海支行 0302093412008888999	密码区	435-8-880/-8647/->49*<618<33 6>/34205/4140>2*3-0+672<7* 5+-<<076641+41+>*>07591234 125490<42+*31/58>>33

货物或应税劳务、服务名称	规格型号	单位	数量	单价	金　额	税率	税　额
*财产保险服务*其他财产保险服务					43 396.23	6%	2603.77
合　　　计					¥43 396.23		¥2603.77

价税合计（大写）	⊗肆仟陆佰圆整	（小写）¥46 000.00

销售方	名　　称： 中国平安财产保险股份有限公司天津分公司 纳税人识别号： 91120114746651037Y 地 址、电 话： 天津市滨海新区豪威大厦 8 号 95511 开户行及账号： 中国工商银行滨海支行 0302000332450028411	备注	保单号 030G1234356（2022 年度） 发票专用章

收款人： 李涓　　复核：　　开票人： 王露　　销售方：（章）

凭证 45－3

中国工商银行
转账支票存根

10203310

12075314

附加信息

出票日期　　　年　月　日

收款人：

金　额：

用　途：

单位主管　　　　　会计

业务 46   12 月 17 日

上月售给玉泉市新河公司利群 S2 机床 10 台,价款 68 400 元,销项税额 8 892 元,因规格不符退货,产品已验收入库,请财务办理退货事宜,开具红字发票,并承担退货运费 3 000 元,如凭证 46－1 至凭证46－4所示。(注:本业务与应收账款该客户期初余额差额为前期发货运费,其运费的普通发票未退回。)

凭证 46－1

1200213130

$\mathcal{N}\!o$ 20101209

1200213130
20101209

此联不作报销、扣税凭证使用

开票日期: 2021 年 12 月 17 日

购买方	名称: 玉泉市新河有限公司 纳税人识别号: 91193100456MA14701 地址、电话: 玉泉市金山路77号0561-3324511 开户行及账号: 工商银行金山支行3218041325011001401					密码区	66/-3947/->59*<818<33 6>/0/4332*3-0+672<7* 5+-<<51+41+>*4621>58*8460 128990<42+*31/58>>33		
	货物或应税劳务、服务名称	规格型号	单 位	数 量	单 价	金 额		税率	税 额
	合 计								
	价税合计(大写)					(小写)			
销售方	名称: 天津滨海机械设备有限公司 纳税人识别号: 911201003703088886 地址、电话: 天津市滨海新区中心路 12 号 02288786666 开户行及账号: 工商银行滨海支行0302093412008888999					备注			

收款人: 复核: 开票人: 赵雨   销售方:(章)

税总函 (2021) 62 号北京印钞有限公司

第一联:记账联   销售方记账凭证

知识链接

凭证46-1说明：

填制完全退货的红字发票，并分析确认记账凭证附件，计算退款数额（注意退货业务的处理，票据的处理要求）。

在开票系统里面有一个开具红字发票的子系统。先在开票系统中填写红字申请单，填好后保存，打印两份盖上本单位财务章，并从开票系统中导出电子版的申请单保存在 U 盘里和其他资料一同带到税务局，税务局在核对完所有资料后，会同样给一份电子版的红字发票通知单，带回通知单后再导入开票系统就能开出红字增值税。

开具红字增值税专用发票申请单

NO.

<table>
<tr><td rowspan="2">销售方</td><td>名　称</td><td></td><td rowspan="2">购买方</td><td>名　称</td><td></td></tr>
<tr><td>税务登记
代码</td><td></td><td>税务登记
代码</td><td></td></tr>
<tr><td rowspan="8">开具
红字
专用
发票
内容</td><td>货物（劳务）
名称</td><td>单　价</td><td>数　量</td><td>金　额</td><td>税　额</td></tr>
<tr><td></td><td></td><td></td><td></td><td></td></tr>
<tr><td></td><td></td><td></td><td></td><td></td></tr>
<tr><td></td><td></td><td></td><td></td><td></td></tr>
<tr><td></td><td></td><td></td><td></td><td></td></tr>
<tr><td></td><td></td><td></td><td></td><td></td></tr>
<tr><td></td><td></td><td></td><td></td><td></td></tr>
<tr><td>合　计</td><td>—</td><td>—</td><td></td><td></td></tr>
<tr><td>说明</td><td colspan="5">对应蓝字专用发票抵扣增值税销项税额情况：
　　已抵扣□
　　未抵扣□
　　纳税人识别号认证不符□
　　专用发票代码、号码认证不符□
　　对应蓝字专用发票密码区内打印的代码：_____
　　　　　　　　　　　　　　　　号码：_____
开具红字专用发票理由：</td></tr>
</table>

申明：我单位提供的《申请单》内容真实，否则将承担相关法律责任。

购买方经办人：　　　　　　　　　　　　　购买方名称（印章）：_____

　　　　　　　　　　　　　　　　　　　　　　年　　月　　日

注：本申请单一式两联：第一联，购买方留存；第二联，购买方主管税务机关留存。

凭证 46－2

1500213130

No 00044390

1500213130

00044390

开票日期: 2021 年 12 月 15 日

<table>
<tr><td rowspan="4">购买方</td><td>名　　称:</td><td colspan="2">天津滨海机械设备有限公司</td><td rowspan="4">密码区</td><td colspan="3">3 2 4 5 7 7 0 / - 8 6 4 7 / - > 4 9 * < 6 1 8 < 3 3</td></tr>
<tr><td>纳税人识别号:</td><td colspan="2">120100370308888</td><td colspan="3">6 > / 3 4 2 0 5 / 4 1 4 0 > 2 * 3 - 0 + 6 7 2 < 7 *</td></tr>
<tr><td>地　址、电　话:</td><td colspan="2">天津市滨海新区中心路 12 号 022-88786666</td><td colspan="3">5 + - < < 0 7 6 6 4 1 + 4 1 + > * > 0 7 5 9 1 2 3 4</td></tr>
<tr><td>开户行及账号:</td><td colspan="2">工商银行滨海支行 0302093412008888999</td><td colspan="3">1 2 5 4 9 0 < 4 2 * * 3 1 / 5 8 > > 3 3</td></tr>
</table>

<table>
<tr><td>货物或应税劳务、服务名称</td><td>规格型号</td><td>单位</td><td>数量</td><td>单价</td><td>金额</td><td>税率</td><td>税　额</td></tr>
<tr><td>*国内铁路货物运输服务*铁路运输</td><td></td><td></td><td></td><td></td><td>2 752.29</td><td>9%</td><td>247.71</td></tr>
<tr><td>合　　　计</td><td></td><td></td><td></td><td></td><td>¥2 752.29</td><td></td><td>¥247.71</td></tr>
<tr><td>价税合计（大写）</td><td colspan="4">⊗叁仟圆整</td><td colspan="3">（小写）¥3 000.00</td></tr>
</table>

<table>
<tr><td rowspan="4">销售方</td><td>名　　称:</td><td>玉泉联运服务有限公司</td><td rowspan="4">备注</td><td>玉泉-天津
机床</td></tr>
<tr><td>纳税人识别号:</td><td>9115010207019133</td><td></td></tr>
<tr><td>地　址、电　话:</td><td>呼和浩特玉泉市望京路 31 号 0471-25320342</td><td></td></tr>
<tr><td>开户行及账号:</td><td>中国农业银行玉泉分行 13498002222</td><td></td></tr>
</table>

收款人:　　　　　　　复核:　　　　　　开票人: 王琦　　　　　销售方:（章）

税总函（2021）62 号北京印钞有限公司

第三联：发票联　购买方记账凭证

凭证 46－3

1500213130

内蒙古增值税专用发票

No 00044390

1500213130

00044390

开票日期: 2021 年 12 月 15 日

<table>
<tr><td rowspan="4">购买方</td><td>名　　称:</td><td colspan="2">天津滨海机械设备有限公司</td><td rowspan="4">密码区</td><td colspan="3">3 2 4 5 7 7 0 / - 8 6 4 7 / - > 4 9 * < 6 1 8 < 3 3</td></tr>
<tr><td>纳税人识别号:</td><td colspan="2">120100370308888</td><td colspan="3">6 > / 3 4 2 0 5 / 4 1 4 0 > 2 * 3 - 0 + 6 7 2 < 7 *</td></tr>
<tr><td>地　址、电　话:</td><td colspan="2">天津市滨海新区中心路 12 号 022-88786666</td><td colspan="3">5 + - < < 0 7 6 6 4 1 + 4 1 + > * > 0 7 5 9 1 2 3 4</td></tr>
<tr><td>开户行及账号:</td><td colspan="2">工商银行滨海支行 0302093412008888999</td><td colspan="3">1 2 5 4 9 0 < 4 2 * * 3 1 / 5 8 > > 3 3</td></tr>
</table>

<table>
<tr><td>货物或应税劳务、服务名称</td><td>规格型号</td><td>单位</td><td>数量</td><td>单价</td><td>金额</td><td>税率</td><td>税　额</td></tr>
<tr><td>*国内铁路货物运输服务*铁路运输</td><td></td><td></td><td></td><td></td><td>2 752.29</td><td>9 %</td><td>247.71</td></tr>
<tr><td>合　　　计</td><td></td><td></td><td></td><td></td><td>¥2 752.29</td><td></td><td>¥247.71</td></tr>
<tr><td>价税合计（大写）</td><td colspan="4">⊗叁仟圆整</td><td colspan="3">（小写）¥3 000.00</td></tr>
</table>

<table>
<tr><td rowspan="4">销售方</td><td>名　　称:</td><td>玉泉联运服务有限公司</td><td rowspan="4">备注</td><td>玉泉-天津
机床</td></tr>
<tr><td>纳税人识别号:</td><td>9115010207019133</td><td></td></tr>
<tr><td>地　址、电　话:</td><td>呼和浩特玉泉市望京路 31 号 0471-25320342</td><td></td></tr>
<tr><td>开户行及账号:</td><td>中国农业银行玉泉分行 13498002222</td><td></td></tr>
</table>

收款人:　　　　　　　复核:　　　　　　开票人: 王琦　　　　　销售方:（章）

税总函（2021）62 号北京印钞有限公司

第二联：抵扣联　购买方扣税凭证

知识链接

凭证 46 - 1 说明(续):

1. 凭购买方出具的通知单开具红字专用发票后,重新开具发票

由于专用发票作废条件相对严格,一些纳税人发现开具发票错误后,往往是跨月了或已经抄税等,对于这种不能作废的而又需要重新开具发票的,销货方应先开具红字发票冲销原发票,再重新开具正确的专用发票。国税发〔2006〕156 号第十四条规定:一般纳税人取得专用发票后,发生销货退回、开票有误等情形但不符合作废条件的,或者因销货部分退回及发生销售折让的,购买方应向主管税务机关填报《开具红字增值税专用发票申请单》(以下简称申请单)。主管税务机关出具《开具红字增值税专用发票通知单》(以下简称通知单)的条件是申请单所对应的蓝字专用发票应经税务机关认证,经认证结果或为"认证相符",或为"纳税人识别号认证不符""专用发票代码、号码认证不符"。

有些已经开具的专用发票虽然未经购买方认证,也可以由购买方开具通知单,销售方据此重新开票。《国家税务总局关于修订增值税专用发票使用规定的补充通知》(国税发〔2007〕18 号)规定以下两种情况:

(1) 因专用发票抵扣联、发票联均无法认证的,由购买方填报申请单,并在申请单上填写具体原因以及相对应蓝字专用发票的信息,主管税务机关审核后出具通知单。

(2) 购买方所购货物不属于增值税扣税项目范围,取得的专用发票未经认证的,由购买方填报申请单,并在申请单上填写具体原因以及相对应蓝字专用发票的信息,主管税务机关审核后出具通知单。

2. 销售方凭自己申请的通知单开具红字专用发票后,重新开具发票

对既不符合作废条件,同时购买方又未收到的增值税专用发票出现开票有误的情况,开票方只能是在规定的期限内,自己向主管税务机关申请并按规定重新开票。《国家税务总局关于修订增值税专用发票使用规定的补充通知》(国税发〔2007〕18 号)规定了以下两种情况:

(1) 因开票有误购买方拒收专用发票的,销售方须在专用发票认证期限内向主管税务机关填报申请单,并在申请单上填写具体原因以及相对应蓝字专用发票的信息,同时提供由购买方出具的写明拒收理由、错误具体项目以及正确内容的书面材料,主管税务机关审核确认后出具通知单。销售方凭通知单开具红字专用发票。

(2) 因开票有误等原因尚未将专用发票交付购买方的,销售方须在开具有误专用发票的次月内向主管税务机关填报申请单,并在申请单上填写具体原因以及相对应蓝字专用发票的信息,同时提供由销售方出具的写明具体理由、错误具体项目以及正确内容的书面材料,主管税务机关审核确认后出具通知单。销售方凭通知单开具红字专用发票。

凭证 46 - 4

产 品 出 库 单

用途：　　　　　　　　　　年　月　日　　　　　　　　凭证编号：120008
　　　　　　　　　　　　　　　　　　　　　　　　　　仓库：产成品库

类别	编号	名称及规格	计量单位	数量	单位成本	总成本	附注：
	合　计						

记账：　　　　　　保管：　　　　　　检验：　　　　　　制单：

业务 47　12 月 18 日

　　向天津市大沽化工有限公司出售利群 S2 机床收取的商业汇票到期，委托银行收款，如凭证 47 - 1 和凭证 47 - 3 所示。

凭证 47 - 1

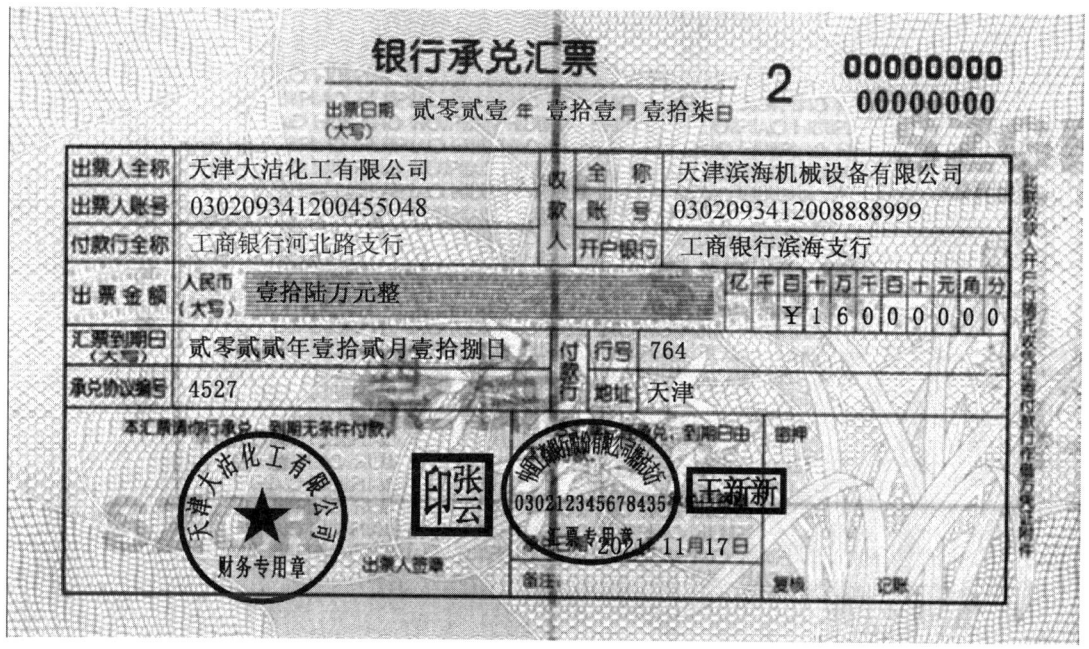

托收凭证（受理回单）　1

委托日期　年　月　日

业务类型	委托收款（□邮划、□电划）　　托收承付（□邮划、□电划）														
付款人	全称				收款人	全称									
	账号					账号									
	地址	省	市县	开户行		地址	省	市县	开户行						
金额	人民币（大写）				千	百	十	万	千	百	十	元	角	分	
款项内容		托收凭据名称		附寄单证张数											
商品发运情况		合同名称号码													
备注：复核　记账		款项收妥日期　年　月　日		收款人开户银行签章　年　月　日											

此联是收款人开户行给收款人的回单

托收凭证（收款通知）　4

委托日期　　年　月　日　　付款期限　年　月　日

业务类型	委托收款（□邮划、□电划）　　托收承付（□邮划、□电划）														
付款人	全称				收款人	全称									
	账号					账号									
	地址	省	市县	开户行		地址	省	市县	开户行						
金额	人民币（大写）				千	百	十	万	千	百	十	元	角	分	
款项内容		托收凭据名称		附寄单证张数											
商品发运情况		合同名称号码													
备注：复核　记账	款项收妥日期　　年　　月　　日		收款人开户银行签章　年　月　日												

此联付款人开户行凭以汇款或收款人开户银行作收账通知

知识链接

凭证 47 - 2 说明：

委托银行收款是收款单位向其开户银行提供收款依据，委托开户银行向付款单位收取款项的一种转账结算方式。

凭证由收款单位财会部门填写，为复写凭证，一式五联。第一联：回单；第二联：委托收款凭证；第三联：支款凭证；第四联：收款通知；第五联：支款通知。凭证填妥后，附上收款收据等凭证，送银行办理托收。凭证传递程序如下图所示。

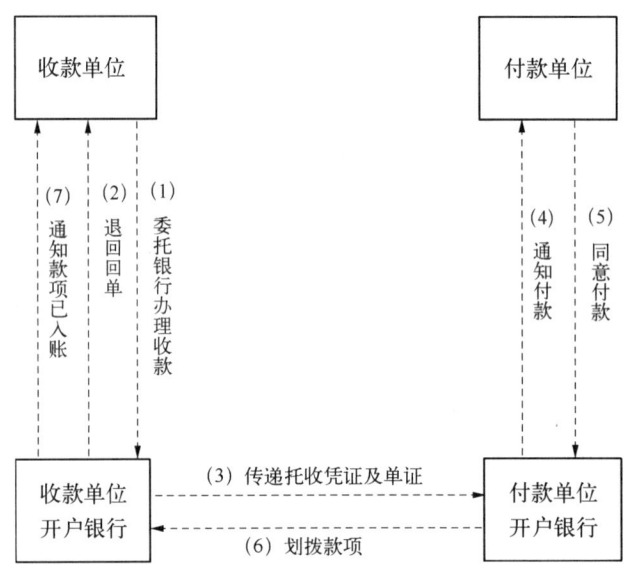

业务 48　12 月 18 日

　　银行转来锦州轴承有限公司委托收款结算凭证单据,按规定验货付款。验收货物发现有 25 套不符合合同规定,当即拒收不合格货物,并办理退货。退货以现金代垫运费 45 元,从支付货款中扣除。请根据有关单据,填制"部分拒付理由书",承付符合规定部分的货款,如凭证 48 - 1 至凭证 48 - 4 所示。

凭证 48 - 1

凭证 48 - 2

凭证 48-3

托收承付 结算 全部 拒绝付款理由书 （回单或 付款通知）1
委托收款 部分

拒付日期　年 月 日　　　　　　原托收号码：

<table>
<tr><td rowspan="3">付款人</td><td>全　称</td><td></td><td rowspan="3">收款人</td><td>全　称</td><td></td><td rowspan="9">此联是银行给付款人的回单或付款通知</td></tr>
<tr><td>账　号</td><td></td><td>账　号</td><td></td></tr>
<tr><td>开户银行</td><td></td><td>行号</td><td>开户银行</td><td></td><td>行号</td></tr>
<tr><td>托收金额</td><td></td><td>拒付金额</td><td></td><td colspan="2">部分付款金额</td><td>千 百 十 万 千 百 十 元 角 分</td></tr>
<tr><td>附寄单证</td><td>张</td><td>部分付款金额（大写）</td><td colspan="3"></td></tr>
<tr><td colspan="5">拒付理由：

付款人盖章</td><td></td></tr>
</table>

凭证 48-4

收 料 单

供应单位：　　　　　　　　　　　　　　　　收料单号码：0126

发票号码：　　　　　　　　年 月 日　　　　收料仓库：

<table>
<tr><td rowspan="2">材料编号</td><td rowspan="2">材料名称及规格</td><td rowspan="2">计量单位</td><td colspan="2">数　量</td><td colspan="2">实际进价</td><td colspan="2">计划价格</td><td rowspan="2">差异</td><td rowspan="2">二、交财会科</td></tr>
<tr><td>应收</td><td>实收</td><td>单价</td><td>金额</td><td>单价</td><td>金额</td></tr>
<tr><td></td><td></td><td></td><td></td><td></td><td></td><td></td><td></td><td></td><td></td></tr>
<tr><td></td><td></td><td></td><td></td><td></td><td></td><td></td><td></td><td></td><td></td></tr>
</table>

收料人员：赵卫东　　　　　　　　检验人员：　　　　　　　　填单人员：马卿

业务 49　12 月 18 日

　　天津市九洲有限公司租用包装物一新包装箱，预收租金 2 000 元，并收取押金 6 000 元。请办理相关业务手续，如凭证 49-1 至凭证 49-4 所示（租金收入发票也可以在收回包装物时开具）。

凭证 49-1

天津市企业单位统一收据

No 120745002

年 月 日

提示

分析给出的各种凭证的功能,并操作填制有关空白凭证,依据有关原始凭证选用记账凭证并进行账务处理。指导老师协助分析处理此笔业务。

知识链接

凭证 49 - 1 说明：

(1) 收据第一联存根,第二联交缴款人收执,第三联作记账凭证。一式三联的收据系单位内部使用的非经营性票据,由收款单位填制。

(2) 三联必须一次复写填制,不得涂改;填写错误,不得撕掉,要保留备查。

(3) 收款单位根据交款人交来的款项填写收据,应写明交款单位、交款人姓名,交款的原因和数额;当面清点交款数额后,将收据给交款人收存。

收据传递流程图

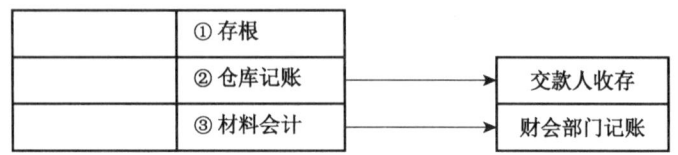

凭证 49 - 2 说明：

出库单(发料单)共三联：

第一联：存根联。

第二联：记账联,发料后交财会部门,作为减少存货的依据。

第三联：业务联,作为仓库明细账的记账依据及物资生产部门作为统计依据。

此单可从市场上购买,也可由企业自行编制。

凭证 49 - 2

产 品 出 库 单

年 月 日

凭证编号：0009
仓库：周转材料库

名称及规格	计量单位	数量	单位成本	总成本
包装箱 （库存未用）	个	20	300	6 000.00
合　　计		20		6 000.00

负责人：张佳

制单：刘洪

凭证 49 - 3

1200213130

天津增值税专用发票

天津

此联不做报销、扣税凭证使用

№ 20101210

1200213130

20101210

开票日期：2021 年 12 月 18 日

购买方	名　　　称：天津市九州有限公司 纳税人识别号：9112010054130454 地址、电话：天津市海南路109号 02255584671 开户行及账号：工商银行河西路支行 0302104790741954260	密码区	66／-3947／->59*<818<33 6>／0／4332*3-0+672<7* 5+-<<51+41+>*4621>583*8460 128990<42+*31／58>>33

税总函（2021）62 号北京印钞有限公司

货物或应税劳务、服务名称	规格型号	单位	数量	单价	金　额	税率	税　额
*有形动产经营租赁服务*包装物租金					1 769.91	13%	230.09
合　　　计					¥1 769.91		¥230.09

价税合计（大写）	⊗贰仟圆整	（小写）¥2 000.00

销售方	名　　　称：天津滨海机械设备有限公司 纳税人识别号：911201003703088886 地址、电话：天津市滨海新区中心路 12 号 02288786666 开户行及账号：工商银行滨海支行 0302093412008888999	备注

第一联：记账联 销售方记账凭证

收款人：　　　　　复核：　　　　　开票人：赵雨　　　　　销售方：（章）

凭证 **49 - 3** 说明：

转账支票使用的补充说明

（1）签发支票应使用墨汁或碳素墨水填写，未按规定填写、被涂改冒领的，由签发人负责。

（2）支票一律记名，中国人民银行总行批准的地区转账支票可以背书转让。

（3）支票金额起点为 100 元。

（4）支票付款期为 10 天（背书转让地区的转账支票付款期为 10 天，从签发的次日算起，到期日遇假日顺延）。

（5）出票人必须在银行账户余额内按照规定向收款人签发支票。对签发空头支票或签章与预留印鉴不符的支票，银行除退票外并按票面金额处以 5% 但不低于 1 000 元的罚款；持票人有权要求出票人赔偿支票金额 2% 的赔偿金。对屡次签发的，银行应停止其签发支票。

（6）已签发的转账支票遗失，银行不受理挂失，可请求收款人协助防范。

（7）持票人委托开户银行收款时，应作委托收款背书，在支票背面背书人签章栏签章，记载"委托收款"字样、背书日期，在背书人栏记载开户银行名称，并将支票和填制的进账单交送开户银行。

周转材料的成本结转的相关规定

作为存货核算的周转材料被领用后，存货准则关于其成本结转的相关方法如下：

（1）一次转销法：对于符合存货定义和确认条件且金额较小的周转材料，可以在领用时一次计入成本费用，以简化核算。但为加强实物管理，应当在备查簿上进行登记。

（2）分次摊销法：对于符合存货定义和确认条件且金额较大的周转材料，按照使用次数分次计入成本费用。

中国工商银行进账单(收账通知) 3

2021年12月18日　　　　　　　　　第　　号

出票人	全　称	天津市九洲有限公司	收款人	全　称	天津滨海机械设备有限公司
	账　号	0302104790741954260		账　号	0302093412008888999
	开户银行	工商银行河西路支行		开户银行	工商银行滨海支行

人民币(大写)	捌仟元整	千	百	十	万	千	百	十	元	角	分
				¥	8	0	0	0	0	0	0

票据种类	转账支票	票据张数	1
票据号码			

复核　　　记账

开户银行盖章:

（盖章：中国工商银行股份有限公司天津滨海支行 受理凭证专用章 收妥业务（1） 20211218）

业务 50　12月18日

公司处理积压油漆一批,收款送存银行,如凭证50-1至凭证50-3所示。

凭证 50 - 1

1200213130

天津增值税专用发票

此联不做报销、扣税凭证使用

№ 20101211

1200213130
20101211

开票日期: 2021 年 12 月 18 日

购买方	名　称：天津物资有限公司 纳税人识别号：9112011954602877M 地址、电话：天津市海南路1号02225281345 开户行及账号：工商银行海南路支行03020934603124566	密码区	66/-3947/->59*<818<33 6>/0/4332*3-0+672<7* 5+-<<51+41+>*4621>583*8460 128990<42+*31/58>>33

货物或应税劳务、服务名称	规格型号	单位	数量	单价	金　额	税率	税　额
*涂料*油漆		千克	300	12.10	3 630.00	13%	417.90
合　计					¥3 630.00		¥417.90

价税合计（大写）	⊗肆仟壹佰零壹圆玖角零分	（小写）¥4 101.90

销售方	名　称：天津滨海机械设备有限公司 纳税人识别号：911201003703088886 地址、电话：天津市滨海新区中心路12号02288786666 开户行及账号：工商银行滨海支行0302093412008888999	备注

收款人：　　　　复核：　　　　开票人：赵雨　　　　销售方：(章)

凭证 50 - 2

ICBC 🏦 中国工商银行

业务回单(收款)

入账时间:2021-12-18　　　回单编号:1516780703

付款人户名:天津物资有限公司
付款人账号:0302093460031245666
付款人开户行(发报行):工商银行天津市滨海支行
收款人户名:天津滨海机械设备有限公司
收款人账号:0302093412008888999
收款人开户行(发报行):工商银行天津市滨海支行
币种:人民币(本位币)　　　金额(小写):¥4 101.90
金额(大写)肆仟壹佰零壹元玖角整
凭证种类:0　凭证号码:49342
业务(产品)种类:电汇　　　摘要:货款　　　渠道:柜台交易
交易机构号:000899000231　记账柜员号:121007　交易代码:0537811　用途:
附言:货款
支付交易序号:3420012　报文种类:CWT100　委托日期:2021-12-18
业务种类:
打印次数:1次　机打回单注意重复　打印日期:2021-12-18　打印柜员:000123
验证码:5214CF0034

中国工商银行股份有限公司天津
滨海支行
20211218
受理凭证专用章
收妥业务(13)

凭证 50 - 3

产 品 出 库 单

用途:销售　　　　　年　月　日　　　　凭证编号:120010
　　　　　　　　　　　　　　　　　　　仓库:原料库

类别	编号	名称及规格	计量单位	数量	单位成本	总成本	附注:
							注意:结转材料成本差异。
合　计							

记账:　　　　保管:　　　　检验:　　　　制单:

业务51 12月19日

该公司外币业务采用业务发生时的市场汇率折算。本期因外币支付需要,从银行购入40 000美元,银行当日的美元卖出价为1美元＝6.7元人民币,当日市场汇率为1美元＝6.6元人民币,如凭证51-1和凭证51-2所示。

凭证51-1

购买外汇申请书

银行   行;   NO:

我公司现按国家外汇管理局有关规定向贵行提出购汇申请,并附有关单证,请审核并按实际转账日牌价办理售汇。

单位名称		人民币账号	
		外汇账号	
购 汇金 额（大小写）		当 日汇 率		折 合人民币（大小写）	
购汇支付方式		□支票　□银行汇票　□银行本票□扣账　□其他	
购汇用途		□进口商品　□从属费用　□索赔退款　□还贷　□其他	
对外结算方式		□信用证　□代收　□汇款　（□货到付款　□预付货款）	
业 务参 考	商品名称		数量	
	合同号		发票号	
	合同金额		发票金额	
	核销单号		信用证号	
进口商品类 型	□一般进口商品□控制进口商品,批文附随如下:□进口证明　□许可证　□登记证明　□其他批文批文号码:　　　　批文有效期:			
附件	□售汇通知单　□进口付汇核销单　□正本报关单□合同/协议　□发票　□正本运单□保险费收据　□运费单/收据　□佣金单□付款委托书　□开证申请书　□其他			

申请单位:　　　（盖章）

联系人: 电话: 年　月　日

银行审核意见:

经办人: 复核人: 审批人:

         年　　月　　日

凭证 51-2

<table>
<tr><td colspan="5">外汇买卖贷方传票(人民币)</td><td colspan="2">传票编号</td><td rowspan="7">附件　　张</td></tr>
<tr><td colspan="5">2021年　12月　19日</td><td colspan="2"></td></tr>
<tr><td rowspan="2">单　位</td><td>全　称</td><td colspan="3">天津滨海机械设备有限公司</td><td colspan="2">(贷)外汇买卖</td></tr>
<tr><td>账　号</td><td colspan="3">0302093412008888999</td><td colspan="2">(对方科目)</td></tr>
<tr><td colspan="2">外汇金额</td><td colspan="2">牌价</td><td colspan="3">人民币金额</td></tr>
<tr><td colspan="2">$40 000</td><td colspan="2">6.7</td><td colspan="3">￥268 000</td></tr>
<tr><td>摘　要</td><td>购入外汇</td><td>会计:</td><td>复核:</td><td>记账:</td><td>制票:</td><td></td></tr>
</table>

业务 52　12 月 20 日

将不需用车床一台出售给天津实业有限公司,收转账支票一张,填进账单送交开户银行,如凭证 52-1 至凭证 52-3 所示。

凭证 52-1

固定资产调出单

售出单位:天津滨海机械设备有限公司
购入单位:天津实业有限公司　　　　　　　2021 年 12 月 20 日　　　　　　调拨单号:

<table>
<tr><td colspan="2">售出原因
或依据</td><td colspan="4">不需用</td><td>付款
方式</td><td colspan="2">支票</td></tr>
<tr><td>固定资产
名称</td><td>规格及
型号</td><td>单　位</td><td>数　量</td><td>预计使
用年限</td><td>已使用
年限</td><td>原　值</td><td>月初
累计折旧</td><td>净　值</td></tr>
<tr><td>装配车床</td><td></td><td>台</td><td>1</td><td>10</td><td>2 年 2 个月</td><td>110 000.00</td><td>22 641.67</td><td>87 358.33</td></tr>
<tr><td>附件</td><td colspan="5">购入日期 2019 年 9 月</td><td>售出单位
公章:
财务:　章
经办:财务专用章</td><td colspan="2">购入单位
公章:
财务:　章
经办:财务专用章</td></tr>
</table>

首先核对该固定资产的基本数据,第二篇固定资产资料,提足 12 月份折旧 870.83 元才可转出。

固定资产减少的核算,给出的原始凭证不足,分析缺哪种原始凭证,记账凭证"附件张数"应该是按多少张填写。

凭证 52 - 1 说明:

(1)这种凭证是对固定资产进行有偿调拨时填制的原始凭证。调入单位为外来原始凭证。

(2)凭证由调出单位填写,为复写凭证,一式数联,分别由调出单位主管部门、调入单位和调入单位主管部门留存。这些单位在凭证上签章。调入单位作为增加固定资产和折旧记账依据,并作为支付款项的依据。调出单位在填写凭证时要依据资产的账面原值和已提折旧额填写。

(3)出售 2009 年以后购入的固定资产(动产),应缴纳增值税,税率为 13%。

中国工商银行**转账支票**

10203310
04567861

出票日期(大写) 贰零贰壹 年 壹拾贰 月 零贰拾 日 付款行名称：天津实业有限公司

出票人账号：03020934012001111222

收款人：

付款期限自出票之日起十天

人民币(大写)	伍万肆仟元整	亿	千	百	十万	千	百	十	元	角	分
					¥5	4	0	0	0	0	0

用途设备款

上列款项请从
我账户内支付
出票人签章

财务专用章

印 王杰

密码_____

行号_____

复核　　记账

中国工商银行**进账单**(收账通知)　　**3**

2021 年 12 月 20 日　　　　　　第　号

出票人	全称	天津实业有限公司	收款人	全称	天津滨海机械设备有限公司
	账号	03020934012001111222		账号	03020934120088888999
	开户银行	天津工商银行广州道支行		开户银行	工行天津支行滨海分理处

人民币(大写)	伍万肆仟元整	千	百	十	万	千	百	十	元	角	分
				¥5	4	0	0	0	0	0	

票据种类	转账支票	票据张数	1
票据号码			

中国工商银行股份有限公司天津滨海支行
20211220
受理凭证专用章
收妥业务(1)

开户银行盖章：

复核　　记账

此联是持票人开户银行交给持票人的收账通知

12031 5#

197

业务53 12月20日

支付从境外购入的非专利技术款 50%,即 30 000 美元,按业务发生时的市场汇率折算,1 美元＝6.6 元人民币,如凭证 53-1 所示。

凭证53-1

外汇买卖借方传票(人民币)					传 票 编 号	
		2021 年 12 月 20 日				附件
单 位	全称	天津滨海机械设备有限公司			(借)	
	账号	0302002112008888999			(对方科目)	
外汇金额				牌价		张
$ 30 000				6.6	￥198 000	
摘 要	付 汇	会计:	复核:	记账:	制票:	

- -

业务54 12月20日

该公司购入实达公司股票作为短期投资,预计持有半年,成交金额为 50 万元,如凭证 54-1 和凭证 54-2 所示。

凭证54-1

新时代证券中央登记结算公司

成交过户交割单　　　　　　　　2021 年 12 月 20 日

股东编号	C00650	成交证券	公司股票
电脑编号	650	成交数量	100 000
公司名称	天津滨海机械设备有限公司	成交价格	5
申报编号	262	成交金额	￥500 000
申报时间	121220	佣 金	
成交时间	121225	过户费	500
上次余额	0(手)	印花税	300
本次成交	100(手)	应付金额	500 800
本次余额	100(手)	财务附加费用	
本次库存	100(手)	实收金额	￥500 800

③通知联

经办单位:证券公司门市部　　　　　　　　　　客户签章:

凭证 54 - 2

新时代证券公司营业部

NO：01201

委 托 书

合同号：1120

资金账号：618568

证券账号：B00450

委托人：天津滨海机械设备有限公司

2021 年 12 月 20 日

证券名称	股数与面额	限价	有 效 期 间	附注	委托方式
公司股票	100 000	5	2021 年 12 月 25 日前		当面委托

营业员签章：叶永华

委托人签章：杨为

业务 55　12 月 23 日

开转账支票支付购买工具款，采购人员报销市内交通付现金 10 元。工具验收入库，如凭证 55 - 1 至凭证 55 - 5 所示。

凭证 55 - 1

	1210211140	天津增值税普通发票 №43552022	1210211140

| | | | | | | | | 43552022 | |

开票日期：2021 年 12 月 23 日

购买方	名　　称：天津滨海机械设备有限公司 纳税人识别号：911201003703088886 地　址、电话：天津市滨海新区中心路12号 02288786666 开户行及账号：中国工商银行天津滨海支行0302093412008888999	密码区	190546953870-4-275>1+472312 73064595521//-5*-5872997538 51297799473*>/98*-4089552011 72307050042*<76/-3753964933	第二联：发票联　购买方记账凭证
货物或应税劳务、服务名称	规格型号	单位	数量	单价	金额	税率	税额	
*通用手工具*车刀 *通用手工具*活扳子		把 把	50 15	13.20 16.12	660.19 241.75	3% 3%	19.81 7.25	
合　计					¥901.94		¥27.06	
价税合计（大写）	⊗玖佰贰拾玖圆整			(小写) ¥929.00				
销售方	名　　称：天津市红旗五金超市 纳税人识别号：911120120311111120 地　址、电话：天津市滨海新区黄海路100号 022-25321047 开户行及账号：中国工商银行泰达支行6222600084951201466	备注	合同编号：XS2020112803	

国税函（2021）51号北京安保印务承印

收款人：黎曼　　　复核：白莲　　　开票人：张联　　　销售方：（章）

中国工商银行

转账支票存根

10203310
12075315

附加信息_____

_____

_____

出票日期　　　年　月　日

收款人：
金　额：
用　途：

单位主管　　　　　　会计

北京中钞印刷有限公司 · 2021年印刷

中国工商银行**转账支票**

10203310
12075315

出票日期(大写)　　　年　　月　　日　　付款行名称：

收款人：　　　　　　　　　　　　　　出票人账号：

人民币 (大写)	亿	千	百	十	万	千	百	十	元	角	分

付款期限自出票之日起十天

用途_____

上列款项请从
我账户内支付

出票人签章

密码_____

行号_____

复核　　　记账

财务专用章

李华印

凭证 55－4

收 料 单

供应单位：天津市红旗五金超市　　　　　　　　　　　　收料单号码：0127

发票号码：　　　　　　　　2021 年 12 月 23 日　　　　　　收料仓库：周转材料

材料编号	材料名称及规格	计量单位	数 量		实际进价		计划价格		差异
			应收	实收	单价	金额	单价	金额	
	车 刀	把	50	50	13.60	680.00	14.00	700.00	
	活扳子	把	15	15	16.60	249.00	20.00	300.00	

收料人员：赵卫东　　　　　　　　　检验人员：　　　　　　　　填单人员：马卿

二、交财会科

凭证 55－5

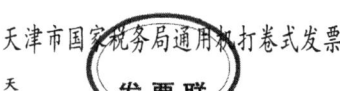

天津市国家税务局通用机打卷式发票

发票联

天津市国家税务局印刷，不准仿印。

发票代码 21200010045

发票号码 12087764

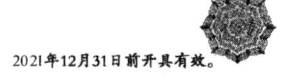

21200000000000000000000

开票日期：

行业分类：

企业法人营业执照

注册号：1200000234567

叫车电话：95961

监督电话：25876655

公司地址：上海道05号

车号：津EO1234

证号：234553

日期：2021-12-23

上车时间：13：34

下车时间：13：45

单价：2.00元

里程：3.40 km

等候：02：04

金额：10.00元

2021年12月31日前开具有效。

业务56   12月23日

李明报销购货款。货物验收入库(与12月8日的业务28有联系),余款划回(单据略),如凭证56-1至凭证56-4所示。

凭证56-1

二、交财会科

<h2 style="text-align:center">收　料　单</h2>

供应单位:潮州电机有限公司　　　　　　　　　　　　　　收料单号码:0128

发票号码:　　　　　　　　　　2021年12月23日　　　　　收料仓库:原料库

材料编号	材料名称及规格	计量单位	数量		实际进价		计划价格		差异
			应收	实收	单价	金额	单价	金额	
	磁电机	台	42	42	261.91	11 000.22	320.00	13 440.00	
	注:外购半成品								

收料人员:赵卫东　　　　　　　　检验人员:　　　　　　　　填单人员:马卿

凭证56-2

3400213140　　　　　　**广东增值税专用发票**　　　No 00691080
发票联
3400213140
00691080

开票日期: 2021年12月20日

购买方	名　　称:天津滨海机械设备有限公司 纳税人识别号:911201003703088886 地址、电话:天津市滨海新区中心路12号 02288786666 开户行及账号:工商银行滨海支行 0302093412008888999		密码区	66/8-3947/->49*<618<33 6>/120054140*3-0+672<7* 5+-<<076641+>*>07591234 1245855240<42+*31/58>>90		

货物或应税劳务、服务名称	规格型号	单位	数量	单价	金　额	税率	税　额
*电工机械专用设备*磁电机		台	42	261.91	11 000.22	13%	1 430.03
合　　计					¥11 000.22		¥1 430.03

价税合计(大写)	⊗壹万贰仟肆佰叁拾贰圆贰角伍分	(小写)¥12 430.25

销售方	名　　称:潮州电机有限公司 纳税人识别号:911310419531103777 地址、电话:潮州市泉水路3号 076852624515 开户行及账号:招商银行潮州分行 4007221533124796	备注	(潮州电机有限公司 发票专用章 911310419531103777)

收款人:赵雪　　　复核:　　　开票人:梁清　　　销售方:(章)

税总函(2021)62号沈阳印钞有限公司
第三联:发票联　购买方记账凭证

凭证 56-3

3400213140
00691080

广东增值税专用发票

抵扣联

No 00691080

开票日期：2021 年 12 月 20 日

购买方	名　　称：天津滨海机械设备有限公司 纳税人识别号：911201003703088886 地址、电话：天津市滨海新区中心路 12 号 02288786666 开户行及账号：工商银行滨海支行 0302093412008888999	密码区	66/8-3947/->49*<618<33 6>/120054140*3-0+672<7* 5+-<<076641+>*>07591234 1245855240<42+*31/58>>90

货物或应税劳务、服务名称	规格型号	单位	数量	单价	金　额	税率	税　额
*电工机械专用设备*磁电机		台	42	261.91	11 000.22	13%	1 430.03
合　　　计					¥11 000.22		¥1 430.03

价税合计（大写）	⊗壹万贰仟肆佰叁拾圆贰角伍分	（小写）¥12 430.25

销售方	名　　称：潮州电机有限公司 纳税人识别号：911310419531103777 地址、电话：潮州市泉水路 3 号 076852624515 开户行及账号：招商银行潮州分行 4007211533124796	备注	潮州电机有限公司 911310419531103777 发票专用章

收款人：赵雪　　　　复核：　　　　　　开票人：梁清　　　　销售方：（章）

税总函（2021）62 号沈阳印钞有限公司

第三联：抵扣联　购买方记账凭证

凭证 56-4

ICBC 🔲 中国工商银行

业务回单（收款）

入账时间：2021-12-23　　　　　　回单编号：14168003453

付款人户名：天津滨海机械设备有限公司
付款人账号：0302093300020478533
付款人开户行（发报行）：工商银行潮州支行
收款人户名：天津滨海机械设备有限公司
收款人账号：0302093412008888999
收款人开户行（发报行）：工商银行天津市滨海支行
币种：人民币（本位币）　　　　金额（小写）¥569.75
金额（大写）伍佰陆拾玖元柒角伍分
凭证种类：0　　凭证号码：23643
业务（产品）种类：其他　　　　摘要：转回余款　　　　渠道：
交易机构号：000899000231　　记账柜员号：125456　　交易代码：0537543　　用途：
附言：余款划回
支付交易序号：3423493　　报文种类：CWT100　　委托日期：2021-12-20
业务种类：
打印次数：1 次　机打回单注意重复　打印日期：2021-12-23　打印柜员：000123
验证码：521TF70734

中国工商银行股份有限公司天津
滨海支行
20211223
受理凭证专用章
收妥业务（1）

业务57　12月23日

银行转来委托收款结算单据,因资金不足只承付部分货款,不足部分延期付款。材料验收入库,如凭证57-1至凭证57-4所示。

凭证57-1

中国工商银行**特种转账借方凭证**

2021 年 12 月 23 日　　凭证号码Ⅰ　第 04173895 号

付款人	全 称	天津滨海机械设备有限公司	收款人	全 称	海州钢铁公司											附件
	账号或地址	0302093412008888999		账号或地址	1124555112400788333											
	开户银行	工商银行滨海支行　行号 604		开户银行	建行海州支行　行号 025											

汇票金额	人民币（大写）贰万贰仟元整					千	百	十	万	千	百	十	元	角	分
								¥	2	2	0	0	0	0	0

原凭证金额	42 036.00	赔偿金	
原凭证名称	委托收款凭证	号码	

转账原因	因资金不足,不能全付。此为第一次付款,余款延期支付。

会计分录:
借:
贷:

主管　复核　记账　制票

附件　张

凭证57-2

供应单位:海州钢铁公司　　　　　　　# 收　料　单　　　　　收料单号码:0129

发票号码:00581181　　　　　　　　2021 年 12 月 23 日　　　　收料仓库:原料库

材料编号	材料名称及规格	计量单位	数 量		实际进价		计划价格		差异
			应收	实收	单价	金额	单价	金额	
	生　铁	吨	12	12	3 100	37 200	2 500	30 000	

收料人员:赵卫东　　　　　　检验人员:　　　　　　填单人员:马卿

二、交财会科

凭证57-3

5400213140　　　# 江苏增值税专用发票

发票联

№ 00581181
5400213140
00581181

开票日期: 2021 年 12 月 21 日

购买方	名　称:	天津滨海机械设备有限公司	密码区	66/81-3947/->49*<618<336>/120054140*3-0+672<7*5+-<<076641+>*>07591234 1245855240<42+*31/58>>90
	纳税人识别号:	911201003703088886		
	地址、电话:	天津市滨海新区中心路 12 号 02288786666		
	开户行及账号:	工商银行滨海支行 0302093412008888999		

货物或应税劳务、服务名称	规格型号	单位	数量	单价	金 额	税率	税 额
*黑色金属冶炼及压延产品*生铁		吨	12	3 100.00	37 200.00	13%	4 836.00
合　　计					¥37 200.00		¥4 836.00

价税合计（大写）	⊗肆万贰仟零叁拾陆圆整	（小写）¥42 036.00

销售方	名　称:	海州钢铁有限公司	备注	
	纳税人识别号:	911432119583701333		
	地址、电话:	海州市跃进路 88 号 47896610		
	开户行及账号:	中国建设银行海州分行 1124555112400788333		

收款人: 刘伟　　复核:　　开票人: 王翰深　　销售方:(章)

第三联:发票联　购买方记账凭证

税总函（2021）62 号沈阳印钞有限公司

凭证 57－1 说明：

（1）这种凭证是企业的开户银行对有关款项从企业存款账户中主动收入或付出时填制的凭证，以通知存款单位记账。

（2）凭证由开户银行填写，分为借方凭证和贷方凭证两种。

凭证 57－4

 5400213140 江苏增值税专用发票 抵扣联 №00581181

5400213140
00581181

开票日期：2021 年 12 月 21 日

<table>
<tr><td rowspan="4">购买方</td><td>名　称：</td><td colspan="4">天津滨海机械设备有限公司</td><td rowspan="4">密码区</td><td colspan="3">66/81-3947/-＞49*＜618＜33</td></tr>
<tr><td>纳税人识别号：</td><td colspan="4">911201003703088886</td><td colspan="3">6＞/120054140*3-0+672＜7*</td></tr>
<tr><td>地址、电话：</td><td colspan="4">天津市滨海新区中心路 12 号 02288786666</td><td colspan="3">5+-＜＜076641+＞*＞07591234</td></tr>
<tr><td>开户行及账号：</td><td colspan="4">工商银行滨海支行0302093412008888999</td><td colspan="3">1245855240＜42+*31/58＞＞90</td></tr>
<tr><td colspan="2">货物或应税劳务、服务名称</td><td>规格型号</td><td>单位</td><td>数量</td><td>单价</td><td>金　额</td><td>税率</td><td>税　额</td></tr>
<tr><td colspan="2">*黑色金属冶炼及压延产品*生铁</td><td></td><td>吨</td><td>12</td><td>3 100.00</td><td>37 200.00</td><td>13%</td><td>4 836.00</td></tr>
<tr><td colspan="2"></td><td></td><td></td><td></td><td></td><td></td><td></td><td></td></tr>
<tr><td colspan="2">合　　计</td><td></td><td></td><td></td><td></td><td>¥37 200.00</td><td></td><td>¥4 836.00</td></tr>
<tr><td colspan="2">价税合计（大写）</td><td colspan="4">⊗肆万贰仟零叁拾陆圆整</td><td colspan="2">（小写）¥42 036.00</td></tr>
<tr><td rowspan="4">销售方</td><td>名　称：</td><td colspan="4">海州钢铁有限公司</td><td rowspan="4">备注</td><td colspan="3" rowspan="4"></td></tr>
<tr><td>纳税人识别号：</td><td colspan="4">911432119583701333</td></tr>
<tr><td>地址、电话：</td><td colspan="4">海州市跃进路 88 号 47896610</td></tr>
<tr><td>开户行及账号：</td><td colspan="4">中国建设银行海州分行1124555112400788333</td></tr>
</table>

第二联：抵扣联　购买方扣税凭证

税总函（2021）62 号沈阳国印钞制有限公司

收款人：刘伟　　复核：　　开票人：王翰深　　销售方：（章）

业务 58　12 月 25 日

凭证 58－1

 1200213130 天津增值税专用发票 发票联 №02844001

1200213130
02844001

开票日期：2021 年 12 月 25 日

<table>
<tr><td rowspan="4">购买方</td><td>名　称：</td><td colspan="4">天津滨海机械设备有限公司</td><td rowspan="4">密码区</td><td colspan="3">8866-8-880/-8647/-＞49*＜618＜33</td></tr>
<tr><td>纳税人识别号：</td><td colspan="4">911201003703088886</td><td colspan="3">6＞/34205/4140＞2*3-0+672＜7*</td></tr>
<tr><td>地址、电话：</td><td colspan="4">天津市滨海新区中心路 12 号 022-88786666</td><td colspan="3">5+-＜＜076641+41+＞*＞07591234</td></tr>
<tr><td>开户行及账号：</td><td colspan="4">工商银行滨海支行0302093412008888999</td><td colspan="3">125490＜42+*31/58＞＞33</td></tr>
<tr><td colspan="2">货物或应税劳务、服务名称</td><td>规格型号</td><td>单位</td><td>数量</td><td>单价</td><td>金　额</td><td>税率</td><td>税　额</td></tr>
<tr><td colspan="2">*电信服务*基础电信服务</td><td></td><td></td><td></td><td></td><td>5 321.10</td><td>9%</td><td>478.90</td></tr>
<tr><td colspan="2"></td><td></td><td></td><td></td><td></td><td></td><td></td><td></td></tr>
<tr><td colspan="2">合　　计</td><td></td><td></td><td></td><td></td><td>¥5 321.10</td><td></td><td>¥478.90</td></tr>
<tr><td colspan="2">价税合计（大写）</td><td colspan="4">⊗伍仟捌佰圆整</td><td colspan="2">（小写）¥5 800.00</td></tr>
<tr><td rowspan="4">销售方</td><td>名　称：</td><td colspan="4">中国电信股份有限公司天津分公司</td><td rowspan="4">备注</td><td colspan="3" rowspan="4"></td></tr>
<tr><td>纳税人识别号：</td><td colspan="4">911201070035266</td></tr>
<tr><td>地址、电话：</td><td colspan="4">天津市滨海新区开发区宏达路 101 号 022-25320456</td></tr>
<tr><td>开户行及账号：</td><td colspan="4">中国工商银行滨海支行0302093120078789901</td></tr>
</table>

第三联：发票联　购买方记账凭证

税总函（2021）62 号北京印钞有限公司

收款人：　　复核：　　开票人：王倩　　销售方：（章）

凭证 58－2

1200213130

天津增值税专用发票 №02844001

抵扣联

1200213130

02844001

开票日期：2021 年 12 月 25 日

购买方	名　　称：天津滨海机械设备有限公司 纳税人识别号：911201003703088886 地址、电话：天津市滨海新区中心路 12 号 022-88786666 开户行及账号：工商银行滨海支行 0302093412008888999	密码区	8866-8-880/-8647/->49*<618<33 6>/34205/4140>2*3-0+672<7* 5+-<<076641+41+>*>07591234 125490<42**31/58>>33

货物或应税劳务、服务名称	规格型号	单位	数量	单价	金　额	税率	税　额
*电信服务*基础电信服务					5 321.10	9%	478.90
合　　　计					¥5 321.10		¥478.90

价税合计（大写）	⊗伍仟捌佰圆整	（小写）¥5 800.00

销售方	名　　称：中国电信股份有限公司天津分公司 纳税人识别号：9112010700352666 地址、电话：天津市滨海新区开发区宏达路 101 号 022-25320456 开户行及账号：中国工商银行滨海支行 0302093120078789901	备注	（发票专用章）

收款人：　　　　　复核：　　　　　开票人：王倩　　　　　销售方：（章）

税总函（2021）62 号北京印钞有限公司

第二联：抵扣联　购买方扣税凭证

凭证 58－3

托收凭证（付款通知）

5

托收日期：2021 年 12 月 25 日

业务类型	委托收款（□邮划、✓电划）			托收承付（□邮划、□电划）											
付款人	全称	天津滨海机械设备有限公司		收款人	全称	中国电信股份有限公司天津分公司									
	账号	0302093412008888999			账号	0302093120078789901									
	地址	省 天津 市县	开户行	工商银行滨海支行	地址	省 天津 市县	开户行	工商银行滨海支行							

金额	人民币（大写）　伍仟捌佰元整	千	百	十	万	千	百	十	元	角	分
					¥	5	8	0	0	0	0

款项内容	电信费	托收凭据名称	发字	附寄单证张数	1
商品发运情况			合同名称号码		

备注	复核　记账	款项收妥日期 年 月 日	收款人开户银行签章 年 月 日

（中国工商银行股份有限公司滨海支行 20211225 受理凭证专用章 付妥业务（1））

此联是付款人开户银行给付款人的按期付款通知

业务 59   12 月 25 日

本月出包承建的简易仓库工程完工，实际造价 180 000 元，经验收合格交付使用，余款以转账支票付清。请结合 5 日经济业务，如凭证 59－1 至凭证 59－4 所示。

凭证 59－1

天津增值税专用发票　No 02864006

发票联

1200213130

1200213130
02864006

开票日期：2021 年 12 月 25 日

购买方	名　　称：天津滨海机械设备有限公司
	纳税人识别号：120100370308888
	地址、电话：天津市滨海新区中心路 12 号 022-88786666
	开户行及账号：工商银行滨海支行 0302093412008888999

密码区：1266-8-880/-8647/->49*<618<336>/34205/4140>2*3-0+672<7*5+-<<076641+41+>*>07591234125490<42+*31/58>>33

货物或应税劳务、服务名称	规格型号	单位	数量	单价	金　额	税率	税　额
*建筑服务*简易仓库工程					165 137.10	9%	14 862.39
合　　计					¥165 137.10		¥14 862.39

价税合计（大写）	⊗壹拾捌万圆整	（小写）¥180 000.00

销售方	名　　称：天津市形象建筑有限公司
	纳税人识别号：91120141911085720
	地址、电话：天津市滨海新区开发区环海路 101 号 022-25320478
	开户行及账号：中国工商银行滨海支行 0302093120078746701

备注：天津市滨海新区中心路 12 号-E 号仓库

（天津市形象建筑有限公司 91120141911085720 发票专用章）

收款人：　　　　　复核：　　　　　开票人：赵庆　　　　　销售方：（章）

税总函（2021）62 号北京印钞有限公司

第三联：发票联　购买方记账凭证

凭证 59－2

天津增值税专用发票　No 02864006

抵扣联

1200213130

1200213130
02864006

开票日期：2021 年 12 月 25 日

购买方	名　　称：天津滨海机械设备有限公司
	纳税人识别号：120100370308888
	地址、电话：天津市滨海新区中心路 12 号 022-88786666
	开户行及账号：工商银行滨海支行 0302093412008888999

密码区：1266-8-880/-8647/->49*<618<336>/34205/4140>2*3-0+672<7*5+-<<076641+41+>*>07591234125490<42+*31/58>>33

货物或应税劳务、服务名称	规格型号	单位	数量	单价	金　额	税率	税　额
*建筑服务*简易仓库工程					165 137.10	9%	14 862.39
合　　计					¥165 137.10		¥14 862.39

价税合计（大写）	⊗壹拾捌万圆整	（小写）¥180 000.00

销售方	名　　称：天津市形象建筑有限公司
	纳税人识别号：91120141911085720
	地址、电话：天津市滨海新区开发区环海路 101 号 022-25320478
	开户行及账号：中国工商银行滨海支行 0302093120078746701

备注：天津市滨海新区中心路 12 号-E 号仓库

（天津市形象建筑有限公司 91120141911085720 发票专用章）

收款人：　　　　　复核：　　　　　开票人：赵庆　　　　　销售方：（章）

税总函（2021）62 号北京印钞有限公司

第二联：抵扣联　购买方扣税凭证

知识链接

国家税务总局关于发布《不动产进项税额分期抵扣暂行办法》的公告

国家税务总局公告 2016 年第 15 号

一、增值税一般纳税人(以下称纳税人)2016 年 5 月 1 日后取得并在会计制度上按固定资产核算的不动产,以及 2016 年 5 月 1 日后发生的不动产在建工程,其进项税额应按照本办法有关规定分 2 年从销项税额中抵扣,第一年抵扣比例为 60%,第二年抵扣比例为 40%。

上述进项税额中,60% 的部分于取得扣税凭证的当期从销项税额中抵扣;40% 的部分为待抵扣进项税额,于取得扣税凭证的当月起第 13 个月从销项税额中抵扣。

二、房地产开发企业自行开发的房地产项目,融资租入的不动产,以及在施工现场修建的临时建筑物、构筑物,其进项税额不适用上述分 2 年抵扣的规定。

三、用于新建不动产,或者用于改建、扩建、修缮、装饰不动产并增加不动产原值超过 50% 的,其进项税额依照本办法有关规定分 2 年从销项税额中抵扣。这是对于不动产在建工程所作出的进一步限制,只有超出原值 50% 的才可以分 2 年抵扣销项税额。

四、对于已经全部抵扣进项税额的货物与服务,专用于不动产在建工程的,已经抵扣进项税额的 60% 部分仍然可以抵扣,已经抵扣进项税额的 40% 部分则需要予以进项税额转出,计入待抵扣进项税额进行会计核算,一个自然年以后再一次性抵扣。

关于深化增值税改革有财政部

税务总局海关总署公告 2019 年第 39 号关政策的公告

公告第五条公布:自 2019 年 4 月 1 日起,《营业税改征增值税试点有关事项的规定》(财税〔2016〕36 号印发)第一条第(四)项第 1 点、第二条第(一)项第 1 点停止执行,纳税人取得不动产或者不动产在建工程的进项税额不再分 2 年抵扣。此前按照上述规定尚未抵扣完毕的待抵扣进项税额,可自 2019 年 4 月税款所属期起从销项税额中抵扣。

凭证 59 - 3

固定资产验收交接单

固定资产类别：   编号：12005

固定资产名称	简易仓库	规格型号		生产单位	天津市形象建筑有限公司	取得来源	出包
原值	165 137.10	预计净残值率	5%	数量	1	使用部门	厂部
生产日期	2021.12.25	验收日期	2021.12.25	开始使用日期	2021.12.25	预计使用年限	20
投入日期	2021.12.25	投入时已使用年限	0	尚能使用年限	20	投入时已提折旧	0
验收意见		符合规定质量标准,验收合格。 负债人:张梅					
移交单位	天津市形象建筑有限公司	移交单位负责人	赵可	移交人	赵靓	2021 年 12 月 25 日	
接管单位	天津滨海机械有限公司	接管单位负责人	李华	接管人	王锦	2021 年 12 月 25 日	

凭证 59 - 4

北京中钞印刷有限公司 · 2021年印刷

中国工商银行
转账支票存根

10203310

12075316

附加信息

出票日期　　　年　月　日

收款人：
金　额：
用　途：

单位主管　　　　　　　会计

支付本月工资，由银行代发。

凭证 60－1

职工薪酬计算表（一）

部门	人员类别	基本工资	岗位津贴	浮动奖金	交通/通讯等补助	病假天数	病假扣款 每天10元	事假天数	事假扣款 每天50元	迟到/旷工等扣减工资	工资奖金津贴合计
一车间	生产工人	45 000.00	15 000.00	9 877.00	15 000.00	5	50.00		0.00		84 827.00
一车间	管理人员	12 000.00	8 000.00	6 860.00	4 500.00		0.00		0.00		31 360.00
二车间	生产工人	38 000.00	12 000.00	8 640.00	12 700.00		0.00		0.00		71 140.00
二车间	管理人员	9 000.00	7 000.00	5 920.00	3 200.00		0.00	4	200.00		25 120.00
装配车间	生产工人	27 000.00	8 600.00	4 600.00	14 800.00	2	20.00		0.00		54 980.00
装配车间	管理人员	9 000.00	4 000.00	5 800.00	4 600.00				0.00		23 400.00
机修车间	生产工人	22 000.00	3 000.00	2 800.00	900.00				0.00		28 700.00
机修车间	管理人员	4 500.00	1 000.00	1 200.00	850.00			3	150.00		7 400.00
供汽车间	生产工人	28 000.00	4 000.00	1 560.00	2 400.00				0.00		35 960.00
供汽车间	管理人员	5 400.00	2 560.00	1 400.00	900.00				0.00		10 260.00
厂部	管理人员	58 000.00	24 000.00	12 600.00	18 000.00			6	300.00		112 300.00
销售部门	销售人员	12 000.00	3 800.00	1 670.00	900.00						18 370.00
合　计		269 900.00	92 960.00	62 927.00	78 750.00		70.00		650.00		503 817.00

知识链接

第一,职工薪酬核算的内容包括如下几方面:

(1)支付给职工的工资、奖金、津贴和补贴,即按照国家统计局的规定构成工资总额的计时工资、计件工资、支付给职工的超额劳动报酬和增收节支的劳动报酬、为了补偿职工特殊或额外的劳动消耗和因其他特殊原因支付给职工的津贴,以及为了保证职工工资水平不受影响支付给职工的物价补贴等。

(2)职工福利费,即尚未实行分离办社会职能或主辅分离、辅业改制的企业内设的医务室、职工浴室、理发室、托儿所等集体福利机构人员的工资、医务经费,职工因公负伤赴外地就医路费、职工生活困难补助,以及按照国家规定开支的其他职工福利支出。

(3)医疗保险费、养老保险费、失业保险费、工伤保险费和生育保险费等社会保险费,即企业按照国务院、各地方政府或企业年金计划规定的基准和比例计算,向社会保险经办机构缴纳的各项保险费用。企业为职工购买的商业保险也属于职工薪酬。

(4)住房公积金,即企业按照国务院《住房公积金管理条例》规定的基准和比例计算,向住房公积金管理机构缴存的住房公积金。

(5)工会经费和职工教育经费,即企业为了改善职工的文化生活,为职工学习先进技术和提高文化水平与业务素质,用于开展工会活动和职工教育及职业技能培训等的相关支出。

(6)非货币性福利,即企业以自己的产品或外购商品发放给职工作为福利,企业提供给职工无偿使用自己拥有的资产或租赁资产供职工无偿使用等。

(7)因解除与职工的劳动关系给予的补偿,即由于各种原因,企业在职工劳动合同尚未到期之前解除与职工的劳动关系,或者为鼓励职工自愿接受裁减而给予职工的经济补偿,即国际财务报告准则中所指的辞退福利。

(8)其他与获得职工提供的服务相关的支出,如企业提供给职工以权益形式结算的认股权、以现金形式结算但以权益工具公允价值为基础确定的现金股票增值权等。

第二,职工应该在工资中向社保缴纳医疗保险、养老保险,并向住房公积金账户缴纳住房公积金,由单位代扣代缴。

第三,职工应该在达到起征点以后,缴纳个人所得税,由单位代扣代缴。

职工薪酬计算表（二）

部门	职员姓名	工资奖金津贴合计	医疗保险（单位8%）	养老保险（单位12%）	失业保险（单位2%）	工伤保险（单位1%）	生育保险（单位1%）	住房公积金（单位3.5%）	工会经费（2%）	教育经费（2.5%）	非货币性福利	解除补偿	职工薪资总额
一车间	生产工人	84 827.00	6 786.16	10 179.24	1 696.54	848.27	848.27	2 968.95	1 696.54	2 120.68			111 971.65
	管理人员	31 360.00	2 508.80	3 763.20	627.20	313.60	313.60	1 097.60	627.20	784.00			41 395.20
二车间	生产工人	71 140.00	5 691.20	8 536.80	1 422.80	711.40	711.40	2 489.90	1 422.80	1 778.50			93 904.80
	管理人员	25 120.00	2 009.60	3 014.40	502.40	251.20	251.20	879.20	502.40	628.00			33 158.40
装配车间	生产工人	54 980.00	4 398.40	6 597.60	1 099.60	549.80	549.80	1 924.30	1 099.60	1 374.50			72 573.60
	管理人员	23 400.00	1 872.00	2 808.00	468.00	234.00	234.00	819.00	468.00	585.00			30 888.00
机修车间	生产工人	28 700.00	2 296.00	3 444.00	574.00	287.00	287.00	1 004.50	574.00	717.50			37 884.00
	管理人员	7 400.00	592.00	888.00	148.00	74.00	74.00	259.00	148.00	185.00			9 768.00
供气车间	生产工人	35 960.00	2 876.80	4 315.20	719.20	359.60	359.60	1 258.60	719.20	899.00			47 467.20
	管理人员	10 260.00	820.80	1231.20	205.20	102.60	102.60	359.10	205.20	256.50			13 543.20
厂部	管理人员	112 300.00	8 984.00	13 476.00	2 246.00	1 123.00	1 123.00	3 930.50	2 246.00	2 807.50			148 236.00
销售部门	销售人员	18 370.00	1 469.60	2 204.40	367.40	183.70	183.70	642.95	367.40	459.25			24 248.40
合计		503 817.00	40 305.36	60 458.04	10 076.34	5 038.17	5 038.17	17 633.60	10 076.34	12 595.43			665 038.45

知识链接

2014 修订《企业会计准则第 9 号——职工薪酬》部分相关条款：

第二条　职工薪酬，是指企业为获得职工提供的服务或解除劳动关系而给予的各种形式的报酬或补偿。职工薪酬包括短期薪酬、离职后福利、辞退福利和其他长期职工福利。企业提供给职工配偶、子女、受赡养人、已故员工遗属及其他受益人等的福利，也属于职工薪酬。

短期薪酬，是指企业在职工提供相关服务的年度报告期间结束后十二个月内需要全部予以支付的职工薪酬，因解除与职工的劳动关系给予的补偿除外。短期薪酬具体包括：职工工资、奖金、津贴和补贴，职工福利费，医疗保险费、工伤保险费和生育保险费等社会保险费，住房公积金，工会经费和职工教育经费，短期带薪缺勤，短期利润分享计划，非货币性福利以及其他短期薪酬。

带薪缺勤，是指企业支付工资或提供补偿的职工缺勤，包括年休假、病假、短期伤残、婚假、产假、丧假、探亲假等。利润分享计划，是指因职工提供服务而与职工达成的基于利润或其他经营成果提供薪酬的协议。

离职后福利，是指企业为获得职工提供的服务而在职工退休或与企业解除劳动关系后，提供的各种形式的报酬和福利，短期薪酬和辞退福利除外。

辞退福利，是指企业在职工劳动合同到期之前解除与职工的劳动关系，或者为鼓励职工自愿接受裁减而给予职工的补偿。

其他长期职工福利，是指除短期薪酬、离职后福利、辞退福利之外所有的职工薪酬，包括长期带薪缺勤、长期残疾福利、长期利润分享计划等。

第三条　本准则所称职工，是指与企业订立劳动合同的所有人员，含全职、兼职和临时职工，也包括虽未与企业订立劳动合同但由企业正式任命的人员。

未与企业订立劳动合同或未由其正式任命，但向企业所提供服务与职工所提供服务类似的人员，也属于职工的范畴，包括通过企业与劳务中介公司签订用工合同而向企业提供服务的人员。

第四条　下列各项适用其他相关会计准则：

（一）企业年金基金，适用《企业会计准则第 10 号——企业年金基金》。

（二）以股份为基础的薪酬，适用《企业会计准则第 11 号——股份支付》。

第五条　企业应当在职工为其提供服务的会计期间，将实际发生的短期薪酬确认为负债，并计入当期损益，其他会计准则要求或允许计入资产成本的除外。

第六条　企业发生的职工福利费，应当在实际发生时根据实际发生额计入当期损益或相关资产成本。职工福利费为非货币性福利的，应当按照公允价值计量。

第七条　企业为职工缴纳的医疗保险费、工伤保险费、生育保险费等社会保险费和住房公积金，以及按规定提取的工会经费和职工教育经费，应当在职工为其提供服务的会计期间，根据规定的计提基础和计提比例计算确定相应的职工薪酬金额，并确认相应负债，计入当期损益或相关资产成本。

第八条　带薪缺勤分为累积带薪缺勤和非累积带薪缺勤。企业应当在职工提供服务从而增加了其未来享有的带薪缺勤权利时，确认与累积带薪缺勤相关的职工薪酬，并以累积未

职工薪酬计算表（三）

部门	职员姓名	工资奖金津贴合计	医疗保险（个人2%）	养老保险（个人8%）	失业保险（个人1%）	住房公积金（个人3.5%）	非货币福利	应发工资	专项扣除项目合计	应纳税所得额	个人所得税	实发工资
一车间	生产工人	84 827.00	1 696.54	6 786.16	848.27	2 968.95		72 527.08	15 671.00	56 856.08	3 267.89	69 259.19
	管理人员	31 360.00	627.20	2 508.80	313.60	1 097.60		26 812.80	3 568.00	23 244.80	942.74	25 870.06
二车间	生产工人	71 140.00	1 422.80	5 691.20	711.40	2 489.90		60 824.70	2 549.00	58 275.70	2 344.56	58 480.14
	管理人员	25 120.00	502.40	2 009.60	251.20	879.20		21 477.60	16 789.00	4 688.60	1 208.93	20 268.67
装配车间	生产工人	54 980.00	1 099.60	4 398.40	549.80	1 924.30		47 007.90	5 799.00	41 208.90	3 508.98	43 498.92
	管理人员	23 400.00	468.00	1 872.00	234.00	819.00		20 007.00	3 568.00	16 439.00	1 257.98	18 749.02
机修车间	生产工人	28 700.00	574.00	2 296.00	287.00	1 004.50		24 538.50	6 798.00	17 740.50	1 456.74	23 081.76
	管理人员	7 400.00	148.00	592.00	74.00	259.00		6 327.00	654.00	5 673.00	540.78	5 786.22
供气车间	生产工人	35 960.00	719.20	2 876.80	359.60	1 258.60		30 745.80	7 690.00	23 055.80	2 378.67	28 367.13
	管理人员	10 260.00	205.20	820.80	102.60	359.10		8 772.30	3 401.00	5 371.30	230.05	8 542.25
厂部	管理人员	112 300.00	2 246.00	8 984.00	1 123.00	3 930.50		96 016.50	3 457.00	92 559.50	14 563.67	81 452.83
销售部门	销售人员	18 370.00	367.40	1 469.60	183.70	642.95		15 706.35	1 500.00	14 206.35	821.56	14 884.79
合计		503 817.00	10 076.34	40 305.36	5 038.17	17 633.60		430 763.53	71 444.00	359 319.53	32 522.55	398 240.98

行使权利而增加的预期支付金额计量。企业应当在职工实际发生缺勤的会计期间确认与非累积带薪缺勤相关的职工薪酬。

累积带薪缺勤,是指带薪缺勤权利可以结转下期的带薪缺勤,本期尚未用完的带薪缺勤权利可以在未来期间使用。

非累积带薪缺勤,是指带薪缺勤权利不能结转下期的带薪缺勤,本期尚未用完的带薪缺勤权利将予以取消,并且职工离开企业时也无权获得现金支付。

凭证 60-4

中国工商银行
转账支票存根

10203310
12075317

附加信息
_____
_____

出票日期　　年　月　日

收款人：	
金　额：	
用　途：	

单位主管　　　　　会计

北京中钞印刷有限公司 · 2021年印刷

业务61　12月25日

向天津市洋溢公司销售一批商品,开出增值税专用发票,款项尚未收到。公司在销售时已知洋溢公司资金周转发生困难,但为了减少存货积压,同时也为了维持与洋溢公司长期建立的商业关系,仍将商品发往洋溢公司,经协商只收取税款。假定公司销售该批商品的增值税纳税义务已经发生,如凭证61-1和凭证61-2所示。

凭证 61-1

1200214130

天津增值税专用发票

此联不做报销税务局监制凭证使用

No 20101212

1200214130

20101212

开票日期： 2021 年 12 月 25 日

税总函（2021）62 号北京印钞有限公司

购买方	名　　称：天津市洋溢有限公司 纳税人识别号：91120166666610123M 地址、电话：天津市河北路28号02225346888 开户行及账号：建设银行河北路支行1200111222445633677	密码区	18115/-3947/->59*<818<33 615>/0/4142*3-0+672<7* 5+11-<<51+41+>*4621>583*8460 128990<42+*31/58>>33

货物或应税劳务、服务名称	规格型号	单位	数量	单价	金　额	税率	税　额
*组合机床*利群 S1 机床		台	10	7 700.00	77 000.00	13%	10 010.00
合　　计					¥77 000.00		¥10 010.00

价税合计（大写）	⊗捌万柒仟零壹拾圆整		（小写）¥87 010.00

销售方	名　　称：天津滨海机械设备有限公司 纳税人识别号：911201003703088886 地址、电话：天津市滨海新区中心路 12 号02288786666 开户行及账号：工商银行滨海支行 0302093412008888999	备注	

收款人：　　　　复核：　　　　开票人：赵雨　　　　销售方：（章）

第一联：记账联　销售方记账凭证

227

凭证 61 - 1 说明:

根据本例的资料,由于天津市洋溢公司资金周转存在困难,因而公司在货款回收方面存在较大的不确定性,与该批商品所有权有关的风险和报酬没有转移给洋溢公司。根据销售商品收入的确认条件,公司在发出商品且办妥托收手续时不能确认收入,已经发出的商品成本应通过"发出商品"科目反映。公司的账务处理如下:

(1) 2021 年 12 月 25 日发出商品时,但因企业存货核算为加权平均法,月末计算出库存商品成本时才能取得金额,因此会计人员可将出库单凭证写好,不填金额,与出库单一起留到月末统一填制,并编制会计分录如下:

借:发出商品

贷:库存商品

(2) 此时,将增值税专用发票上注明的增值税额转入应收账款:

借:应收账款　　　　　　　　　　　　　　　　　　　10 010.00

贷:应交税费——应交增值税(销项税额)　　　　　10 010.00

凭证 61-2

产 品 出 库 单

用途：　　　　　　　　　　　　年　月　日　　　　　　　凭证编号：120011
　　　　　　　　　　　　　　　　　　　　　　　　　　　仓库：产成品库

类别	编号	名称及规格	计量单位	数量	单位成本	总成本	附注
		利群 S1 机床	台	10			
	合　　　计						

记账：　　　　　保管：　　　　　检验：　　　　　制单：

业务 62　12 月 26 日

以银行存款支付前欠海钢公司的部分货款及赔偿金，如凭证 62-1 所示。

凭证 62-1

中国工商银行**特种转账借方凭证**

2021年 12 月 26 日　　　凭证号码 I　　第 04173896 号

付款人	全　　称	天津滨海机械设备有限公司	收款人	全　　称	海州钢铁公司										附件
	账号或地址	030209341200888999		账号或地址	1124555112400788333										
	开户银行	工商银行滨海支行　行号 1200		开户银行	海州支行　行号										

金额	人民币（大写）贰万零捌拾陆元整	千	百	十	万	千	百	十	元	角	分
				￥	2	0	8	6	0	0

原凭证金额	42 036.00	赔偿金	50	会计分录：
原凭证名称	委托收款凭证	号　码		借
转账原因	因资产不足，不能全付。此为第二次付款，延期支付货款及赔偿金。			会计　主管　复核　记账　制票

（印章：工商银行股份有限公司天津滨海支行 理凭证专用章 20211226）

（手写：付款业务（1）　张）

业务 63　12 月 27 日

企业卖废料，收取现金面值 100 元 1 张，10 元 2 张，5 元 1 张，送存银行，未开票，如凭证 63-1 和凭证 63-2 所示。

凭证 63-1

收据
卖废品收入人民币壹佰贰拾伍元整（￥125.00）

天津滨海机械设备有限公司
出纳：李立
2021年12月27日

凭证 63－2

中国工商银行**现金存款凭证**

年　月　日　　　　　　　　　　　　　第　号

收款人	全　称		开户银行	
	账　号		款项来源		交款人	

人民币(大写)：	亿	千	百	十	万	千	百	十	元	角	分

票面	张数	亿	千	百	十	万	千	百	十	元	票面	张数	十	万	千	百	十	元	角	分
壹佰元											伍角									
伍拾元											贰角									
贰拾元											壹角									
拾元											伍分									
伍元											贰分									
贰元											壹分									
壹元											零头									

复核　　　　收款

第二联：回单

业务 64　12 月 27 日

去昆钢的采购人员报销有关费用，货物未到(与 12 月 2 日业务有关)，当日以电汇支付余款，如凭证 64－1 至凭证 64－6 所示。

凭证 64－1

税总函（2021）62 号沈阳印钞有限公司

5400213140

江苏增值税专用发票

发票联

№ 00881086

5400213140
00881086

开票日期：　2021 年 12 月 16 日

购买方	名　　称：天津滨海机械设备有限公司	密码区	96/81-3947/->49*<618<33
	纳税人识别号：911201003703088886		6>/120054140*3-0+672<7*
	地址、电话：天津市滨海新区中心路 12 号 02288786666		5+-<<076641+>*>07591234
	开户行及账号：工商银行滨海支行 0302093412008888999		1245855240<42+*31/58>>90

货物或应税劳务、服务名称	规格型号	单位	数量	单价	金　额	税率	税　额
*线材(盘条)*圆钢		吨	30	3120.00	93 600.00	13%	12 168.00
合　　　计					¥93 600.00		¥12 168.00

价税合计（大写）	⊗壹拾万伍仟柒佰陆拾捌圆整	（小写）¥105 768.00

销售方	名　　称：昆山钢铁股份有限公司	备注	
	纳税人识别号：911370419825374355		
	地址、电话：昆山市淮河路 75 号 543226610		
	开户行及账号：中国银行昆山分行 666622225108		

昆山钢铁股份有限公司
911370419825374355
发票专用章

收款人：吴坤　　　复核：　　　　开票人：杨怡　　　销售方：(章)

第三联：发票联　购买方记账凭证

知识链接

凭证 **63 − 2** 说明：

现金存款凭证传递流程图

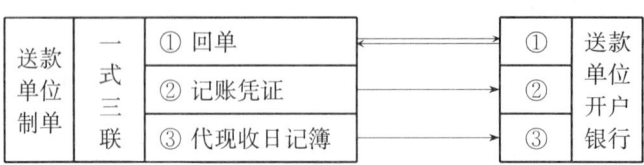

（1）送款单位填写现金送款单将现金送存银行,须将现金按不同券别的张数、金额填写清楚,并与总金额核对一致。

（2）银行将现金点清后,在第一联回单上盖章并退还给送款单位,第二、第三联留存分别作为现金记账凭证和代现收日记簿。

凭证 64－2

 5400213140

江苏增值税专用发票
抵扣联

№ 00881086
5400213140
00881086

开票日期： 2021 年 12 月 16 日

购买方	名　　　称：	天津滨海机械设备有限公司				密码区	96/81-3947/->49*<618<33 6>/120054140*3-0+672<7* 5+-<<076641+>*>07591234 1245855240<42+*31/58>>90		
	纳税人识别号：	911201003703088886							
	地址、电话：	天津市滨海新区中心路 12 号 02288786666							
	开户行及账号：	工商银行滨海支行 0302093412008888999							

货物或应税劳务、服务名称	规格型号	单位	数量	单价	金　额	税率	税　额
*线材（盘条）*圆钢		吨	30	3 120.00	93 600.00	13%	12 168.00
合　　计					¥93 600.00		¥12 168.00

价税合计（大写）	⊗壹拾万伍仟柒佰陆拾捌圆整	（小写）¥105 768.00

销售方	名　　　称：	昆山钢铁股份有限公司	备注
	纳税人识别号：	911370419825374355	
	地址、电话：	昆山市淮河路 75 号 543226610	
	开户行及账号：	中国银行昆山分行 666622225108	

收款人： 吴坤　　　复核：　　　开票人： 杨怡　　　销售方：（章）

第二联：抵扣联　购买方扣税凭证

税总函（2021）62 号沈阳印钞有限公司

凭证 64－3

 5400213140

江苏增值税专用发票
发票联

№ 03844031
5400213140
03844031

开票日期： 2021 年 12 月 16 日

购买方	名　　　称：	天津滨海机械设备有限公司				密码区	8866-8-880/-8647/->49*<618<33 6>/34205/4140>2*3-0+672<7* 5+-<<076641+41+>*>07591234 125490<42+*31/58>>33		
	纳税人识别号：	911201003703088886							
	地址、电话：	天津市滨海新区中心路 12 号 022-88786666							
	开户行及账号：	工商银行滨海支行 0302093412008888999							

货物或应税劳务、服务名称	规格型号	单位	数量	单价	金　额	税率	税　额
*国内道路货物运输服务*公路运输费					2 882.88	9%	259.46
合　　计					¥2 882.88		¥259.46

价税合计（大写）	⊗叁仟壹佰肆拾贰圆叁角肆分	（小写）¥3 142.34

销售方	名　　　称：	江苏昆山联运有限公司	备注 昆山-天津 圆钢
	纳税人识别号：	911370447895733388	
	地址、电话：	江苏省昆山市防潮路 3212 号 5488342	
	开户行及账号：	中国工商银行昆山支行 3200787899012222345	

收款人：　　　复核：　　　开票人： 林庆　　　销售方：（章）

第三联：发票联　购买方记账凭证

税总函（2021）62 号北京印钞有限公司

知识链接

凭证 **64-3** 说明：

铁路货物运费的有关规定

运费计价需区别普通运费、特定运费、地方运费、水陆联运运费、国际联运运费等；按运输种类分为整车运费、零担运费和集装箱运费；按时间分为快运运费和慢运运费。货物运费分货种别、距离别，按重量计算。计费货物重量，整车以吨为单位，零担以 10 千克为单位，集装箱以每一箱为单位。

这种凭证是铁路运输部门对发运的商品品名、数量、件数、重量、运到何地等的记录，也是收货人提取货物的凭证。

购销双方在合同中明确运杂费由购货方负担，销货方发运商品时支付的运杂费则为代垫运杂费。收款时与货款一并收取。

2012 年的"营改增"内容不包括铁路运输项目。企业取得铁路运输发票时，仍按发票金额乘 7%的税率抵扣。

铁路货物发票"营改增"规定

2014 年 1 月 1 日铁路运输和邮政业实施营业税改征增值税(以下简改"营改增")试点后，其使用的发票应纳入增值税发票管理，为此公告对铁路运输和邮政业"营改增"后发票及税控系统使用问题进行明确。

增值税一般纳税人(以下简称一般纳税人)提供铁路运输服务的，使用货物运输业增值税专用发票(以下简称货动专票)和普通发票；提供邮政服务的，使用增值税专用发票和普通发票。

中国铁路总公司及其所属运输企业(含分支机构)可暂延用其自行印制的铁路票据，其他提供铁路运输服务的纳税人以及提供邮政服务的纳税人，其普通发票的使用由各省国税局确定。

——摘自《铁路运输和邮政业营业税改征增值税发票及税控系统使用问题的公告》

凭证 64-4

江苏增值税专用发票

发票联

5400213140

№ 03844031

5400213140

03844031

开票日期：2021 年 12 月 16 日

<table>
<tr><td rowspan="4">购买方</td><td>名　称：</td><td colspan="5">天津滨海机械设备有限公司</td><td rowspan="4">密码区</td><td colspan="2">8866-8-880/-8647/->49*<618<33</td></tr>
<tr><td>纳税人识别号：</td><td colspan="5">911201003703088886</td><td colspan="2">6>/34205/4140>2*3-0+672<7*</td></tr>
<tr><td>地 址、电 话：</td><td colspan="5">天津市滨海新区中心路 12 号 022-88786666</td><td colspan="2">5+-<<076641+41+>*>07591234</td></tr>
<tr><td>开户行及账号：</td><td colspan="5">工商银行滨海支行 0302093412008888999</td><td colspan="2">125490<42+*31/58>>33</td></tr>
<tr><td colspan="2">货物或应税劳务、服务名称</td><td>规格型号</td><td>单位</td><td>数量</td><td>单价</td><td>金　额</td><td>税率</td><td>税　额</td></tr>
<tr><td colspan="2">*国内道路货物运输服务*公路运输费</td><td></td><td></td><td></td><td></td><td>2 882.88</td><td>9%</td><td>259.46</td></tr>
<tr><td colspan="2">合　　　计</td><td></td><td></td><td></td><td></td><td>¥2 882.88</td><td></td><td>¥259.46</td></tr>
<tr><td colspan="2">价税合计（大写）</td><td colspan="5">⊗叁仟壹佰肆拾贰圆叁角肆分　　　　　　（小写）¥3 142.34</td><td colspan="2"></td></tr>
<tr><td rowspan="4">销售方</td><td>名　称：</td><td colspan="5">江苏昆山联运有限公司</td><td rowspan="4">备注</td><td colspan="2">昆山-天津圆钢</td></tr>
<tr><td>纳税人识别号：</td><td colspan="5">911370447895733388</td><td colspan="2"></td></tr>
<tr><td>地 址、电 话：</td><td colspan="5">江苏省昆山市防潮路 3212 号 5488342</td><td colspan="2"></td></tr>
<tr><td>开户行及账号：</td><td colspan="5">中国工商银行昆山支行 3200787899012222345</td><td colspan="2"></td></tr>
</table>

收款人：　　　　复核：　　　　开票人：林庆　　　　销售方：（章）

税总函（2021）62 号北京印钞有限公司

第二联：抵扣联　购买方扣税凭证

凭证 64-5

ICBC 中国工商银行

业务回单（付款）

入账时间：2021-12-27　　　　回单编号：14161521360

付款人户名：天津滨海机械设备有限公司

付款人账号：0302093412008888999

付款人开户行（发报行）：工商银行天津市滨海支行

收款人户名：昆山钢铁股份有限公司

收款人账号：666622225108

收款人开户行（发报行）：中国银行昆山分行

币种：人民币（本位币）　　　金额（小写）¥8 910.34

金额（大写）捌仟玖佰壹拾元叁角肆分

凭证种类：0　　　　凭证号码：158551

业务（产品）种类：电汇　　　摘要：货款　　　渠道：柜台交易

交易机构号：00089902531　记账柜员号：121007　交易代码：05378321　用途：

附言：货款

支付交易序号：3425854　报文种类：CWT100　委托日期：2021-12-27

业务种类：

打印次数：1 次 机打回单注意重复打印日期：2021-12-27　　　打印柜员：000123　验证码：6214CF0435

凭证 64 - 6

银行　电汇凭证（回单）　1

□普通　□加急　　　　　委托日期　　　2021 年 12 月 27 日

汇款人	全　称		收款人	全　称		
	账　号			账　号		
	汇出地点	省　　市/县		汇入地点	省　　市/县	

汇出行名称　　　　　　　　　　　　汇入行名称

金额	人民币（大写）		亿 千 百 十 万 千 百 十 元 角 分

支付密码

汇出行签章　　　　　　附加信息及用途：

复核　　　　记账

此联汇出行给汇款人的回单

业务 65　12 月 28 日

本期冲销的济南市重光有限公司应收账款 300 000 元，现又收回，如凭证 65 - 1 所示。

凭证 65 - 1

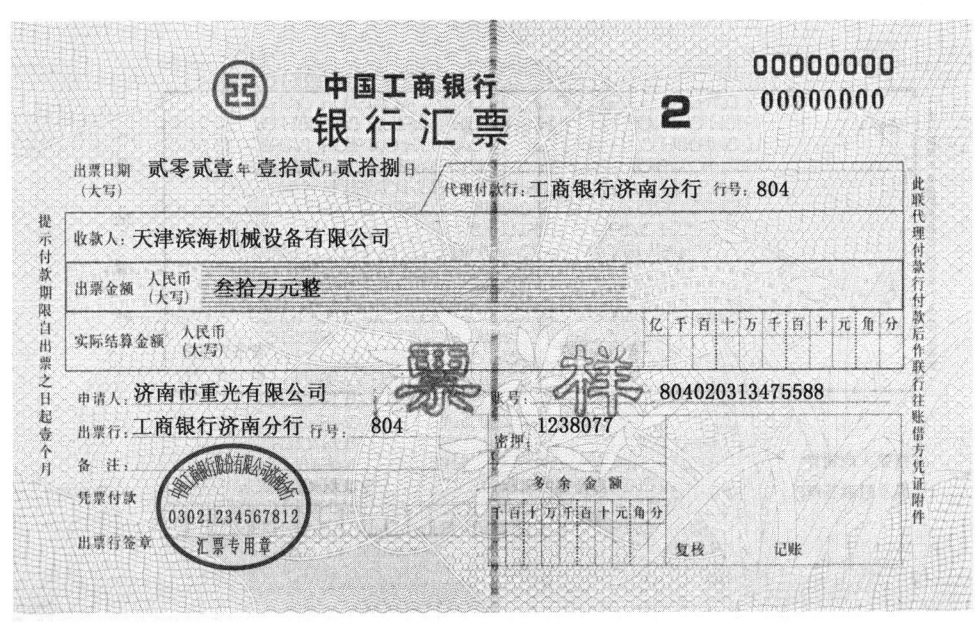

业务 66　12 月 29 日

电费及分配,如凭证 66-1 至凭证 66-6 所示。

凭证 66-1

1200213130

天津增值税专用发票

发票联

𝒩o 00512113

1200213130
00512113

开票日期: 2021 年 12 月 29 日

购买方	名　　　称: 天津滨海机械设备有限公司 纳税人识别号: 911201003703088886 地址、电话: 天津市滨海新区中心路 12 号 02288786666 开户行及账号: 工商银行滨海支行 0302093412008888999			密码区	037/8-880/->49*<618<33 6>/120054140*3-0+672<7* 5+-<<076641+>*>07591234 1245855240<42+*31/58>>90		
货物或应税劳务、服务名称	规格型号	单位	数量	单价	金　额	税率	税　额
*供电*电费		度	25 000	1.20	30 000.00	13%	3 900.00
合　　　计					¥30 000.00		¥3 900.00
价税合计（大写）	⊗叁万叁仟玖佰圆整				（小写）¥33 900.00		
销售方	名　　　称: 天津市泰达电力股份有限公司 纳税人识别号: 911201000000222888 地址、电话: 天津市黄海路 20 号 25281488 开户行及账号: 中国工商银行黄海路支行 0302008225145024339			备注			

收款人:　　　　复核:　　　　开票人: 张燕　　　销售方（章）

第三联: 发票联　购买方记账凭证

税总函（2021）62 号北京东港安全印制有限公司

凭证 66-2

1200213130

天津增值税专用发票

抵扣联

𝒩o 00512113

1200213130
00512113

开票日期: 2021 年 12 月 29 日

购买方	名　　　称: 天津滨海机械设备有限公司 纳税人识别号: 911201003703088886 地址、电话: 天津市滨海新区中心路 12 号 02288786666 开户行及账号: 工商银行滨海支行 0302093412008888999			密码区	037/8-880/->49*<618<33 6>/120054140*3-0+672<7* 5+-<<076641+>*>07591234 1245855240<42+*31/58>>90		
货物或应税劳务、服务名称	规格型号	单位	数量	单价	金　额	税率	税　额
*供电*电费		度	25 000	1.20	30 000.00	13%	3 900.00
合　　　计					¥30 000.00		¥3 900.00
价税合计（大写）	⊗叁万叁仟玖佰圆整				（小写）¥33 900.00		
销售方	名　　　称: 天津市泰达电力股份有限公司 纳税人识别号: 911201000000222888 地址、电话: 天津市黄海路 20 号 25281488 开户行及账号: 中国工商银行黄海路支行 0302008225145024339			备注			

收款人:　　　　复核:　　　　开票人: 张燕　　　销售方（章）

第二联: 抵扣联　购买方扣税凭证

税总函（2021）62 号北京东港安全印制有限公司

凭证 66-3

托收凭证(付款通知)

5

托收日期: 2021 年 12 月 29 日

业务类型		委托收款(□邮划、☑电划)				托收承付(□邮划、□电划)									
付款人	全称	天津滨海机械设备有限公司				收款人	全称	天津市泰达电力股份有限公司							
	账号	0302093412008888999					账号	0302008225145024339							
	地址	省 天津 市县	开户行	工商银行滨海支行			地址	省 天津 市县	开户行	工商银行黄海路支行					

金额	人民币(大写) 叁万叁仟玖佰元整		千	百	十	万	千	百	十	元	角	分
					¥ 3	3	9	0	0	0	0	0

款项内容	电费	托收凭据名称	发票	附寄单证张数	2
商品发运情况			合同名称号码		
备注:		款项收妥日期		收款人开户银行签章	
复核 记账		年 月 日		年 月 日	

中国工商银行股份有限公司天津滨海支行
20211229
受理凭证专用章
付妥业务(1)

凭证 66-4

用 电 量 记 录

2021 年 12 月 29 日

用 水 部 门	单价(元/度)	用 电 量	分 配 费 用
一车间产品用电		4 000	
一车间照明用电		500	
二车间产品用电		5 000	
二车间照明用电		500	
装配车间产品用电		3 000	
装配车间照明用电		1 000	
机修车间用电		2 500	
供气车间用电		2 400	
销售部门用电		1 600	
厂部用电		4 500	
合计		25 000	

记录员:张岚

凭证 66－5

电 费 分 配 表

年　　月

受 益 对 象		定额工时	用电量	分配率	费　用
一车间产品	S1 机床				
	S2 机床				
	合　计				
二车间产品	S1 机床				
	S2 机床				
	合　计				
装配车间产品	S1 机床				
	S2 机床				
	合　计				
一　车　间					
二　车　间					
装配车间					
机修车间					
供气车间					
销售部门					
厂　　部					
合　　计					

制表：

凭证 66－6

产品定额工时资料

2021 年 12 月　　　　　　　　　　　　单位:小时

产品 ＼ 车间	一车间	二车间	装配车间
利群 S1 机床	3 600	4 200	4 500
利群 S2 机床	1 400	1 800	3 500
合计	5 000	6 000	8 000

知识链接

　　三个生产车间各生产两种产品,没有单独的电表装置,所以三个车间产品的电费是共用的,应该在按照单价计算出费用以后再按照生产工时进行一次再分配。

业务67　12月29日

凭证67-1

托收凭证（付款通知）

委托日期：2021年12月29日

5

业务类型	委托收款（□邮划、☑电划）			托收承付（□邮划、□电划）											
付款人	全称	天津滨海机械设备有限公司		收款人	全称	天津市自来水公司									
	账号	0302093412008888999			账号	0302008222244444001									
	地址	省天津市县	开户行	工商银行滨海支行		地址	省天津市县	开户行	工商银行黄海路支行						

金额	人民币（大写） 伍万伍仟陆佰贰拾元整	千	百	十	万	千	百	十	元	角	分
				¥	5	5	6	2	0	0	0

款项内容	水费	托收凭据名称	发票	附寄单证张数	2
商品发运情况			合同名称号码		

此联付款人开户银行给付款人按期付款通知

备注：　　　　　　　款项收费日期

复核　　记账　　　　　　年　月　日

收款人开户银行签章

凭证67-2

1200213130

天津增值税专用发票
发票联

№ 00512113

1200213130
00512113

开票日期：2021年12月29日

购买方	名　称： 天津滨海机械设备有限公司
	纳税人识别号：911201003703088886
	地址、电话：天津市滨海新区中心路12号 02288786666
	开户行及账号：工商银行滨海支行 0302093412008888999

密码区
521/8-880/->49*<618<336>/120054140*3-0+672<7*5+-<<076641+>*>07591234 1245855240<42+*31/58>>90

货物或应税劳务、服务名称	规格型号	单位	数量	单价	金　额	税率	税　额
*水*自来水		吨	12 000	4.50	54 000.00	3%	1 620.00
合　计					¥54 000.00		¥1 620.00

价税合计（大写）	⊗伍万伍仟陆佰贰拾圆整	（小写）¥55 620.00

销售方	名　称： 天津市自来水公司
	纳税人识别号：911201003703088801T
	地址、电话：天津市黄海路130号 02225285541
	开户行及账号：中国工商银行黄海路支行 0302008222444444001

备注

收款人：　　　复核：　　　开票人：张鑫　　　销售方：（章）

税总函（2021）62号北京东港安全印制有限公司

第三联：发票联　购买方记账凭证

245

凭证 67 - 3

1200213130

No 00512113

1200213130
00512113

天津增值税专用发票
抵扣联

开票日期： 2021 年 12 月 29 日

购买方	名　　　称：	天津滨海机械设备有限公司	密码区	521/8-880/->49*<618<33
	纳税人识别号：	911201003703088886		6>/120054140*3-0+672<7*
	地 址、电 话：	天津市滨海新区中心路 12 号 02088786666		5+-<<076641+>*>07591234
	开户行及账号：	工商银行滨海支行 0302093412008888999		1245855240<42+*31/58>>90

货物或应税劳务、服务名称	规格型号	单位	数量	单价	金　额	税率	税　额
*水*自来水		吨	12 000	4.50	54 000.00	3%	1 620.00
合　　　计					¥54 000.00		¥1 620.00

价税合计（大写）	⊗伍万伍仟陆佰贰拾圆整		（小写）¥55 620.00

销售方	名　　　称：	天津市自来水公司	备注	（天津市自来水公司 911201003703088801T 发票专用章）
	纳税人识别号：	911201003703088801T		
	地 址、电 话：	天津市黄海路 130 号 02225285541		
	开户行及账号：	中国工商银行黄海路支行 0302008222444444001		

收款人：　　　　　复核：　　　　　开票人：张鑫　　　　销售方：（章）

第二联：抵扣联 购买方扣税凭证

税总函（2021）62 号北京东港安全印制有限公司

凭证 67 - 4

用 水 量 记 录

2021 年 12 月 29 日

用水部门	单价(元/立方米)	用 水 量	分配费用
一 车 间	4.50	3 000	
二 车 间		2 500	
装配车间		1 900	
机修车间		1 000	
供气车间		1 000	
销售部门		100	
厂　部		2 500	
合　计		12 000	

记录员：张明

知识链接

凭证 **67 - 3** 说明：

分别按照用水量和单价计算即可得到各个受益对象的费用。

业务 68　12 月 30 日

计提本月份固定资产折旧(可按月初提供的资料计算折旧率,也可按个别固定资产核算),如凭证 68-1 至凭证 68-3 所示。

凭证 68-1

固定资产折旧计提表

年　月　日

项　目		原　值	折旧率	折旧额
一车间	房屋建筑物	—		
	机器设备	840 000.00		
	小　计	840 000.00		
二车间	房屋建筑物	—		
	机器设备	456 000.00		
	小　计	456 000.00		
装配车间	房屋建筑物	—		
	机器设备	110 000.00		
	小　计	110 000.00		
机修车间	房屋建筑物	—		
	机器设备	110 000.00		
	小　计	110 000.00		
供气车间	房屋建筑物	—		
	机器设备	480 000.00		
	小　计	480 000.00		
专设销售机构	房屋建筑物	—		
	交通工具	420 000.00		
	电子设备	14 000.00		
	小　计	434 000.00		
厂部管理机构	房屋建筑物	20 200 000.00		
	交通工具	380 000.00		
	电子设备	18 050.00		
	小　计	20 598 050.00		
合　计		23 028 050.00		

固定资产折旧明细表

年　月　日

类别名称	固定资产编号	固定资产名称	部门名称	原值(元)	累计折旧(元)	预计可使用年限	开始使用日期	尚可使用月份	月折旧
厂房建筑物	101	仓库	厂部	200 000	61 750.00	20	2015 年 5 月		
厂房建筑物	102	办公楼	厂部	20 000 000	5 462 500.00	20	2016 年 2 月		
机器设备	201	钻床	一车间	560 000	177 333.33	10	2018 年 7 月		
机器设备	202	1 号车床	一车间	280 000	57 633.33	10	2019 年 9 月		
机器设备	203	2 号车床	二车间	456 000	180 500.00	10	2017 年 9 月		
机器设备	204	装配车床	装配车间	110 000	22 641.67	10	2019 年 9 月		
机器设备	205	机修生产线	机修车间	110 000	21 770.83	10	2019 年 10 月		
机器设备	206	供气设备	供气车间	480 000	95 000.00	10	2019 年 10 月		
交通工具	301	花冠轿车	厂部	380 000	192 533.33	5	2019 年 3 月		
交通工具	302	商务车	销售部	270 000	72 675.00	5	2020 年 6 月		
交通工具	303	卡车	销售部	150 000	30 875.00	5	2020 年 10 月		
电子设备	401	计算机	厂部	14 000	5 911.11	3	2020 年 7 月		
电子设备	402	计算机	销售部	14 000	5 911.11	3	2020 年 7 月		
电子设备	403	相机	厂部	1 050	443.33	3	2020 年 7 月		
电子设备	404	传真机	厂部	3 000	1 107.96	3	2020 年 9 月		
合　计				23 028 050	6 388 586.00				

固定资产折旧汇总表

会计科目	部门	折旧额
制造费用	一车间	
	二车间	
	装配车间	
辅助生产成本	机修车间	
	供气车间	
销售费用	销售部	
管理费用	厂部	
合　计		

业务 69　12 月 30 日

凭证 69 - 1

领　料　单

领料部门：一车间　　　　开票日期　2021 年 12 月 30 日　　　　NO：002382

材料编号	材料名称	规　格	单　位	请领数量	实发数量	计划单价	计划总金额
	生　铁		吨	10	10	2 500	25 000

用　途	利群 S1 机床	发 料 部 门			领 料 部 门	
		核准人	发料人	负责人	领料人	
			王　清		赵　军	

凭证 69 - 2

领　料　单

领料部门：一车间　　　　开票日期　2021 年 12 月 30 日　　　　NO：002383

材料编号	材料名称	规　格	单　位	请领数量	实发数量	计划单价	计划总金额
	焦　炭		吨	20	20	800	16 000

用　途	利群 S1 机床	发 料 部 门			领 料 部 门	
		核准人	发料人	负责人	领料人	
			王　颖		张　翔	

凭证 69 - 3

领　料　单

领料部门：一车间　　　　开票日期　2021 年 12 月 30 日　　　　NO：002384

材料编号	材料名称	规　格	单　位	请领数量	实发数量	计划单价	计划总金额
	煤		吨	5	5	600	3 000

用　途	利群 S1 机床	发 料 部 门			领 料 部 门	
		核准人	发料人	负责人	领料人	
			王　颖		张　翔	

凭证 69-4

领 料 单

领料部门：一车间　　　　　开票日期　2021 年 12 月 30 日　　　　NO：002385

材料编号	材料名称	规　格	单　位	请领数量	实发数量	计划单价	计划总金额
	生　铁		吨	10	10	2 500	25 000

用　途	利群 S2 机床	发 料 部 门			领 料 部 门		
		核准人	发料人		负责人	领料人	
			王　清			赵　军	

凭证 69-5

领 料 单

领料部门：一车间　　　　　开票日期　2021 年 12 月 30 日　　　　NO：002386

材料编号	材料名称	规　格	单　位	请领数量	实发数量	计划单价	计划总金额
	焦　炭		吨	6	6	800	4 800

用　途	利群 S2 机床	发 料 部 门			领 料 部 门		
		核准人	发料人		负责人	领料人	
			王　颖			张　翔	

凭证 69-6

领 料 单

领料部门：一车间　　　　　开票日期　2021 年 12 月 30 日　　　　NO：002387

材料编号	材料名称	规　格	单　位	请领数量	实发数量	计划单价	计划总金额
	煤		吨	7	7	600	4 200

用　途	利群 S2 机床	发 料 部 门			领 料 部 门		
		核准人	发料人		负责人	领料人	
			王　颖			张　翔	

凭证 69-7

领 料 单

领料部门：二车间　　　　　　开票日期　2021 年 12 月 30 日　　　　　NO：002388

材料编号	材料名称	规　格	单　位	请领数量	实发数量	计划单价	计划总金额
	圆 钢		吨	9	9	3 000	27 000

用　途	利群 S1 机床	发 料 部 门		领 料 部 门	
		核准人	发料人	负责人	领料人
			王　清		赵　军

凭证 69-8

领 料 单

领料部门：二车间　　　　　　开票日期　2021 年 12 月 30 日　　　　　NO：002389

材料编号	材料名称	规　格	单　位	请领数量	实发数量	计划单价	计划总金额
	焦 炭		吨	5	5	800	4 000

用　途	利群 S1 机床	发 料 部 门		领 料 部 门	
		核准人	发料人	负责人	领料人
			王　颖		张　翔

凭证 69-9

领 料 单

领料部门：二车间　　　　　　开票日期　2021 年 12 月 30 日　　　　　NO：002390

材料编号	材料名称	规　格	单　位	请领数量	实发数量	计划单价	计划总金额
	煤		吨	6	6	600	3 600

用　途	利群 S1 机床	发 料 部 门		领 料 部 门	
		核准人	发料人	负责人	领料人
			王　颖		张　翔

凭证 69－10

领 料 单

领料部门：二车间　　　　　　开票日期　2021 年 12 月 30 日　　　　　　NO：002391

材料编号	材料名称	规　格	单　位	请领数量	实发数量	计划单价	计划总金额
	圆　钢		吨	10	10	3 000	30 000
用　途	利群 S2 机床	发 料 部 门			领 料 部 门		
		核准人	发料人		负责人	领料人	
			王　清			赵　军	

凭证 69－11

领 料 单

领料部门：二车间　　　　　　开票日期　2021 年 12 月 30 日　　　　　　NO：002392

材料编号	材料名称	规　格	单　位	请领数量	实发数量	计划单价	计划总金额
	焦　炭		吨	7	7	800	5 600
用　途	利群 S2 机床	发 料 部 门			领 料 部 门		
		核准人	发料人		负责人	领料人	
			王　颖			张　翔	

凭证 69－12

领 料 单

领料部门：二车间　　　　　　开票日期　2021 年 12 月 30 日　　　　　　NO：002393

材料编号	材料名称	规　格	单　位	请领数量	实发数量	计划单价	计划总金额
	煤		吨	6	6	600	3 600
用　途	利群 S2 机床	发 料 部 门			领 料 部 门		
		核准人	发料人		负责人	领料人	
			王　颖			张　翔	

凭证 69 - 13

领 料 单

领料部门：装配车间　　　　　　开票日期　2021 年 12 月 30 日　　　　　NO：002394

材料编号	材料名称	规　格	单　位	请领数量	实发数量	计划单价	计划总金额
	轴承 1		套	300	300	200	60 000
用　途	利群 S1 机床	发　料　部　门				领　料　部　门	
		核准人	发料人		负责人	领料人	
			李　立			王　江	

- -

凭证 69 - 14

领 料 单

领料部门：装配车间　　　　　　开票日期　2021 年 12 月 30 日　　　　　NO：002395

材料编号	材料名称	规　格	单　位	请领数量	实发数量	计划单价	计划总金额
	轴承 2		套	200	200	100	20 000
用　途	利群 S2 机床	发　料　部　门				领　料　部　门	
		核准人	发料人		负责人	领料人	
			李　立			王　江	

- -

凭证 69 - 15

领 料 单

领料部门：装配车间　　　　　　开票日期　2021 年 12 月 30 日　　　　　NO：002396

材料编号	材料名称	规　格	单　位	请领数量	实发数量	计划单价	计划总金额
	油　漆		千克	30	30	10	300
用　途	利群 S1 机床	发　料　部　门				领　料　部　门	
		核准人	发料人		负责人	领料人	
			王　颖			张　翔	

领 料 单

领料部门：装配车间　　　　开票日期　2021 年 12 月 30 日　　　　NO：002397

材料编号	材料名称	规　格	单　位	请领数量	实发数量	计划单价	计划总金额
	油　漆		千克	50	50	10	500
用　途	利群 S2 机床	发 料 部 门			领 料 部 门		
		核准人	发料人	负责人	领料人		
			王　颖		张　翔		

领 料 单

领料部门：装配车间　　　　开票日期　2021 年 12 月 30 日　　　　NO：002398

材料编号	材料名称	规　格	单　位	请领数量	实发数量	计划单价	计划总金额
	包装箱		个	100	100	300	30 000
用　途	利群 S1 机床	发 料 部 门			领 料 部 门		
		核准人	发料人	负责人	领料人		
			王　颖		张　翔		

领 料 单

领料部门：装配车间　　　　开票日期　2021 年 12 月 30 日　　　　NO：002399

材料编号	材料名称	规　格	单　位	请领数量	实发数量	计划单价	计划总金额
	包装箱		个	150	150	300	45 000
用　途	利群 S2 机床	发 料 部 门			领 料 部 门		
		核准人	发料人	负责人	领料人		
			王　颖		张　翔		

凭证 69－19

领 料 单

领料部门：机修车间　　　　　开票日期　2021 年 12 月 30 日　　　　　NO：002400

材料编号	材料名称	规　格	单　位	请领数量	实发数量	计划单价	计划总金额
	圆　钢		吨	2	2	3 000	6 000
用　途	维修设备	发 料 部 门			领 料 部 门		
		核准人	发料人	负责人	领料人		
			王　清		赵　军		

- -

凭证 69－20

领 料 单

领料部门：机修车间　　　　　开票日期　2021 年 12 月 30 日　　　　　NO：002401

材料编号	材料名称	规　格	单　位	请领数量	实发数量	计划单价	计划总金额
	润滑油		千克	100	100	4	400
用　途	维修设备	发 料 部 门			领 料 部 门		
		核准人	发料人	负责人	领料人		
			王　颖		张　翔		

领料凭证汇总表 3

年　月　日

材料名称	单位	计划价格	基本生产车间产品用 一车间 S1机床 数量	金额	S2机床 数量	金额	二车间 S1机床 数量	金额	S2机床 数量	金额	装配车间 S1机床 数量	金额	S2机床 数量	金额	辅助车间 机修 数量	金额	供气 数量	金额	基本生产车间用 一车间 数量	金额	二车间 数量	金额	装配车间 数量	金额	销售部 数量	金额	厂部 数量	金额	合计 数量	金额
生　铁																														
圆　钢																														
原料合计																														
煤																														
焦　炭																														
燃料合计																														
轴承1																														
轴承2																														
半成品合计																														
油　漆																														
润滑油																														
辅助材料合计																														
螺丝螺母																														
包装箱																														
周转材料合计																														
合　计																														

业务 70 12月 30日

凭证 70 - 1

天津市社会保险缴费通知单

单位代码：78031033　　　　　　　　　　　　　　　费款所属：2021 年 12 月
单位名称：天津滨海机械设备有限公司　　　　　　　缴费方式：扣款结算

险种类别	缴费人数	补(预)缴费金额	本月缴费金额	滞纳金	缴费金额合计	补贴金额	结算金额
企业养老保险	120	0.00	100 763.40	0.00	100 763.40	0.00	100 763.40
失业保险	120	0.00	15 114.51	0.00	15 114.51	0.00	15 114.51
基本医疗保险	120	0.00	50 381.70	0.00	50 381.70	0.00	50 381.70
工伤保险	120	0.00	5 038.17	0.00	5 038.17	0.00	5 038.17
生育保险	120	0.00	5 038.17	0.00	5 038.17	0.00	5 038.17
缴费金额合计	—	0.00	176 335.95	0.00	176 335.95	0.00	176 335.95
应收结算金额总计(大写)：壹拾柒万陆仟叁佰叁拾伍元玖角伍分						￥176 335.95	

一式二联　① 社保机构留存　② 单位留存

(开发区)分中心　　　　　　经办员(章)　王波　　　　　编号：1912010020111123454

- -

凭证 70 - 2

北京中钞印刷有限公司·2021年印刷

中国工商银行
转账支票存根

10203310
12075318

附加信息 _____
_____
_____

出票日期　　　年　月　日

收款人：	
金　额：176 335.95	
用　途：支付社会保险费用	

单位主管　　　　　　会计

267

凭证 70－3

天津市住房公积金单位缴存(补缴)汇总表(网上)

缴存日期:

单位签章

单位名称	天津滨海机械设备有限公司				汇缴月份		202112				
单位账号	03020934120008888999				联系电话						
转移金额(大写)		仟	佰	拾	万	仟	佰	拾	元	角	分
叁万伍仟贰佰陆拾柒元贰角整				¥	3	5	2	6	7	2	0
项目	上月汇缴	调整前后差额	增加	减少	个缴转汇缴		本月汇缴		汇缴个人补缴		
人数	120						120				
金额 合计	35 267.20						35 267.20				
单位	17 633.60						17 633.60				
个人	17 633.60						17 633.60				

付款账号		管理部或分中心签章: 经办人: 复核人:	银行签章: 主管 复核 记账 验印	会计分录: 借: 贷:

凭证 70－4

中国建设银行网上银行电子回单

币别	人民币	日期	20211230	凭证号		交易流水号	
付款人	全称	天津滨海机械设备有限公司			收款人	全称	天津滨海机械设备有限公司
	账号	03020934120008888999				账号	03020934120004445321222
	开户银行	工商银行滨海支行				开户银行	建行银行滨海支行
大写金额	人民币叁万陆仟元整			小写金额		¥36 000.00	
用途							
钞汇标志							

重要提示:电子回单可重复打印,如您已通过银行柜台取得相应纸质回单,请注意核对,勿重复记账。

第1次补打

凭证 70－5

中国建设银行网上银行电子回单

币别	人民币	日期	20211230	凭证号		交易流水号	
付款人	全称	天津滨海机械设备有限公司			收款人	全称	公积金管理中心
	账号	03020934120004445321222				账号	
	开户银行	建行银行滨海支行				开户银行	
大写金额	人民币叁万伍仟贰佰陆拾柒元贰角整			小写金额		¥35 267.20	
用途		公积金					
钞汇标志							

重要提示:电子回单可重复打印,如您已通过银行柜台取得相应纸质回单,请注意核对,勿重复记账。

第1次补打

凭证 70－6

中国工商银行
转账支票存根

10203310
12075319

附加信息 _____

_____

_____

出票日期　　　年　月　日

收款人：本公司（建行）

金　额：￥36 000.00

用　途：银行往来

单位主管　　　　　　　会计

业务 71　12 月 30 日

对外投资凭证,采用支票的倒提支付(即主动付款的结算方式),如凭证 71-1 至凭证 71-3 所示。

凭证 71-1

投资协议书

2021 年 12 月 30 日

投资单位	天津滨海机械设备有限公司(甲方)	接受单位	利华贸易有限公司(乙方)
账号或地址	0302093412008888999	账号或地址	6344588812001212345
开户银行	工商银行滨海支行	开户银行	建行庐山道支行
投资金额	人民币(大写)：叁拾万元整		

协议条款	经双方友好协商达成如下协议： 1. 投资期限20年。 2. 在投资期限内甲方不得抽回投资。 3. 在投资期限内乙方保证甲方投资保值和增值。 4. 在投资期限内乙方应按利润分配规定支付甲方利润。 5. 未尽事宜另行商定。 甲方代表签字：　　　　乙方代表签字：

中国工商银行**进账单**（回单或收账通知）

2021 年 12 月 30 日

<table>
<tr><td rowspan="3">出票人</td><td>全　称</td><td>天津滨海机械设备有限公司</td><td rowspan="3">收款人</td><td>全　称</td><td colspan="9">利华贸易有限公司</td></tr>
<tr><td>账　号</td><td>0302093412008888999</td><td>账　号</td><td colspan="9">6344588812001212345</td></tr>
<tr><td>开户银行</td><td>工商银行滨海支行</td><td>开户银行</td><td colspan="9">建行庐山道支行</td></tr>
<tr><td>金额</td><td colspan="2">人民币（大写）：叁拾万元整</td><td>千</td><td>百</td><td>十</td><td>万</td><td>千</td><td>百</td><td>十</td><td>元</td><td>角</td><td>分</td></tr>
<tr><td></td><td colspan="2"></td><td>¥</td><td>3</td><td>0</td><td>0</td><td>0</td><td>0</td><td>0</td><td>0</td><td>0</td><td>0</td></tr>
<tr><td>票据种类</td><td>转账支票</td><td>票据张数</td><td>1</td><td colspan="10">投资款</td></tr>
<tr><td>票据号码</td><td colspan="2"></td><td colspan="10" rowspan="2"></td></tr>
<tr><td colspan="3" align="center">复核　　记账</td></tr>
</table>

开户银行盖章：

（中国工商银行股份有限公司天津 滨海支行 20211230 受理凭证专用章 付讫业务（1））

此联是持票人开户银行交给持票人的回单或收账通知

中国工商银行
转账支票存根

10203310
12075320

附加信息 _____

_____

出票日期　　年　月　日

收款人：	
金　额：	
用　途：	

单位主管　　　　　　会计

北京中钞印刷有限公司·2021年印刷

业务 72   12 月 31 日

凭证 72 - 1

应付职工薪酬分配计算表

年 月 日

账　户	部　门	产品、劳务	定额工时	分配率	职工薪酬分配额
基本生产成本	一车间	利群 S1 机床			
		利群 S2 机床			
		小　计			
	二车间	利群 S1 机床			
		利群 S2 机床			
		小　计			
	装配车间	利群 S1 机床			
		利群 S2 机床			
		小　计			
辅助生产成本	机修车间				
	供气车间				
制造费用	一车间				
	二车间				
	装配车间				
销售费用	销售部门				
管理费用	管理部门				
合　　　计					

凭证 72 - 2

产品定额工时资料

2021 年 12 月　　　　　　　　　　　　　　　单位：小时

产品 ＼ 车间	一车间	二车间	装配车间
利群 S1 机床	3 600	4 200	4 500
利群 S2 机床	1 400	1 800	3 500
合　　计	5 000	6 000	8 000

凭证 72 - 2 说明：

（1）根据谁受益、谁负担的分配原则，确定各个职工薪酬的受益对象，哪些费用可以直接计入，哪些费用是共用的，需要分配计入。

（2）两种产品的人工费用是共用的，应该按照定额工时进行分配。

业务 73   12 月 31 日

凭证 73 - 1

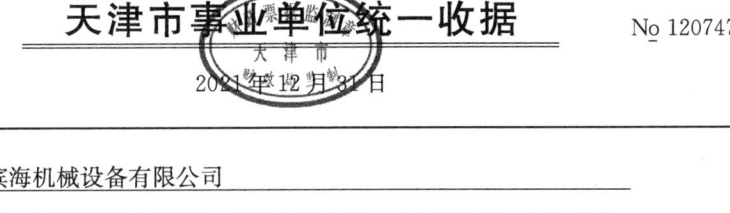

天津市事业单位统一收据

No 1207473422

2021年12月31日

交款单位　天津滨海机械设备有限公司

人民币(大写)　捌仟贰佰元整　　　　　　　　　¥8 200.00

系　付　产品展销摊位费

现　金	
支　票	√
付　委	

收款单位(盖章有效)　　　财务 李雁　经手人 张默

③记账联

凭证 73 - 2

中国工商银行
转账支票存根

10203310

12075321

附加信息

出票日期　　年　月　日

收款人：	
金　额：	
用　途：	

单位主管　　　　　会计

北京中钞印刷有限公司·2021年印刷

业务 74　12 月 31 日

　　本公司为留住人才,将以每套 50 万元的价格购买 10 套公寓,以每套 30 万元的价格奖励给公司管理层优秀职工。出售合同规定,职工在取得住房后必须在公司服务 10 年,不考虑相关税费。现金由员工直接存入银行,现金存款单付款等相关单据略,如凭证 74 - 1 和凭证 74 - 2 所示(汇总了的收据),其他资料略。

凭证 74 - 1

股 东 决 议

天津滨海机械设备有限公司:

　　本公司决定将每套 50 万元的住房以每套 30 万元的价格奖励给优秀职工(职工在取得住房后必须在公司服务 10 年)。

滨海机械总公司
2021 年 12 月 31 日

凭证 74 - 2

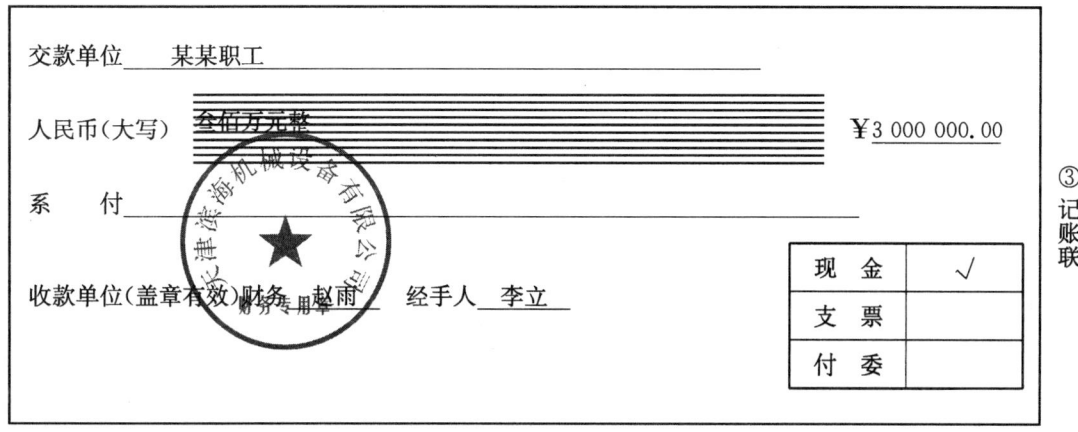

天津市企业单位统一收据　　No 1207451003

2021 年 12 月 31 日

交款单位	某某职工		
人民币(大写)	叁佰万元整		¥3 000 000.00
系　付			
收款单位(盖章有效)财务　赵雨　经手人　李立			

现　金	√
支　票	
付　委	

③ 记账联

业务 75　12 月 31 日

凭证 75 - 1

无形资产摊销表

年　月　日

无形资产	原　价	减值准备	累计摊销	已摊销月份	摊销基础	尚未摊销月份	本月摊销额
SAPERP 管理系统	750 000	46 000	230 000	45			
利群 S3 专利权	650 000	54 000	240 000	45			
SA 非专利技术	200 000		20 000	12			
App 非专利技术	408 000						
合　计	2 008 000	100 000	490 000	—		—	

业务 76　12 月 31 日

凭证 76 - 1

材料成本差异计算表

年　月

领料部门		产品	原料及主要材料		外购半成品		燃　料		辅助材料		周转材料				合　计
			计划成本	成本差异	计划成本	成本差异	计划成本	成本差异	计划成本	成本差异	计划成本	成本差异	计划成本	成本差异	
差异率															
基本生产成本	一车间	S1 机床													
		S2 机床													
	二车间	S1 机床													
		S2 机床													
	装配车间	S1 机床													
		S2 机床													
辅助生产成本	机修车间														
	供气车间														
制造费用	一车间														
	二车间														
	装配车间														
销售部															
厂部															
合计															

凭证 77 - 1

辅助生产费用分配表（一）

年　　月

项　目		交　互　分　配			对　外　分　配		
		机修车间	供气车间	合　计	机修车间	供气车间	合　计
待分配费用							
劳务供应量							
分配率							
机修车间	数　量						
	金　额						
供气车间	数　量						
	金　额						
分配合计							
一车间产品	数　量						
	金　额						
二车间产品	数　量						
	金　额						
装配车间产品	数　量						
	金　额						
制造费用	一车间 数　量						
	一车间 金　额						
	二车间 数　量						
	二车间 金　额						
	装配车间 数　量						
	装配车间 金　额						
销售部	数　量						
	金　额						
厂部	数　量						
	金　额						
合　计							

辅助生产费用分配的方法

如果企业有两个或两个以上的辅助生产车间,辅助车间除了为基本生产车间、管理部门等单位服务外,各辅助生产车间之间也会相互提供劳务,这时各辅助生产车间发生的辅助生产费用,不仅要对辅助生产车间以外的受益单位进行分配,还应在各辅助生产车间之间进行分配,而且在各辅助生产车间之间的分配应先于对辅助生产车间以外的单位和部门。

辅助生产费用分配的方法有直接分配法、顺序分配法、交互分配法、代数分配法和计划成本分配法等五种方法。

本企业采用交互分配法。

凭证 77－2

辅助生产费用分配表(二)

年　月

受 益 对 象		定额工时	分 配 率	费 用
一车间产品	利群 S1 机床			
	利群 S2 机床			
	合　计			
二车间产品	利群 S1 机床			
	利群 S2 机床			
	合　计			
装配车间产品	利群 S1 机床			
	利群 S2 机床			
	合　计			
合　计				

- -

凭证 77－3

辅助生产提供的劳务量

2021 年 12 月

辅助生产	一 车 间		二 车 间		装配车间		机修车间	供气车间	厂 部	销售部	合 计
	生产用	管理用	生产用	管理用	生产用	管理用					
机修车间(小时)		2 500		3 000		4 000		1 000	500	1 000	12 000
供气车间(吨)	12 000	2 000	12 000	2 500	10 000	3 000	2 500		5 000	1 000	50 000

凭证 78 - 1

制造费用分配表
一车间制造费用分配表

年   月

产 品	定 额 工 时	分 配 率	分 配 额
利群 S1 机床			
利群 S2 机床			
合 计			

制表：

凭证 78 - 2

二车间制造费用分配表

年   月

产 品	定 额 工 时	分 配 率	分 配 额
利群 S1 机床			
利群 S2 机床			
合 计			

制表：

装配车间制造费用分配表

年　月

产　品	定　额　工　时	分　配　率	分　配　额
利群 S1 机床			
利群 S2 机床			
合　计			

制表：

业务 79　12 月 31 日

平行结转分步法产品成本计算。

凭证 79 - 1

利群 S1 机床产量情况表

年　月　日　　　　　　　　　　单位：台

项　目	一　车　间	二　车　间	装　配　车　间
月初在产品数量	22	24	16
本月投入生产数量	160	150	126
本月完工数量	150	126	120
月末在产品数量	32	48	22
在产品约当产量(完工率 50%)			
全部产品约当产量(材料)			
全部产品约当产量(其他)			

利群 S2 机床产量情况表

年 月 日 单位：台

项 目	一 车 间	二 车 间	装 配 车 间
月初在产品数量	25	27	35
本月投入生产数量	100	99	105
本月完工数量	105	110	130
月末在产品数量	20	16	10
在产品约当产量(完工率50%)			
全部产品约当产量(材料)			
全部产品约当产量(其他)			

产品成本计算单

分厂名称： 年 月 完工数量：

产品名称： 在产品数量：

成本项目	月初在产品	本月生产费用	费用合计	约当产量	分配率	完工产品成本	月末在产品成本
直接材料							
直接人工							
燃料动力							
制造费用							
合 计							

制表：

业务 79 说明：

本企业选用平行结转分步法计算产品成本，并且采用约当产量比例法将生产费用在完工产品和月末在产品之间进行分配。计算的关键在于月末在产品约当产量的计算。平行结转分步法采用的是广义在产品的概念。除最后步骤完工的产成品是每一个步骤的受益对象外，凡是本步骤及其以后的月末在产品也都是本步骤的受益对象，都应该参与本步骤生产费用的分配。

每一个步骤月末广义在产品约当产量的计算，其后面步骤的在产品对于本步骤来讲，均为 100％的受益，及对于前面步骤来讲，其完工率均为 100％，只有本步骤的在产品要看投料率和完工率折合成约当产量。

某步骤月末在产品约当产量＝后续步骤在产品的数量＋本步骤在产品的完工率
（投料率）＋本步骤入库的半成品

越是后面的生产步骤的生产费用，其受益对象越少，已经不包括前面步骤的在产品。

产品成本计算单

分厂名称：　　　　　　　　　　　　年　月　　　　　　　　　完工数量：
产品名称：　　　　　　　　　　　　　　　　　　　　　　　在产品数量：

成本项目	月初在产品	本月生产费用	费用合计	约当产量	分配率	完工产品成本	月末在产品成本
直接材料							
直接人工							
燃料动力							
制造费用							
合　计							

制表：

凭证 79－5

产品成本计算单

分厂名称：　　　　　　　　　　　　年　月　　　　　　　　　完工数量：
产品名称：　　　　　　　　　　　　　　　　　　　　　　　在产品数量：

成本项目	月初在产品	本月生产费用	费用合计	约当产量	分配率	完工产品成本	月末在产品成本
直接材料							
直接人工							
燃料动力							
制造费用							
合　计							

制表：

产品成本计算单

分厂名称：　　　　　　　　　　　　　　年　月　　　　　　　　　　完工数量：
产品名称：　　　　　　　　　　　　　　　　　　　　　　　　　　　在产品数量：

成本项目	月初在产品	本月生产费用	费用合计	约当产量	分配率	完工产品成本	月末在产品成本
直接材料							
直接人工							
燃料动力							
制造费用							
合　计							

制表：

产品成本计算单

分厂名称：　　　　　　　　　　　　　　年　月　　　　　　　　　　完工数量：
产品名称：　　　　　　　　　　　　　　　　　　　　　　　　　　　在产品数量：

成本项目	月初在产品	本月生产费用	费用合计	约当产量	分配率	完工产品成本	月末在产品成本
直接材料							
直接人工							
燃料动力							
制造费用							
合　计							

制表：

凭证 79－8

产品成本计算单

分厂名称：　　　　　　　　　　　　　年　月　　　　　　　　　　完工数量：
产品名称：　　　　　　　　　　　　　　　　　　　　　　　　　在产品数量：

成本项目	月初在产品	本月生产费用	费用合计	约当产量	分配率	完工产品成本	月末在产品成本
直接材料							
直接人工							
燃料动力							
制造费用							
合　　计							

制表：

- -

凭证 79－9

完工产品成本计算表

年　月

产品名称：　　　　　　　　　　　　　　　　　　　　　　　　　完工数量：

部　　门	直接材料	直接人工	燃料动力	制造费用	合　　计
一车间					
二车间					
装配车间					
产品总成本					
单位成本					

制表：

完工产品成本计算表

年 月

产品名称：　　　　　　　　　　　　　　　　　　　　　　　　　完工数量：

部　　门	直接材料	直接人工	燃料动力	制造费用	合　　计
一车间					
二车间					
装配车间					
产品总成本					
单位成本					

制表：

产 品 入 库 单

年 月

交库部门：　　　　　　　　　　　　　　　　　　　　　　　　　仓库名称：

产品名称	计量单位	实收数量	单位成本	实际总成本

记账：　　　　　　主管：　　　　　　　保管：　　　　　　交库：

业务80　12月31日

对外提供运输劳务,收入 35 万元,款项已存入银行,单据略。如凭证 80-1 所示。

凭证 80-1

9张发票含税共计35万元

业务 81　12 月 31 日

凭证 81 - 1

长期待摊费用摊销表

2021 年 12 月 31 日

账　户	项　目	摊销额(元)
长期待摊费用	管理部门房屋装修	2 910
	经营租赁房屋改良支出	1 875
合　计		4 785

业务 82　12 月 31 日

凭证 82 - 1

借款利息提取计算表

2021 年 12 月 31 日

借款种类	借款本金	利　率	计息起始日	借款本期利息
短期借款	60 000	0.5%(月息)	2021.10.1	
	500 000	7.20%(年息)	2021.12.1	
合　计				

业务 83　12 月 31 日

月末到期的短期债务还本付息。

凭证 83 - 1

中国工商银行计收利息清单(付款通知)

2021 年 12 月 31 日

单位名称	天津滨海机械设备有限公司	账　号	0302093412008888999
贷款金额	60 000 元	计息起讫日期	2021 年 10 月 1 日至 12 月 31 日
计息总积数	180 000	利率(月)	5‰
利息金额	人民币(大写)玖佰零拾零元整		￥900.00

你单位上述应偿借款利息
已从你单位账户划出。
　　　　此致
借款单位　　(银行盖章)　　　　复核：　　　　记账：

中国工商银行**流动资金**还款凭证(回单)

2021 年 12 月 31 日

<table>
<tr><td rowspan="3">付款人</td><td>名　称</td><td colspan="2">天津滨海机械设备有限公司</td><td rowspan="3">借款人</td><td>名　称</td><td colspan="2">中国工商银行股份有限公司天津滨海支行</td></tr>
<tr><td>往来户账号</td><td colspan="2">0302093412008888999</td><td>放款户账号</td><td colspan="2">0302093412000111111</td></tr>
<tr><td>开户分行</td><td colspan="2">工商银行滨海支行</td><td>开户银行</td><td colspan="2">工商银行滨海支行</td></tr>
<tr><td colspan="2">计划还款日期</td><td colspan="3">2021 年 12 月 31 日</td><td>还款次序</td><td colspan="2">第 1 次还款</td></tr>
<tr><td colspan="2">借款金额</td><td colspan="4">人民币(大写)陆万元整</td><td colspan="2">￥60 000.00</td></tr>
<tr><td colspan="2">还款内容</td><td colspan="6">3 个月短期借款</td></tr>
<tr><td colspan="2">备注:</td><td colspan="6">上述借款已从你单位往来账户内转还。
此致!　　　　借款单位

银行盖章　2021 年 12 月 31 日</td></tr>
</table>

业务 84　12 月 31 日

凭证 84 - 1

应付债券利息计算表

2021 年 12 月 31 日

<table>
<tr><td>债券名称</td><td>企业债券</td><td>发行单位</td><td>天津滨海机械设备有限公司</td></tr>
<tr><td>债券面值</td><td>100 元</td><td>债券数量</td><td>12 000 张</td></tr>
<tr><td>债券票面利率</td><td>8.8%</td><td>计息时间</td><td>2021 年 12 月</td></tr>
<tr><td>应付利息</td><td colspan="2">人民币(大写)</td><td>￥</td></tr>
<tr><td colspan="4">本债券 10 年期,发行日 2018 年 1 月 1 日,按月计提,按季付息,季初付息,一次还本。</td></tr>
</table>

财务盖章:　　　　　　　　　复核:赵雨　　　　　　制表:李立

提示

凭证 84 - 1 说明：

请自行计算应付债券本月利息。

业务 85　12 月 31 日

凭证 85 - 1

中国工商银行(天津滨海支行)
计付存款利息清单(收款通知)

2021 年 12 月 21 日

单位名称:天津滨海机械设备有限公司					
结算账号:0302093412008888999			存款账号:0302093412008888999		
编号	计息类型	计息起讫日期	计息积数	利率	利息金额
	活期存款利息	2021.09.21—2021.12.20	89108362	0.5%	1 237.62
摘要:					¥1 237.62
金额合计(大写)壹仟贰佰叁拾柒元陆角贰分					

复核:　　　　　　　　记账:

（印章：中国工商银行股份有限公司天津滨海支行　金额合计　20211231　核算专用章）

业务 86　12 月 31 日

凭证 86 - 1

应收票据利息计算表

年　　月　　日

票据种类		票面金额	
计息时间		票面利率	
应得利息	人民币(大写)		¥

复核:　　　　　　　　制表:

注:根据期初和本期发生业务资料,采用算尾不算头的方法计算天数。(1 年计 360 天)

凭证 86－2

应收债券利息计算表

2021 年 12 月 31 日

债券名称	企业债券	发行单位	天津机械设备总公司
债券面值	1 000 元	债券数量	8 张
债券票面利率	12％	计息时间	2021 年 12 月
应收利息	人民币（大写）玖佰陆拾元整		￥960.00
债券投资损益	人民币（大写）玖佰陆拾元整		￥960.00（已持有一年）

财务盖章：　　　　　　　　　　复核：赵雨　　　　制表：李立

业务 87　12 月 31 日

凭证 87－1

坏账准备提取计算表

年　月　日

账户名称	期末余额	坏账提取率	应提取额	本次计提前坏账准备余额	实际提取额
应收账款		2％			—
其他应收款		2％			—
合　计				贷 4 500.00	

业务 88　12 月 31 日

凭证 88－1

产品出库成本计算表

年　月　日

明细账户及材料名称	计量单位	期初结存数量	期初结存金额	本期入库数量	本期入库金额	单价	本期发出数量	本期出库金额	期末结存数量	结存金额
利群 S1 机床	台									
利群 S2 机床	台									
合　计										

凭证 88 - 2

销售产品成本表

年　月　日

销售成本	计量单位	销售数量	销售成本金额
利群 S1 机床	台		
利群 S2 机床	台		
合　计			

凭证 88 - 3

发出商品成本表

年　月　日

发出商品	计量单位	发出数量	发出成本金额
利群 S1 机床	台		
利群 S2 机床	台		
合　计			

业务 89　12 月 31 日

截至 12 月 31 日，有一项北方钢铁公司的诉讼案正在审理之中。北方钢铁公司状告本公司在一次销售中的违约行为，要求本公司支付货物延期支付期间的利息 5 000 元，并承担诉讼费 2 000 元，该诉讼很有可能是北方钢铁公司获胜。所以，本公司确认一项或有负债（相关资料略）。

业务 90　12 月 31 日

对外提供运输劳务人员报销油费。运输人员每次加油支付现金，月末加油站一次汇总开具发票。本公司一次性提取现金，支付给运输人员，如凭证 90 - 1 和凭证 90 - 3 所示。

凭证 90 - 1

中国工商银行
现金支票存根
10203310
12075402
附加信息
出票日期　年　月　日
收款人：
金　额：
用　途：
单位主管　会计

中国工商银行　现金支票　10203310
12075402
付款期限自出票之日起十天
出票日期（大写）　年　月　日　付款行名称：工商银行滨海支行
收款人：　出票人账号：030209341208888999
人民币（大写）　亿 千 百 十 万 千 百 十 元 角 分
用途　密码
上列款项请从
我账户内支付
出票人签章　复核　记账

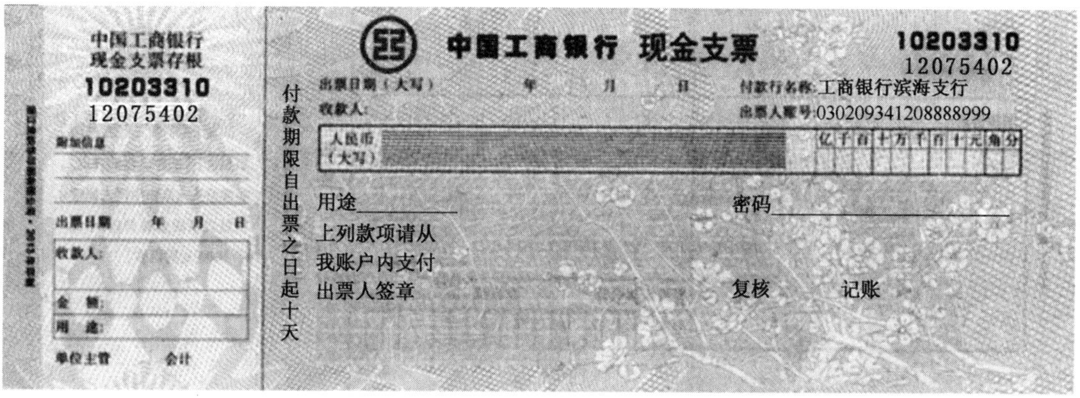

知识链接

凭证 90 - 1 说明：

提取超过 5 万元的现金，要与银行预约。以下是现金支票填写注意事项：

(1) 现金支票正面盖财务专用章和法人章(在填写金额一栏的下面)，缺一不可，印泥为红色，印章必须清晰，印章模糊只能将本张支票作废，换一张重新填写、重新盖章。反面盖章与否与收款人有关。

(2) 出票日期(大写)：数字必须大写，大写数字写法：零、壹、贰、叁、肆、伍、陆、柒、捌、玖、拾。

① 壹月、贰月前"零"字必写，叁月至玖月前"零"字可写可不写，拾月至拾贰月必须写成壹拾月、壹拾壹月、壹拾贰月(前面多写了"零"字也认可，如零壹拾月)。

② 壹日至玖日前"零"字必写，拾日至拾玖日必须写成"壹拾日"及"壹拾×日"(前面多写了"零"字也认可，如零壹拾伍日，下同)，贰拾日至贰拾玖日必须写成"贰拾日"及"贰拾×日"，叁拾日至叁拾壹日必须写成"叁拾日"及"叁拾壹日"。

(3) 收款人：现金支票收款人可写为本单位名称，此时现金支票背面"被背书人"栏内加盖本单位的财务专用章和法人章，之后收款人可凭现金支票直接到开户银行提取现金(由于有的银行各营业点联网，所以也可到联网营业点取款，具体要看联网覆盖范围而定)。

现金支票收款人可写为收款人个人姓名，此时现金支票背面不盖任何章，收款人在现金支票背面填上身份证号码和发证机关名称，凭身份证和现金支票签字领款。

(4) 付款行名称、出票人账号：即本单位开户银行名称及银行账号，领用时预先盖好印章。

(5) 人民币(大写)：数字大写写法：零、壹、贰、叁、肆、伍、陆、柒、捌、玖、拾、佰、仟、万、亿。

(6) 人民币小写：最高金额的前一位空白格用"￥"字头打掉，数字填写要求完整清楚。

(7) 用途：现金支票有一定限制，一般填写"备用金""差旅费""工资""劳务费"等。

(8) 盖章：支票正面盖财务专用章和法人章，缺一不可，印泥为红色，印章必须清晰，印章模糊只能将本张支票作废，换一张重新填写重新盖章。

(9) 常识：

① 支票正面不能有涂改痕迹，否则本支票作废。

② 受票人如果发现支票填写不全，可以补记，但不能涂改。

③ 支票的有效期为 10 天，日期首尾算一天。节假日顺延。

④ 支票见票即付，不记名(丢了支票尤其是现金支票可能就是丢了票面金额数目的钱，银行不承担责任。现金支票一般要素填写齐全，假如支票未被冒领，在开户银行挂失；转账支票假如支票要素填写齐全，在开户银行挂失，假如要素填写不齐，到票据交换中心挂失)。

⑤ 出票单位现金支票背面有印章盖模糊了，可把模糊印章打叉，重新再盖一次。

凭证 90－2

1200213130
成品油

天津增值税专用发票
发票联

1200213130
00091436

开票日期： 2021 年 12 月 25 日

税总函（2021）62 号北京东港安全印刷有限公司

购买方	名　　　称：	天津滨海机械设备有限公司
	纳税人识别号：	911201003703088886
	地址、电话：	天津市滨海新区中心路 12 号 0228878666
	开户行及账号：	工商银行滨海支行 0302093412008888999

密码区

货物或应税劳务、服务名称	规格型号	单位	数量	单价	金　额	税率	税　额
*乙醇汽油*车用油	95#乙醇E10汽油VIA	升	1 000	6.83	68 300.00	13%	8 879.00
合　　　计					¥68 300.00		¥8 879.00

| 价税合计（大写） | ⊗柒万柒仟壹佰柒拾玖圆整 | （小写）¥77 179.00 |

销售方	名　　　称：	中国石化销售有限公司天津石油分公司	备注
	纳税人识别号：	911201434200012490X	
	地址、电话：	天津市滨海西区洞庭路 1-6 号 022-25328866	
	开户行及账号：	中国建设银行滨海分行 1200834535543200111	

收款人：　　　　复核：　　　　开票人：冯莲　　　　销售方：（章）

第三联：发票联　购买方记账凭证

凭证 90－3

1200213130
成品油

No 00091436

天津增值税专用发票
抵扣联

1200213130
00091436

开票日期： 2021 年 12 月 25 日

税总函（2021）62 号北京东港安全印刷有限公司

购买方	名　　　称：	天津滨海机械设备有限公司
	纳税人识别号：	911201003703088886
	地址、电话：	天津市滨海新区中心路 12 号 0228878666
	开户行及账号：	工商银行滨海支行 0302093412008888999

密码区

货物或应税劳务、服务名称	规格型号	单位	数量	单价	金　额	税率	税　额
*乙醇汽油*车用油	95#乙醇E10汽油VIA	升	1 000	6.83	68 300.00	13%	8 879.00
合　　　计					¥68 300.00		¥8 879.00

| 价税合计（大写） | ⊗柒万柒仟壹佰柒拾玖圆整 | （小写）¥77 179.00 |

销售方	名　　　称：	中国石化销售有限公司天津石油分公司	备注
	纳税人识别号：	911201434200012490X	
	地址、电话：	天津市滨海西区洞庭路 1-6 号 022-25328866	
	开户行及账号：	中国建设银行滨海分行 1200834535543200111	

收款人：　　　　复核：　　　　开票人：冯莲　　　　销售方：（章）

第二联：抵扣联　购买方扣税凭证

业务 91　12 月 31 日

凭证 91 - 1

天津滨海机械设备有限公司财产物资盘点报告单

类别：存货　　　　　　　　　　　　　　2021 年 12 月 31 日

名　称	规格	单位	单价	账面数		盘点数		盘　盈		盘　亏		备　注
				数量	金额	数量	金额	数量	金额	数量	金额	
包装箱		个		130		129						
合　计		个										
原因分析：						审批意见：						

单位盖章：　　　　　　　　　财务负责人：杨为　　　　　制表：赵可

凭证 91 - 2

天津滨海机械设备有限公司财产物资盘点报告单

类别：存货　　　　　　　　　　　　　　2021 年 12 月 31 日

名　称	规格	单位	单价	账面数		盘点数		盘　盈		盘　亏		备　注
				数量	金额	数量	金额	数量	金额	数量	金额	
包装箱		个		130		129						
合　计		个										
原因分析：　　正常损耗。						审批意见：　　记入管理费用。						

单位盖章：　　　　　　　　　财务负责人：杨为　　　　　制表：赵可

注：结转材料成本差异。

业务92　12月31日

计算并结转本月应缴纳的增值税、印花税、城市维护建设税及教育费附加。将"应交税费——应交增值税"账户余额转入"应交税费——未交增值税"账户,如凭证92-1和凭证92-2所示。申报表见附件1和附件2。

凭证92-1

增值税金及附加计算表

年　　月　　日

项　　目	金　　额
应交增值税——销项税额	
应交增值税——进项税额	
应交增值税——进项税转出	
简易计税	
应纳增值税额	
应纳城市维护建设税额(7%)	
应交教育费附加(3%)	
应交地方教育费附加(2%)	

凭证92-2

印花税计算表

年　　月　　日

税　　目	税　率	合同份数	合同金额	应纳税额
资金账簿				
其他营业账簿				
财产保险合同				
借款合同				
(其他略)				
合计				

知识链接

凭证 92 − 1 说明：

关于对外资企业和个人征收城市维护建设税和教育费附加有关问题的通知

根据《国务院关于统一内外资企业和个人城市维护建设税和教育费附加制度的通知》精神（国发〔2010〕35 号），自 2010 年 12 月 1 日起，将外商投资企业、外国企业及外籍个人（以下简称外资企业）纳入城市维护建设税和教育费附加的征收范围。现将有关事项明确如下：

1. 自 2010 年 12 月 1 日起，内、外资企业及个人均应按月申报缴纳城市维护建设税、教育费附加和防洪工程维护费，税率分别为 7％、3％和 1％。

2. 附加税费的税基为：营业税、增值税、消费税和当期免抵增值税额。

当期免抵增值税额：是指生产企业出口货物实行免抵退税办法后，经国税局审核批准的当期免抵的增值税税额。取自：国税局《生产企业出口货物免、抵、退税申报汇总表》第 25 行"当期免抵税额"。

3. 纳税申报的税款所属期自 2010 年 12 月份起开始计算，并自 2011 年 1 月 1 日起，按月 1～15 日内申报纳税。

4. 营业税纳税人，于当期申缴缴纳"营业税"时一并申报缴纳附加税费；增值税纳税人，按月在"原国税项目"项下申报缴纳附加税费。

天津经济技术开发区地方税务局

2010 年 12 月 10 日

天津市财政局　国家税务总局天津市税务局关于停征防洪工程维护费的通知

津财综〔2019〕3 号

税务系统各单位：

为进一步促进民营经济发展，优化我市营商环境，根据《财政部关于取消调整部分政府性基金有关政策的通知》（财税〔2017〕18 号）和《中共天津市委天津市人民政府关于进一步促进民营经济发展的若干意见》，现将停征我市防洪工程维护费（地方水利建设基金）有关事项通知如下：

一、自 2019 年 1 月 1 日起（即所属期为 2019 年 1 月 1 日及以后），停征防洪工程维护费（地方水利建设基金）。

二、财政部门妥善安排相关部门预算，保障其依法履行职责所必需的支出，积极支持相关事业发展。

三、各征收单位对纳税人 2019 年 1 月 1 日以前防洪工程维护费（地方水利建设基金）欠缴应进行清算，并于 2019 年 12 月 31 日前足额上缴国库。

四、各单位、各部门要严格执行上述规定，不得以任何理由拖延或者拒绝执行，对违反规定的，按照相关法律法规予以处理。各征收单位要在收费场所及时发布信息，做好政策宣传，加强政策执行情况监督检查，确保政策落实到位。

五、此前有关规定与通知不一致的，以本通知为准。

天津市财政局

国家税务总局天津市税务局

2019 年 1 月 7 日

业务 93 12 月 31 日

将本公司本期实际发生的福利费转入管理费用。本年度薪资总额 7 200 000 元,1～11 月份已支付并结转福利费 18 000 元。

业务 94 12 月 31 日

向工会拨付已计提的工会经费,取得专用收据,见凭证 94-1 收据和 94-2 转账支票 存根。

凭证 94-1

凭证 94-2

业务 95　12 月 31 日

提取现金,各部门职工报销培训费用共计 20 000 元,其他资料略。

凭证 95 - 1

凭证 95 - 2

3张普通发票含税价共计2万元

业务96   12月31日

年末美元汇率为 1 美元＝6.5 元人民币,结转汇兑损益。

业务97   12月31日

将本月损益类账户发生额全部结转,"本年利润"账户。

编制：损益类账户发生额汇总表。

凭证 97 - 1

损益类账户发生额汇总表

年   月

收入类账户	本月发生额	支出类账户	本月发生额

- -

业务98   12月31日

计算并计提所得税。企业所得税年度纳税申报表(A 类)见附件 3。

凭证 98 - 1

应交所得税费用计算表

年度

全年利润总额	应 调 整 数	全年应纳税所得额	所得税费用率	应交所得税费用

业务99 12月31日

根据上年未分配利润和本年净利润进行利润分配,按10％计提法定盈余公积,按本年净利润的20％向投资者分配利润。

凭证99－1

利 润 分 配 表

年度

项　　目	金　　额	分　配　率	分　配　额
上年未分配利润			
本年净利润			
可供分配利润			
法定盈余公积			
应付投资者股利			
未分配利润			

业务100　12月31日

将"本年利润"账户余额和"利润分配"各明细账户的余额全部结转到"利润分配——未分配利润"账户,结出余额。编制本年利润和利润分配结转表。

凭证100－1

本年利润和利润分配结转表

年度

账　　户	金　　额
本年利润	
利润分配——法定盈余公积	
——应付投资者利润	
——未分配利润	

第四篇　企业相关报表

编制本年12月31日资产负债表、本年12月利润表和本年12月现金流量表。

一般企业财务报表格式适用于尚未执行新金融准则和新收入准则的企业。

资 产 负 债 表

编制单位：　　　　　　　　　年　　月　　日

会企01表
单位：元

资　　　产	期末余额	年初余额	负债和所有者权益 （或股东权益）	期末余额	年初余额
流动资产：			流动负债：		
货币资金			短期借款		
以公允价值计量且其变动 　计入当期损益的金融资产			以公允价值计量且其变动 　计入当期损益的金融负债		
衍生金融资产			衍生金融负债		
应收票据			应付票据		
应收账款			应付账款		
预付款项			预收款项		
其他应收款			应付职工薪酬		
存货			应交税费		
持有待售资产			其他应付款		
一年内到期的非流动资产			持有待售负债		
其他流动资产			一年内到期的非流动负债		
流动资产合计			其他流动负债		
非流动资产：			流动负债合计		
可供出售金融资产			非流动负债：		
持有至到期投资			长期借款		
长期应收款			应付债券		
长期股权投资			其中：优先股		
投资性房地产			永续债		
固定资产			长期应付款		
在建工程			预计负债		
生产性生物资产			递延收益		
油气资产			递延所得税负债		
无形资产			其他非流动负债		
开发支出			非流动负债合计		

资　　产	期末余额	年初余额	负债和所有者权益 （或股东权益）	期末余额	年初余额
商誉			负债合计		
长期待摊费用			所有者权益（或股东权益）：		
递延所得税资产			实收资本（或股本）		
其他非流动资产			其他权益工具		
非流动资产合计			其中:优先股		
			永续债		
			资本公积		
			减:库存股		
			其他综合收益		
			盈余公积		
			未分配利润		
			所有者权益（或股东权益）合计		
资产总计			负债和所有者权益 （或股东权益）总计		

利　润　表

编制单位：　　　　　　　　　　　　年　　月　　　　　　　　　　会企02表
单位：元

项　　　目	本期金额	上期金额
一、营业收入		
减:营业成本		
税金及附加		
销售费用		
管理费用		
研发费用		
财务费用		
其中:利息费用		
利息收入		
资产减值损失		
加:其他收益		
投资收益（损失以"－"号填列）		
其中:对联营企业和合营企业的投资收益		
公允价值变动收益（损失以"－"号填列）		

项　　目	本期金额	上期金额
资产处置收益(损失以"－"号填列)		
二、营业利润(亏损以"－"号填列)		
加：营业外收入		
减：营业外支出		
三、利润总额(亏损总额以"－"号填列)		
减：所得税费用		
四、净利润(净亏损以"－"号填列)		
（一）持续经营净利润(净亏损以"－"号填列)		
（二）终止经营净利润(净亏损以"－"号填列)		
五、其他综合收益的税后净额		
（一）不能重分类进损益的其他综合收益		
1. 重新计量设定受益计划变动额		
2. 权益法下不能转损益的其他综合收益		
……		
（二）将重分类进损益的其他综合收益		
1. 权益法下可转损益的其他综合收益		
2. 可供出售金融资产公允价值变动损益		
3. 持有至到期投资重分类为可供出售金融资产损益		
4. 现金流量套期损益的有效部分		
5. 外币财务报表折算差额		
……		
六、综合收益总额		
七、每股收益：		
（一）基本每股收益		
（二）稀释每股收益		

现 金 流 量 表

编制单位：　　　　　　　　　　　　年　　　月　　　　　　　　　　　　会企03表
单位：元

项　　目	本期金额	上期金额
一、经营活动产生的现金流量：		
销售商品、提供劳务收到的现金		
收到的税费返还		
收到其他与经营活动有关的现金		
经营活动现金流入小计		
购买商品、接受劳务支付的现金		
支付给职工以及为职工支付的现金		

项　　目	本期金额	上期金额
支付的各项税费		
支付其他与经营活动有关的现金		
经营活动现金流出小计		
经营活动产生的现金流量净额		
二、投资活动产生的现金流量：		
收回投资收到的现金		
取得投资收益收到的现金		
处置固定资产、无形资产和其他长期资产收回的现金净额		
处置子公司及其他营业单位收到的现金净额		
收到其他与投资活动有关的现金		
投资活动现金流入小计		
购建固定资产、无形资产和其他长期资产支付的现金		
投资支付的现金		
取得子公司及其他营业单位支付的现金净额		
支付其他与投资活动有关的现金		
投资活动现金流出小计		
投资活动产生的现金流量净额		
三、筹资活动产生的现金流量：		
吸收投资收到的现金		
取得借款收到的现金		
收到其他与筹资活动有关的现金		
筹资活动现金流入小计		
偿还债务支付的现金		
分配股利、利润或偿付利息支付的现金		
支付其他与筹资活动有关的现金		
筹资活动现金流出小计		
筹资活动产生的现金流量净额		
四、汇率变动对现金及现金等价物的影响		
五、现金及现金等价物净增加额		
加：期初现金及现金等价物余额		
六、期末现金及现金等价物余额		

现金流量表补充资料

补 充 资 料	本 期 金 额
1. 将净利润调节为经营活动现金流量：	
净利润	
加：资产减值准备	
固定资产折旧、油气资产折耗、生产性生物资产折旧	
无形资产摊销	
长期待摊费用摊销	
处置固定资产、无形资产和其他长期资产的损失（收益以"－"号填列）	
固定资产报废损失（收益以"－"号填列）	
公允价值变动损失（收益以"－"号填列）	
财务费用（收益以"－"号填列）	
投资损失（收益以"－"号填列）	
递延所得税资产减少（增加以"－"号填列）	
递延所得税负债增加（减少以"－"号填列）	
存货的减少（增加以"－"号填列）	
经营性应收项目的减少（增加以"－"号填列）	
经营性应付项目的增加（减少以"－"号填列）	
其他	
经营活动产生的现金流量净额	
2. 不涉及现金收支的重大投资和筹资活动：	
债务转为资本	
一年内到期的可转换公司债券	
融资租入固定资产	
3. 现金及现金等价物净变动情况：	
现金的期末余额	
减：现金的期初余额	
加：现金等价物的期末余额	
减：现金等价物的期初余额	
现金及现金等价物净增加额	

所有者权益变动表

年度

会企04表
单位：元

编制单位：

项目	本年金额										上年金额									
	实收资本（或股本）	其他权益工具			资本公积	减：库存股	其他综合收益	盈余公积	未分配利润	所有者权益合计	实收资本（或股本）	其他权益工具			资本公积	减：库存股	其他综合收益	盈余公积	未分配利润	所有者权益合计
		优先股	永续债	其他								优先股	永续债	其他						
一、上年年末余额																				
加：会计政策变更																				
前期差错更正																				
其他																				
二、本年年初余额																				
三、本年增减变动金额（减少以"－"号填列）																				
（一）综合收益总额																				
（二）所有者投入和减少资本																				
1. 所有者投入的普通股																				
2. 其他权益工具持有者投入资本																				
3. 股份支付计入所有者权益的金额																				
4. 其他																				
（三）利润分配																				
1. 提取盈余公积																				
2. 对所有者（或股东）的分配																				
3. 其他																				
（四）所有者权益内部结转																				
1. 资本公积转增资本（或股本）																				
2. 盈余公积转增资本（或股本）																				
3. 盈余公积弥补亏损																				
4. 设定受益计划变动额结转留存收益																				
5. 其他																				
四、本年年末余额																				

一般企业财务报表格式(适用于已执行新金融准则或新收入准则的企业)

资 产 负 债 表

编制单位：　　　　　　　　　　　年　　月　　日

会企 01 表
单位：元

资　　产	期末余额	年初余额	负债和所有者权益 （或股东权益）	期末余额	年初余额
流动资产：			流动负债：		
货币资金			短期借款		
交易性金融资产			交易性金融负债		
衍生金融资产			衍生金融负债		
应收票据			应付票据		
应收账款			应付账款		
预付款项			预收款项		
其他应收款			合同负债		
存货			应付职工薪酬		
合同资产			应交税费		
持有待售资产			其他应付款		
一年内到期的非流动资产			持有待售负债		
其他流动资产			一年内到期的非流动负债		
流动资产合计			其他流动负债		
非流动资产：			流动负债合计		
债权投资			非流动负债：		
其他债权投资			长期借款		
长期应收款			应付债券		
长期股权投资			其中：优先股		
其他权益工具投资			永续债		
其他非流动金融资产			长期应付款		
投资性房地产			预计负债		
固定资产			递延收益		
在建工程			递延所得税负债		
生产性生物资产			其他非流动负债		
油气资产			非流动负债合计		
无形资产			负债合计		
开发支出			所有者权益（或股东权益）：		
商誉			实收资本（或股本）		
长期待摊费用			其他权益工具		
递延所得税资产			其中：优先股		
其他非流动资产			永续债		
非流动资产合计			资本公积		

资　产	期末余额	年初余额	负债和所有者权益 （或股东权益）	期末余额	年初余额
			减：库存股		
			其他综合收益		
			盈余公积		
			未分配利润		
			所有者权益（或股东权益）合计		
资产总计			负债和所有者权益 （或股东权益）总计		

利　润　表

编制单位：　　　　　　　　　　　　　　　年　月

会企 02 表
单位：元

项　　目	本期金额	上期金额
一、营业收入		
减：营业成本		
税金及附加		
销售费用		
管理费用		
研发费用		
财务费用		
其中：利息费用		
利息收入		
资产减值损失		
信用减值损失		
加：其他收益		
投资收益（损失以"－"号填列）		
其中：对联营企业和合营企业的投资收益		
净敞口套期收益（损失以"－"号填列）		
公允价值变动收益（损失以"－"号填列）		
资产处置收益（损失以"－"号填列）		
二、营业利润（亏损以"－"号填列）		
加：营业外收入		
减：营业外支出		

项　　目	本期金额	上期金额
三、利润总额(亏损总额以"－"号填列)		
减：所得税费用		
四、净利润(净亏损以"－"号填列)		
（一）持续经营净利润(净亏损以"－"号填列)		
（二）终止经营净利润(净亏损以"－"号填列)		
五、其他综合收益的税后净额		
（一）不能重分类进损益的其他综合收益		
1. 重新计量设定受益计划变动额		
2. 权益法下不能转损益的其他综合收益		
3. 其他权益工具投资公允价值变动		
4. 企业自身信用风险公允价值变动		
……		
（二）将重分类进损益的其他综合收益		
1. 权益法下可转损益的其他综合收益		
2. 其他债权投资公允价值变动		
3. 金融资产重分类计入其他综合收益的金额		
4. 其他债权投资信用减值准备		
5. 现金流量套期储备		
6. 外币财务报表折算差额		
……		
六、综合收益总额		
七、每股收益：		
（一）基本每股收益		
（二）稀释每股收益		

现 金 流 量 表

编制单位：　　　　　　　　　　　　　年　　月　　　　　　　　　　　会企 03 表
　　　　　　　　　　　　　　　　　　　　　　　　　　　　　　　　　单位：元

项　　目	本期金额	上期金额
一、经营活动产生的现金流量：		
销售商品、提供劳务收到的现金		
收到的税费返还		
收到其他与经营活动有关的现金		
经营活动现金流入小计		

项　　目	本期金额	上期金额
购买商品、接受劳务支付的现金		
支付给职工以及为职工支付的现金		
支付的各项税费		
支付其他与经营活动有关的现金		
经营活动现金流出小计		
经营活动产生的现金流量净额		
二、投资活动产生的现金流量：		
收回投资收到的现金		
取得投资收益收到的现金		
处置固定资产、无形资产和其他长期资产收回的现金净额		
处置子公司及其他营业单位收到的现金净额		
收到其他与投资活动有关的现金		
投资活动现金流入小计		
购建固定资产、无形资产和其他长期资产支付的现金		
投资支付的现金		
取得子公司及其他营业单位支付的现金净额		
支付其他与投资活动有关的现金		
投资活动现金流出小计		
投资活动产生的现金流量净额		
三、筹资活动产生的现金流量：		
吸收投资收到的现金		
取得借款收到的现金		
收到其他与筹资活动有关的现金		
筹资活动现金流入小计		
偿还债务支付的现金		
分配股利、利润或偿付利息支付的现金		
支付其他与筹资活动有关的现金		
筹资活动现金流出小计		
筹资活动产生的现金流量净额		
四、汇率变动对现金及现金等价物的影响		
五、现金及现金等价物净增加额		
加：期初现金及现金等价物余额		
六、期末现金及现金等价物余额		

所有者权益变动表

年度

编制单位：

项目	本年金额										上年金额									
	实收资本（或股本）	其他权益工具			资本公积	减：库存股	其他综合收益	盈余公积	未分配利润	所有者权益合计	实收资本（或股本）	其他权益工具			资本公积	减：库存股	其他综合收益	盈余公积	未分配利润	所有者权益合计
		优先股	永续债	其他								优先股	永续债	其他						
一、上年末余额																				
加：会计政策变更																				
前期差错更正																				
其他																				
二、本年初余额																				
三、本年增减变动金额（减少以"－"号填列）																				
（一）综合收益总额																				
（二）所有者投入和减少资本																				
1. 所有者投入的普通股																				
2. 其他权益工具持有者投入资本																				
3. 股份支付计入所有者权益的金额																				
4. 其他																				
（三）利润分配																				
1. 提取盈余公积																				
2. 对所有者（或股东）的分配																				
3. 其他																				
（四）所有者权益内部结转																				
1. 资本公积转增资本（或股本）																				
2. 盈余公积转增资本（或股本）																				
3. 盈余公积弥补亏损																				
4. 设定受益计划变动额结转留存收益																				
5. 其他综合收益结转留存收益																				
6. 其他																				
四、本年末余额																				

根据银行对账单进行银行对账,编制本年12月银行存款余额调节表。（其他账户略）

中国工商银行对账单

账号:120088889999

账户名称:天津滨海机械设备有限公司

人民币

单位:元

交易时间	借方	贷方	余额
	—	—	521 000.00
20211201	—	87 010.00	608 010.00
20211201	—	500 000.00	1 108 010.00
20211201	—	1 385 606.00	2 493 616.00
20211201	2 100.00	—	2 491 516.00
20211201	—	100 000.00	2 591 516.00
20211201	600 000.00	—	1 991 516.00
20211202	14 349.73	—	1 977 166.27
20211202	226 000.00	—	1 751 166.27
20211203	100 000.00	—	1 651 166.27
20211203	—	386 460.00	2 037 626.27
20211204	—	464 000.60	2 501 626.87
20211204	912.00	—	2 500 714.87
20211204	—	200 000.00	2 700 714.87
20211205	41.31	—	2 700 673.56
20211205	90 000.00	—	2 610 673.56
20211205	3 360.00	—	2 607 313.56
20211205	123 492.04	—	2 483 821.52
20211208	16 053.96	—	2 467 767.56
20211208	13 000.00	—	2 454 767.56
20211208	2 000.00	—	2 452 767.56
20211208	3 000.00	—	2 449 767.56
20211209	—	600 000.00	3 049 767.56
20211211	113 000.00	—	2 936 767.56
20211211	14 205.81	—	2 922 561.75
20211212	6 500.00	—	2 916 061.75
20211215	—	455 000.00	3 371 061.75
20211215	—	3 000 000.00	6 371 061.75
20211215	10 200.00	—	6 360 861.75
20211216	800.00	—	6 360 061.75
20211216	—	10 000.00	6 370 061.75
20211216	1 500.00	—	6 368 561.75
20211216	46 000.00	—	6 322 561.75
20211218	—	160 000.00	6 482 561.75
20211218	18 600.00	—	6 463 961.75
20211218	—	8 000.00	6 471 961.75

交易时间	借方	贷方	余额
20211219	—	4 101.90	6 476 063.65
20211220	268 000.00	—	6 208 063.65
20211223	—	54 000.00	6 262 063.65
20211223	929.00	—	6 261 134.65
20211223	—	569.75	6 261 704.40
20211225	22 000.00	—	6 239 704.40
20211225	5 800.00	—	6 233 904.40
20211226	398 240.98	—	5 835 663.42
20211226	20 086.00	—	5 815 577.42
20211227	—	125.00	5 815 702.42
20211228	8 910.34	—	5 806 792.08
20211229	—	300 000.00	6 106 792.08
20211229	33 900.00	—	6 072 892.08
20211231	55 620.00	—	6 017 272.08
20211231	90 000.00	—	5 927 272.08
20211231	176 335.95	—	5 750 936.13
20211231	36 000.00	—	5 714 936.13
20211231	300 000.00	—	5 414 936.13
20211231	8 200.00	—	5 406 736.13
20211231	—	3 000 000.00	8 406 736.13
20211231	5 000 000.00	—	3 406 736.13
20211231	60 900.00	—	3 345 836.13
20211231	—	1 237.62	3 347 073.75
20211231	77 179.00	—	3 269 894.75
20211231		60 000.00	3 329 894.75

银行存款余额调节表

年　　月　　日

单位：元

项　　目	金　　额	项　　目	金　　额
银行对账单存款余额		企业银行存款账面余额	
加：企业已收银行未收		加：银行已收企业未收	
减：企业已付银行未付		减：银行已付企业未付	
调整后存款余额		调整后存款余额	

附件1

增值税纳税申报表

（适用于增值税一般纳税人）

根据国家税收法律法规及增值税相关规定制定本表。纳税人不论有无销售额，均应按税务机关核定的纳税期限填写本表，并向当地税务机关申报。

税款所属时间：自 年 月 日至 年 月 日　　填表日期：年 月 日　　金额单位:元至角分

纳税人识别号															所属行业：	

纳税人名称	（公章）	法定代表人姓名		注册地址	生产营业地址	

开户银行及账号		企业登记注册类型		电话号码	

项　目		栏　次	一般项目		即征即退项目	
			本月数	本年累计	本月数	本年累计
销售额	（一）按适用税率征税货物及劳务销售额	1				
	其中：应税货物销售额	2				
	应税劳务销售额	3				
	纳税检查调整的销售额	4				
	（二）按简易征收办法征税货物销售额	5				
	其中：纳税检查调整的销售额	6				
	（三）免、抵、退办法出口货物销售额	7			—	—
	（四）免税货物及劳务销售额	8			—	—
	其中：免税货物销售额	9			—	—
	免税劳务销售额	10			—	—
税款计算	销项税额	11				
	进项税额	12				
	上期留抵税额	13			—	—
	进项税额转出	14				
	免抵退货物应退税额	15			—	—
	按适用税率计算的纳税检查应补缴税额	16			—	—
	应抵扣税额合计	17＝12＋13－14－15＋16			—	—
	实际抵扣税额	18（如17＜11,则为17,否则为11)				
	应纳税额	19＝11－18				
	期末留抵税额	20＝17－18			—	—
	简易征收办法计算的应纳税额	21				
	按简易征收办法计算的纳税检查应补缴税额	22			—	—
	应纳税额减征额	23				
	应纳税额合计	24＝19＋21－23				

项　　目	栏　　次	一般项目		即征即退项目	
		本月数	本年累计	本月数	本年累计
税款缴纳 期初未缴税额(多缴为负数)	25				
实收出口开具专用缴款书退税额	26			—	—
本期已缴税额	27＝28＋29＋ 30＋31				
① 分次预缴税额	28		—	—	—
② 出口开具专用缴款书预缴税额	29		—	—	—
③ 本期缴纳上期应纳税额	30				
④ 本期缴纳欠缴税额	31				
期末未缴税额(多缴为负数)	32＝24＋25＋ 26－27				
其中：欠缴税额(≥0)	33＝25＋26－27		—		—
本期应补(退)税额	34＝24－28－29		—		—
即征即退实际退税额	35	—	—		
期初未缴查补税额	36			—	—
本期入库查补税额	37			—	—
期末未缴查补税额	38＝16＋22＋ 36－37			—	—
附加税费 城市维护建设税本期应补(退)税额	39		—		
教育费附加本期应补(退)费额	40		—		
地方教育附加本期应补(退)费额	41		—		

声明:此表是根据国家税收法律法规及相关规定填写的,本人(单位)对填报内容(及附带资料)的真实性、可靠性、完整性负责。

纳税人(签章)：　　　　　年　月　日

经办人：
经办人身份证号：
代理机构签章：
代理机构统一社会信用代码：

受理人：
受理税务机关(章)：　　　　受理日期：　年　月　日

附表一

增值税纳税申报表附列资料（一）

（本期销售情况明细）

税款所属时间：自 年 月 日 至 年 月 日

纳税人名称：（公章）

金额单位：元至角分

项目及栏次		开具增值税专用发票		开具其他发票		未开具发票		纳税检查调整		合 计			服务、不动产和无形资产扣除项目本期实际扣除金额	扣除后	
		销售额	销项（应纳）税额	销售额	销项（应纳）税额	销售额	销项（应纳）税额	销售额	销项（应纳）税额	销售额	销项（应纳）税额	价税合计		含税（免税）销售额	销项（应纳）税额
		1	2	3	4	5	6	7	8	$9=1+3+5+7$	$10=2+4+6+8$	$11=9+10$	12	$13=11-12$	$14=13\div(100\%+$税率或征收率$)\times$税率或征收率
一、一般计税方法计税 全部征税项目	13%税率的货物及加工修理修配劳务	1													
	13%税率的服务、不动产和无形资产	2													
	9%税率的货物及加工修理修配劳务	3													
	9%税率的服务、不动产和无形资产	4													
	6%税率	5													
其中：即征即退项目	即征即退货物及加工修理修配劳务	6	—	—	—	—	—	—	—	—	—	—	—	—	—	—
	即征即退服务、不动产和无形资产	7	—	—	—	—	—	—	—	—	—	—	—	—	—	—
二、简易计税方法计税 全部征税项目	6%征收率	8													
	5%征收率的货物及加工修理修配劳务	9a													
	5%征收率的服务、不动产和无形资产	9b													
	4%征收率	10													
	3%征收率的货物及加工修理修配劳务	11													
	3%征收率的服务、不动产和无形资产	12													
	预征率 %	13a													
	预征率 %	13b													
	预征率 %	13c													
其中：即征即退项目	即征即退货物及加工修理修配劳务	14													
	即征即退服务、不动产和无形资产	15													
三、免抵退税	货物及加工修理修配劳务	16		—		—		—		—		—	—	—	—	—
	服务、不动产和无形资产	17		—		—		—		—		—	—	—	—	—
四、免税	货物及加工修理修配劳务	18		—		—		—		—		—	—	—	—	—
	服务、不动产和无形资产	19		—		—		—		—		—	—	—	—	—

附表二

增值税纳税申报表附列资料(二)

(本期进项税额明细)

税款所属时间： 年 月 日至 年 月 日

纳税人名称:(公章)   金额单位:元至角分

一、申报抵扣的进项税额				
项目	栏次	份数	金额	税额
(一)认证相符的增值税专用发票	1＝2＋3			
其中:本期认证相符且本期申报抵扣	2			
前期认证相符且本期申报抵扣	3			
(二)其他扣税凭证	4＝5＋6＋7＋8a＋8b			
其中:海关进口增值税专用缴款书	5			
农产品收购发票或者销售发票	6			
代扣代缴税收缴款凭证	7		—	
加计扣除农产品进项税额	8a	—	—	
其他	8b			
(三)本期用于购建不动产的扣税凭证	9			
(四)本期用于抵扣的旅客运输服务扣税凭证	10			
(五)外贸企业进项税额抵扣证明	11	—	—	
当期申报抵扣进项税额合计	12＝1＋4＋11			
二、进项税额转出额				
项目	栏次		税额	
本期进项税额转出额	13＝14 至 23 之和			
其中:免税项目用	14			
集体福利、个人消费	15			
非正常损失	16			
简易计税方法征税项目用	17			
免抵退税办法不得抵扣的进项税额	18			
纳税检查调减进项税额	19			
红字专用发票信息表注明的进项税额	20			
上期留抵税额抵减欠税	21			
上期留抵税额退税	22			
异常凭证转出进项税额	23a			
其他应作进项税额转出的情形	23b			

三、待抵扣进项税额				
项目	栏次	份数	金额	税额
（一）认证相符的增值税专用发票	24	—	—	—
期初已认证相符但未申报抵扣	25			
本期认证相符且本期未申报抵扣	26			
期末已认证相符但未申报抵扣	27			
其中:按照税法规定不允许抵扣	28			
（二）其他扣税凭证	29＝30 至 33 之和			
其中:海关进口增值税专用缴款书	30			
农产品收购发票或者销售发票	31			
代扣代缴税收缴款凭证	32		—	
其他	33			
	34			
四、其他				
项目	栏次	份数	金额	税额
本期认证相符的增值税专用发票	35			
代扣代缴税额	36	—	—	

附表三

增值税纳税申报表附列资料(三)

(服务、不动产和无形资产扣除项目明细)

税款所属时间： 年 月 日至 年 月 日

纳税人名称:(公章) 金额单位:元至角分

项目及栏次		本期服务、不动产和无形资产价税合计额(免税销售额)	服务、不动产和无形资产扣除项目				
			期初余额	本期发生额	本期应扣除金额	本期实际扣除金额	期末余额
		1	2	3	4=2+3	5(5≤1且5≤4)	6=4-5
13%税率的项目	1						
9%税率的项目	2						
6%税率的项目(不含金融商品转让)	3						
6%税率的金融商品转让项目	4						
5%征收率的项目	5						
3%征收率的项目	6						
免抵退税的项目	7						
免税的项目	8						

附表四

增值税纳税申报表附列资料（四）

（税额抵减情况表）

纳税人名称：（公章）

税款所属时间： 年　月　日至　年　月　日

金额单位：元至角分

一、税额抵减情况

序号	抵减项目	期初余额	本期发生额	本期应抵减税额	本期实际抵减税额	期末余额
		1	2	3＝1＋2	4≤3	5＝3－4
1	增值税税控系统专用设备费及技术维护费					
2	分支机构预征缴纳税款					
3	建筑服务预征缴纳税款					
4	销售不动产预征缴纳税款					
5	出租不动产预征缴纳税款					

二、加计抵减情况

序号	加计抵减项目	期初余额	本期发生额	本期调减额	本期可抵减额	本期实际抵减额	期末余额
		1	2	3	4＝1＋2－3	5	6＝4－5
6	一般项目加计抵减额计算						
7	即征即退项目加计抵减额计算						
8	合计						

附表五

增值税及附加税费申报表附列资料（五）

（附加税费情况表）

税（费）款所属时间：　年　月　日至　年　月　日

纳税人名称：（公章）

金额单位：元（列至角分）

税（费）种		计税（费）依据			税（费）率（%）	本期应纳税（费）额	本期减免税（费）额		试点建设培育产教融合型企业		本期已缴税（费）额	本期应补（退）税（费）额
		增值税税额	增值税免抵税额	留抵退税本期扣除额			减免性质代码	减免税（费）额	减免性质代码	本期抵免金额		
		1	2	3	4	5=(1+2-3)×4	6	7	8	9	10	11=5-7-9-10
城市维护建设税	1											
教育费附加	2									—		
地方教育附加	3									—		
合计	4	—	—	—	—		—		—			

本期是否适用试点建设培育产教融合型企业抵免政策	□是　□否	当期新增投资额				5
		上期留抵可抵免金额				6
		结转下期可抵免金额				7
可用于扣除的增值税留抵退税额使用情况		当期新增可用于扣除的留抵退税额				8
		上期结存可用于扣除的留抵退税额				9
		结转下期可用于扣除的留抵退税额				10

附表六

增值税减免税申报明细表

税款所属时间：自 年 月 日至 年 月 日

纳税人名称（公章）：

金额单位：元（列至角分）

一、减税项目

减税性质代码及名称	栏次	期初余额	本期发生额	本期应抵减税额	本期实际抵减税额	期末余额
		1	2	3＝1＋2	4≤3	5＝3－4
合计	1					
	2					
	3					
	4					
	5					
	6					

二、免税项目

免税性质代码及名称	栏次	免征增值税项目销售额	免税销售额扣除项目本期实际扣除金额	扣除后免税销售额	免税销售额对应的进项税额	免税额
		1	2	3＝1－2	4	5
合　计	7					
出口免税	8		—	—	—	—
其中：跨境服务	9		—	—	—	—
	10					
	11					
	12					
	13					
	14					
	15					
	16					

附件2

中华人民共和国企业所得税月(季)度预缴纳税
申报表(A 类)

A200000

中华人民共和国企业所得税月(季)度预缴纳税申报表(A 类)

税款所属期间： 年 月 日至 年 月 日

纳税人识别号(统一社会信用代码)：□□□□□□□□□□□□□□□□□□□□

纳税人名称： 金额单位：人民币元(列至角分)

优惠及附报事项有关信息									
项 目	一季度		二季度		三季度		四季度		季度平均值
	季初	季末	季初	季末	季初	季末	季初	季末	
从业人数									
资产总额(万元)									
国家限制或禁止行业	□是□否				小型微利企业				□是□否
附报事项名称									金额或选项
事项1	（填写特定事项名称）								
事项2	（填写特定事项名称）								
预缴税款计算									本年累计
1	营业收入								
2	营业成本								
3	利润总额								
4	加:特定业务计算的应纳税所得额								
5	减:不征税收入								
6	减:资产加速折旧、摊销(扣除)调减额(填写 A201020)								
7	减:免税收入、减计收入、加计扣除(7.1+7.2+…)								
7.1	（填写优惠事项名称）								
7.2	（填写优惠事项名称）								
8	减:所得减免(8.1+8.2+…)								
8.1	（填写优惠事项名称）								
8.2	（填写优惠事项名称）								
9	减:弥补以前年度亏损								
10	实际利润额(3+4-5-6-7-8-9)\按照上一纳税年度应纳税所得额平均额确定的应纳税所得额								
11	税率(25%)								
12	应纳所得税额(10×11)								
13	减:减免所得税额(13.1+13.2+…)								
13.1	（填写优惠事项名称）								
13.2	（填写优惠事项名称）								
14	减:本年实际已缴纳所得税额								
15	减:特定业务预缴(征)所得税额								
16	本期应补(退)所得税额(12-13-14-15)\税务机关确定的本期应纳所得税额								

汇总纳税企业总分机构税款计算			
17	总机构	总机构本期分摊应补(退)所得税额(18＋19＋20)	
18		其中:总机构分摊应补(退)所得税额(16×总机构分摊比例__%)	
19		财政集中分配应补(退)所得税额(16×财政集中分配比例__%)	
20		总机构具有主体生产经营职能的部门分摊所得税额(16×全部分支机构分摊比例__%×总机构具有主体生产经营职能部门分摊比例__%)	
21	分支机构	分支机构本期分摊比例	
22		分支机构本期分摊应补(退)所得税额	
实际缴纳企业所得税计算			
23	减:民族自治地区企业所得税地方分享部分:□免征□减征:减征幅度____%		本年累计应减免金额[(12－13－15)×40%×减征幅度]
24	实际应补(退)所得税额		

谨声明:本纳税申报表是根据国家税收法律法规及相关规定填报的,是真实的、可靠的、完整的。

纳税人(签章): 年 月 日

经办人: 经办人身份证号: 代理机构签章: 代理机构统一社会信用代码:	受理人: 受理税务机关(章): 受理日期: 年 月 日

国家税务总局监制

A201020

资产加速折旧、摊销(扣除)优惠明细表

行次	项目	本年享受优惠的资产原值	本年累计折旧\摊销(扣除)金额				
			账载折旧\摊销金额	按照税收一般规定计算的折旧\摊销金额	享受加速政策计算的折旧\摊销金额	纳税调减金额	享受加速政策优惠金额
		1	2	3	4	5	6(4－3)
1	一、加速折旧、摊销(不含一次性扣除,1.1+1.2+…)						
1.1	(填写优惠事项名称)						
1.2	(填写优惠事项名称)						
2	二、一次性扣除(2.1+2.2+…)						
2.1	(填写优惠事项名称)						
2.2	(填写优惠事项名称)						
3	合计(1+2)						

附件3

中华人民共和国企业所得税年度纳税申报表
（A类，2017年版）

（2020年修订）

税款所属期间：　　年　月　日至　年　月　日

纳税人识别号：□□□□□□□□□□□□□□□□□□□□

纳税人名称：

金额单位：人民币元（列至角分）

谨声明：本纳税申报表是根据国家税收法律法规及相关规定填报的，是真实的、可靠的、完整的。

法定代表人（签章）：　　　　　　　　　　年　月　日

纳税人公章：	代理申报中介机构公章：	主管税务机关受理专用章：
会计主管：	经办人： 经办人执业证件号码：	受理人：
填表日期：　年　月　日	代理申报日期：　年　月　日	受理日期：　年　月　日

国家税务总局监制

企业所得税年度纳税申报表填报表单

表单编号	表单名称	是否填报
A000000	企业所得税年度纳税申报基础信息表	√
A100000	中华人民共和国企业所得税年度纳税申报表（A类）	√
A101010	一般企业收入明细表	□
A101020	金融企业收入明细表	□
A102010	一般企业成本支出明细表	□
A102020	金融企业支出明细表	□
A103000	事业单位、民间非营利组织收入、支出明细表	□
A104000	期间费用明细表	□
A105000	纳税调整项目明细表	□
A105010	视同销售和房地产开发企业特定业务纳税调整明细表	□
A105020	未按权责发生制确认收入纳税调整明细表	□
A105030	投资收益纳税调整明细表	□

表单编号	表单名称	是否填报
A105040	专项用途财政性资金纳税调整明细表	□
A105050	职工薪酬支出及纳税调整明细表	□
A105060	广告费和业务宣传费等跨年度纳税调整明细表	□
A105070	捐赠支出及纳税调整明细表	□
A105080	资产折旧、摊销及纳税调整明细表	□
A105090	资产损失税前扣除及纳税调整明细表	□
A105100	企业重组及递延纳税事项纳税调整明细表	□
A105110	政策性搬迁纳税调整明细表	□
A105120	贷款损失准备金及纳税调整明细表	□
A106000	企业所得税弥补亏损明细表	□
A107010	免税、减计收入及加计扣除优惠明细表	□
A107011	符合条件的居民企业之间的股息、红利等权益性投资收益优惠明细表	□
A107012	研发费用加计扣除优惠明细表	□
A107020	所得减免优惠明细表	□
A107030	抵扣应纳税所得额明细表	□
A107040	减免所得税优惠明细表	□
A107041	高新技术企业优惠情况及明细表	□
A107042	软件、集成电路企业优惠情况及明细表	□
A107050	税额抵免优惠明细表	□
A108000	境外所得税收抵免明细表	□
A108010	境外所得纳税调整后所得明细表	□
A108020	境外分支机构弥补亏损明细表	□
A108030	跨年度结转抵免境外所得税明细表	□
A109000	跨地区经营汇总纳税企业年度分摊企业所得税明细表	□
A109010	企业所得税汇总纳税分支机构所得税分配表	□
说明：企业应当根据实际情况选择需要填报的表单。		

A000000

企业所得税年度纳税申报基础信息表

基本经营情况（必填项目）			
101 纳税申报企业类型（填写代码）		102 分支机构就地纳税比例（％）	
103 资产总额（填写平均值，单位：万元）		104 从业人数（填写平均值，单位：人）	
105 所属国民经济行业（填写代码）		106 从事国家限制或禁止行业	□是□否

基本经营情况（必填项目）					
107 适用会计准则或会计制度（填写代码）			108 采用一般企业财务报表格式（2019 年版）		□是□否
109 小型微利企业	□是□否		110 上市公司	是（□境内□境外）□否	

有关涉税事项情况（存在或者发生下列事项时必填）					
201 从事股权投资业务		□是	202 存在境外关联交易		□是
203 境外所得信息	203-1 选择采用的境外所得抵免方式	□分国（地区）不分项□不分国（地区）不分项			
	203-2 海南自由贸易港新增境外直接投资信息	□是（产业类别：□旅游业□现代服务业□高新技术产业）			
204 有限合伙制创业投资企业的法人合伙人		□是	205 创业投资企业		□是
206 技术先进型服务企业类型（填写代码）			207 非营利组织		□是
208 软件、集成电路企业类型（填写代码）			209 集成电路生产项目类型	□130 纳米□65 纳米□28 纳米	
210 科技型中小企业	210-1 ＿＿年（申报所属期年度）入库编号 1		210-2 入库时间 1		
	210-3 ＿＿年（所属期下一年度）入库编号 2		210-4 入库时间 2		
211 高新技术企业申报所属期年度有效的高新技术企业证书	211-1 证书编号 1		211-2 发证时间 1		
	211-3 证书编号 2		211-4 发证时间 2		
212 重组事项税务处理方式	□一般性□特殊性		213 重组交易类型（填写代码）		
214 重组当事方类型（填写代码）			215 政策性搬迁开始时间	＿年＿月	
216 发生政策性搬迁且停止生产经营无所得年度		□是	217 政策性搬迁损失分期扣除年度		□是
218 发生非货币性资产对外投资递延纳税事项		□是	219 非货币性资产对外投资转让所得递延纳税年度		□是
220 发生技术成果投资入股递延纳税事项		□是	221 技术成果投资入股递延纳税年度		□是
222 发生资产（股权）划转特殊性税务处理事项		□是	223 债务重组所得递延纳税年度		□是

主要股东及分红情况（必填项目）					
股东名称	证件种类	证件号码	投资比例（％）	当年（决议日）分配的股息、红利等权益性投资收益金额	国籍（注册地址）

主要股东及分红情况（必填项目）					
股东名称	证件种类	证件号码	投资比例（%）	当年（决议日）分配的股息、红利等权益性投资收益金额	国籍（注册地址）
其余股东合计	—	—			—

A100000

中华人民共和国企业所得税年度纳税申报表（A类）

行次	类别	项目	金额
1	利润总额计算	一、营业收入（填写A101010\101020\103000）	
2		减：营业成本（填写A102010\102020\103000）	
3		减：税金及附加	
4		减：销售费用（填写A104000）	
5		减：管理费用（填写A104000）	
6		减：财务费用（填写A104000）	
7		减：资产减值损失	
8		加：公允价值变动收益	
9		加：投资收益	
10		二、营业利润（1－2－3－4－5－6－7＋8＋9）	
11		加：营业外收入（填写A101010\101020\103000）	
12		减：营业外支出（填写A102010\102020\103000）	
13		三、利润总额（10＋11－12）	
14	应纳税所得额计算	减：境外所得（填写A108010）	
15		加：纳税调整增加额（填写A105000）	
16		减：纳税调整减少额（填写A105000）	
17		减：免税、减计收入及加计扣除（填写A107010）	
18		加：境外应税所得抵减境内亏损（填写A108000）	
19		四、纳税调整后所得（13－14＋15－16－17＋18）	
20		减：所得减免（填写A107020）	
21		减：弥补以前年度亏损（填写A106000）	
22		减：抵扣应纳税所得额（填写A107030）	
23		五、应纳税所得额（19－20－21－22）	

行次	类别	项目	金额
24		税率(25%)	
25		六、应纳所得税额(23×24)	
26		减:减免所得税额(填写 A107040)	
27		减:抵免所得税额(填写 A107050)	
28		七、应纳税额(25－26－27)	
29	应纳税额计算	加:境外所得应纳所得税额(填写 A108000)	
30		减:境外所得抵免所得税额(填写 A108000)	
31		八、实际应纳所得税额(28＋29－30)	
32		减:本年累计实际已缴纳的所得税额	
33		九、本年应补(退)所得税额(31－32)	
34		其中:总机构分摊本年应补(退)所得税额(填写 A109000)	
35		财政集中分配本年应补(退)所得税额(填写 A109000)	
36		总机构主体生产经营部门分摊本年应补(退)所得税额(填写 A109000)	

A101010

一般企业收入明细表

行次	项 目	金 额
1	一、营业收入(2＋9)	
2	(一)主营业务收入(3＋5＋6＋7＋8)	
3	1. 销售商品收入	
4	其中:非货币性资产交换收入	
5	2. 提供劳务收入	
6	3. 建造合同收入	
7	4. 让渡资产使用权收入	
8	5. 其他	
9	(二)其他业务收入(10＋12＋13＋14＋15)	
10	1. 销售材料收入	
11	其中:非货币性资产交换收入	
12	2. 出租固定资产收入	
13	3. 出租无形资产收入	
14	4. 出租包装物和商品收入	
15	5. 其他	
16	二、营业外收入(17＋18＋19＋20＋21＋22＋23＋24＋25＋26)	

行次	项　　目	金　　额
17	（一）非流动资产处置利得	
18	（二）非货币性资产交换利得	
19	（三）债务重组利得	
20	（四）政府补助利得	
21	（五）盘盈利得	
22	（六）捐赠利得	
23	（七）罚没利得	
24	（八）确实无法偿付的应付款项	
25	（九）汇兑收益	
26	（十）其他	

A102010

一般企业成本支出明细表

行次	项　　目	金　　额
1	一、营业成本（2＋9）	
2	（一）主营业务成本（3＋5＋6＋7＋8）	
3	1.销售商品成本	
4	其中:非货币性资产交换成本	
5	2.提供劳务成本	
6	3.建造合同成本	
7	4.让渡资产使用权成本	
8	5.其他	
9	（二）其他业务成本（10＋12＋13＋14＋15）	
10	1.销售材料成本	
11	其中:非货币性资产交换成本	
12	2.出租固定资产成本	
13	3.出租无形资产成本	
14	4.包装物出租成本	
15	5.其他	
16	二、营业外支出（17＋18＋19＋20＋21＋22＋23＋24＋25＋26）	
17	（一）非流动资产处置损失	
18	（二）非货币性资产交换损失	
19	（三）债务重组损失	
20	（四）非常损失	

行次	项　目	金　额
21	（五）捐赠支出	
22	（六）赞助支出	
23	（七）罚没支出	
24	（八）坏账损失	
25	（九）无法收回的债券股权投资损失	
26	（十）其他	

A104000

期间费用明细表

行次	项目	销售费用	其中：境外支付	管理费用	其中：境外支付	财务费用	其中：境外支付
		1	2	3	4	5	6
1	一、职工薪酬		＊		＊	＊	＊
2	二、劳务费					＊	＊
3	三、咨询顾问费					＊	＊
4	四、业务招待费		＊		＊	＊	＊
5	五、广告费和业务宣传费		＊		＊	＊	＊
6	六、佣金和手续费						
7	七、资产折旧摊销费		＊		＊	＊	＊
8	八、财产损耗、盘亏及毁损损失		＊		＊	＊	＊
9	九、办公费		＊		＊	＊	＊
10	十、董事会费		＊		＊	＊	＊
11	十一、租赁费					＊	＊
12	十二、诉讼费		＊		＊	＊	＊
13	十三、差旅费		＊		＊	＊	＊
14	十四、保险费		＊		＊	＊	＊
15	十五、运输、仓储费					＊	＊
16	十六、修理费					＊	＊
17	十七、包装费		＊		＊	＊	＊
18	十八、技术转让费					＊	＊
19	十九、研究费用					＊	＊
20	二十、各项税费		＊		＊	＊	＊
21	二十一、利息收支	＊	＊	＊	＊		

行次	项目	销售费用	其中：境外支付	管理费用	其中：境外支付	财务费用	其中：境外支付
		1	2	3	4	5	6
22	二十二、汇兑差额	＊	＊	＊	＊		
23	二十三、现金折扣	＊	＊	＊	＊		＊
24	二十四、党组织工作经费	＊	＊			＊	＊
25	二十五、其他						
26	合计(1＋2＋3＋…25)						

A105000

纳税调整项目明细表

行次	项目	账载金额	税收金额	调增金额	调减金额
		1	2	3	4
1	一、收入类调整项目(2＋3＋…8＋10＋11)	＊	＊		
2	（一）视同销售收入(填写 A105010)	＊			＊
3	（二）未按权责发生制原则确认的收入(填写 A105020)				
4	（三）投资收益(填写 A105030)				
5	（四）按权益法核算长期股权投资对初始投资成本调整确认收益	＊	＊	＊	
6	（五）交易性金融资产初始投资调整	＊	＊		＊
7	（六）公允价值变动净损益		＊		
8	（七）不征税收入	＊	＊		
9	其中:专项用途财政性资金(填写 A105040)	＊	＊		
10	（八）销售折扣、折让和退回				
11	（九）其他				
12	二、扣除类调整项目(13＋14＋…24＋26＋27＋28＋29＋30)	＊	＊		
13	（一）视同销售成本(填写 A105010)	＊		＊	
14	（二）职工薪酬(填写 A105050)				
15	（三）业务招待费支出				＊
16	（四）广告费和业务宣传费支出(填写 A105060)	＊	＊		
17	（五）捐赠支出(填写 A105070)				
18	（六）利息支出				
19	（七）罚金、罚款和被没收财物的损失		＊		＊

行次	项目	账载金额 1	税收金额 2	调增金额 3	调减金额 4
20	（八）税收滞纳金、加收利息		＊		＊
21	（九）赞助支出		＊		＊
22	（十）与未实现融资收益相关在当期确认的财务费用				
23	（十一）佣金和手续费支出（保险企业填写A105060）				
24	（十二）不征税收入用于支出所形成的费用	＊	＊		＊
25	其中:专项用途财政性资金用于支出所形成的费用（填写A105040）	＊	＊		＊
26	（十三）跨期扣除项目				
27	（十四）与取得收入无关的支出		＊		＊
28	（十五）境外所得分摊的共同支出	＊	＊		＊
29	（十六）党组织工作经费				
30	（十七）其他				
31	三、资产类调整项目(32＋33＋34＋35)	＊	＊		
32	（一）资产折旧、摊销（填写A105080）				
33	（二）资产减值准备金		＊		
34	（三）资产损失（填写A105090）	＊	＊		
35	（四）其他				
36	四、特殊事项调整项目(37＋38＋…＋43)	＊	＊		
37	（一）企业重组及递延纳税事项（填写A105100）				
38	（二）政策性搬迁（填写A105110）	＊	＊		
39	（三）特殊行业准备金(39.1＋39.2＋39.4＋39.5＋39.6＋39.7)	＊	＊		
39.1	1. 保险公司保险保障基金				
39.2	2. 保险公司准备金				
39.3	其中:已发生未报案未决赔款准备金				
39.4	3. 证券行业准备金				
39.5	4. 期货行业准备金				
39.6	5. 中小企业融资(信用)担保机构准备金				
39.7	6. 金融企业、小额贷款公司准备金（填写A105120）	＊	＊		
40	（四）房地产开发企业特定业务计算的纳税调整额（填写A105010）	＊			

行次	项目	账载金额	税收金额	调增金额	调减金额
		1	2	3	4
41	（五）合伙企业法人合伙人应分得的应纳税所得额				
42	（六）发行永续债利息支出				
43	（七）其他	＊	＊		
44	五、特别纳税调整应税所得	＊	＊		
45	六、其他	＊	＊		
46	合计（1＋12＋31＋36＋44＋45）	＊	＊		

A105010

视同销售和房地产开发企业特定业务纳税调整明细表

行次	项目	税收金额	纳税调整金额
		1	2
1	一、视同销售（营业）收入（2＋3＋4＋5＋6＋7＋8＋9＋10）		
2	（一）非货币性资产交换视同销售收入		
3	（二）用于市场推广或销售视同销售收入		
4	（三）用于交际应酬视同销售收入		
5	（四）用于职工奖励或福利视同销售收入		
6	（五）用于股息分配视同销售收入		
7	（六）用于对外捐赠视同销售收入		
8	（七）用于对外投资项目视同销售收入		
9	（八）提供劳务视同销售收入		
10	（九）其他		
11	二、视同销售（营业）成本（12＋13＋14＋15＋16＋17＋18＋19＋20）		
12	（一）非货币性资产交换视同销售成本		
13	（二）用于市场推广或销售视同销售成本		
14	（三）用于交际应酬视同销售成本		
15	（四）用于职工奖励或福利视同销售成本		
16	（五）用于股息分配视同销售成本		
17	（六）用于对外捐赠视同销售成本		
18	（七）用于对外投资项目视同销售成本		
19	（八）提供劳务视同销售成本		
20	（九）其他		
21	三、房地产开发企业特定业务计算的纳税调整额（22－26）		

行次	项目	税收金额	纳税调整金额
		1	2
22	（一）房地产企业销售未完工开发产品特定业务计算的纳税调整额（24－25）		
23	1. 销售未完工产品的收入		＊
24	2. 销售未完工产品预计毛利额		
25	3. 实际发生的税金及附加、土地增值税		
26	（二）房地产企业销售的未完工产品转完工产品特定业务计算的纳税调整额（28－29）		
27	1. 销售未完工产品转完工产品确认的销售收入		＊
28	2. 转回的销售未完工产品预计毛利额		
29	3. 转回实际发生的税金及附加、土地增值税		

A105020

未按权责发生制确认收入纳税调整明细表

行次	项目	合同金额（交易金额）	账载金额		税收金额		纳税调整金额
			本年	累计	本年	累计	
		1	2	3	4	5	6（4－2）
1	一、跨期收取的租金、利息、特许权使用费收入（2＋3＋4）						
2	（一）租金						
3	（二）利息						
4	（三）特许权使用费						
5	二、分期确认收入（6＋7＋8）						
6	（一）分期收款方式销售货物收入						
7	（二）持续时间超过12个月的建造合同收入						
8	（三）其他分期确认收入						
9	三、政府补助递延收入（10＋11＋12）						
10	（一）与收益相关的政府补助						
11	（二）与资产相关的政府补助						
12	（三）其他						
13	四、其他未按权责发生制确认收入						
14	合计（1＋5＋9＋13）						

A105030

投资收益纳税调整明细表

行次	项目	持有收益			处置收益							纳税调整金额 11(3+10)
		账载金额 1	税收金额 2	纳税调整金额 3(2-1)	会计确认的处置收入 4	税收计算的处置收入 5	处置投资的账面价值 6	处置投资的计税基础 7	会计确认的处置所得或处置损失 8(4-6)	税收计算的处置所得 9(5-7)	纳税调整金额 10(9-8)	
1	一、交易性金融资产											
2	二、可供出售金融资产											
3	三、持有至到期投资											
4	四、衍生工具											
5	五、交易性金融负债											
6	六、长期股权投资											
7	七、短期投资											
8	八、长期债券投资											
9	九、其他											
10	合计(1+2+3+4+5+6+7+8+9)											

A105040

专项用途财政性资金纳税调整明细表

行次	项目	取得年度	财政性资金	其中:符合不征税收入条件的财政性资金		以前年度支出情况					本年支出情况		本年结余情况		
				金额	其中:计入本年损益的金额	前五年度	前四年度	前三年度	前二年度	前一年度	支出金额	其中:费用化支出金额	结余金额	其中:上缴财政金额	应计入本年应税收入金额
		1	2	3	4	5	6	7	8	9	10	11	12	13	14
1	前五年度														
2	前四年度					*									
3	前三年度					*	*								
4	前二年度					*	*	*							
5	前一年度					*	*	*	*						
6	本年					*	*	*	*	*					
7	合计(1+2+…+6)	*				*	*	*	*	*					

362

A105050

职工薪酬支出及纳税调整明细表

行次	项　　目	账载金额	实际发生额	税收规定扣除率	以前年度累计结转扣除额	税收金额	纳税调整金额	累计结转以后年度扣除额
		1	2	3	4	5	6(1-5)	7(2+4-5)
1	一、工资薪金支出			*	*			*
2	其中：股权激励			*	*			*
3	二、职工福利费支出				*			*
4	三、职工教育经费支出			*				
5	其中：按税收规定比例扣除的职工教育经费				*			
6	按税收规定全额扣除的职工培训费用				*			*
7	四、工会经费支出				*			*
8	五、各类基本社会保障性缴款			*	*			*
9	六、住房公积金			*	*			*
10	七、补充养老保险				*			*
11	八、补充医疗保险				*			*
12	九、其他			*	*			*
13	合计(1+3+4+7+8+9+10+11+12)			*				

363

A105060

广告费和业务宣传费等跨年度纳税调整明细表

行次	项　目	广告费和业务宣传费	保险企业手续费及佣金支出
		1	2
1	一、本年支出		
2	减：不允许扣除的支出		
3	二、本年符合条件的支出(1－2)		
4	三、本年计算扣除限额的基数		
5	乘：税收规定扣除率		
6	四、本企业计算的扣除限额(4×5)		
7	五、本年结转以后年度扣除额 (3＞6,本行＝3－6;3≤6,本行＝0)		
8	加：以前年度累计结转扣除额		
9	减：本年扣除的以前年度结转额 [3＞6,本行＝0;3≤6,本行＝8与(6－3)孰小值]		
10	六、按照分摊协议归集至其他关联方的金额(10≤3与6孰小值)		＊
11	按照分摊协议从其他关联方归集至本企业的金额		＊
12	七、本年支出纳税调整金额 (3＞6,本行＝2＋3－6＋10－11;3≤6,本行＝2＋10－11－9)		
13	八、累计结转以后年度扣除额(7＋8－9)		

A105070

捐赠支出及纳税调整明细表

行次	项目	账载金额	以前年度结转可扣除的捐赠额	按税收规定计算的扣除限额	税收金额	纳税调增金额	纳税调减金额	可结转以后年度扣除的捐赠额
		1	2	3	4	5	6	7
1	一、非公益性捐赠		＊	＊	＊		＊	＊
2	二、限额扣除的公益性捐赠(3＋4＋5＋6)							
3	前三年度(　　年)	＊		＊	＊	＊		
4	前二年度(　　年)	＊		＊	＊	＊		
5	前一年度(　　年)	＊		＊	＊	＊		
6	本年(　　年)		＊				＊	
7	三、全额扣除的公益性捐赠		＊	＊		＊	＊	＊
8	1.		＊	＊		＊	＊	＊
9	2.		＊	＊		＊	＊	＊
10	3.		＊	＊		＊	＊	＊
11	合计(1＋2＋7)							
附列资料	2015年度至本年发生的公益性扶贫捐赠合计金额		＊	＊		＊	＊	＊

364

A105080

资产折旧、摊销及纳税调整明细表

行次	项目	账载金额 — 资产原值 1	账载金额 — 本年折旧、摊销额 2	账载金额 — 累计折旧、摊销额 3	资产计税基础 4	税收金额 — 税收折旧、摊销额 5	税收金额 — 享受加速折旧政策的资产按税收一般规定计算的折旧、摊销额 6	税收金额 — 加速折旧、摊销统计额 7(5−6)	累计折旧、摊销额 8	纳税调整金额 9(2−5)
1	一、固定资产(2+3+4+5+6+7)									
2	（一）房屋、建筑物						*	*		
3	（二）飞机、火车、轮船、机器、机械和其他生产设备						*	*		
4	（三）与生产经营活动有关的器具、工具、家具等						*	*		
5	（四）飞机、火车、轮船以外的运输工具						*	*		
6	（五）电子设备						*	*		
7	（六）其他						*	*		
8	其中：享受固定资产加速折旧及一次性扣除政策的资产加速折旧额大于一般折旧额的部分 （一）重要行业固定资产加速折旧（不含一次性扣除）									*
9	（二）其他行业研发设备加速折旧									
10	（三）海南自由贸易港企业固定资产加速折旧									*
11	（四）500万元以下设备器具一次性扣除									*
12	（五）疫情防控重点保障物资生产企业单价500万元以上设备一次性扣除									*

行次	项目	账载金额			资产计税基础	税收金额				纳税调整金额
		资产原值	本年折旧、摊销额	累计折旧、摊销额		税收折旧、摊销额	享受加速折旧政策的资产按税收一般规定计算的折旧、摊销额	加速折旧、摊销统计额	累计折旧、摊销额	
		1	2	3	4	5	6	7(5-6)	8	9(2-5)
13	(六)海南自由贸易港企业固定资产一次性扣除									*
14	(七)技术进步、更新换代固定资产加速折旧									*
15	(八)常年强震动、高腐蚀固定资产加速折旧									*
16	(九)外购软件加速折旧									*
17	(十)集成电路企业生产设备加速折旧									*
18	二、生产性生物资产(19+20)						*	*		
19	(一)林木类							*		
20	(二)畜类						*	*		
21	三、无形资产(22+23+24+25+26+27+28+29)						*	*		
22	所有无形资产 (一)专利权						*	*		
23	(二)商标权						*	*		
24	(三)著作权						*	*		
25	(四)土地使用权						*	*		
26	(五)非专利技术						*	*		
27	(六)特许权使用费						*	*		
28	(七)软件						*	*		
29	(八)其他						*	*		

（续表）

行次	项目	账载金额			税收金额				累计折旧、摊销额	纳税调整金额
		资产原值	本年折旧、摊销额	累计折旧、摊销额	资产计税基础	税收折旧、摊销额	享受加速折旧政策的资产按税收一般规定计算的折旧、摊销额	加速折旧、摊销额统计额		
		1	2	3	4	5	6	7(5－6)	8	9(2－5)
30	其中：享受无形资产加速摊销及一次性摊销政策加速摊销的资产大于一般摊销额的部分 （一）企业外购软件加速摊销									＊
31	（二）海南自由贸易港企业无形资产加速摊销									＊
32	（三）海南自由贸易港企业无形资产一次性摊销									＊
33	四、长期待摊费用(34＋35＋36＋37＋38)						＊	＊		
34	（一）已足额提取折旧的固定资产的改建支出						＊	＊		
35	（二）租入固定资产的改建支出						＊	＊		
36	（三）固定资产的大修理支出						＊	＊		
37	（四）开办费						＊	＊		
38	（五）其他						＊	＊		
39	五、油气勘探投资						＊	＊		
40	六、油气开发投资						＊	＊		
41	合计(1＋18＋21＋33＋39＋40)						＊	＊		
附列资料	全民所有制企业公司制改制资产评估增值政策资产						＊			＊

A105090

资产损失税前扣除及纳税调整明细表

行次	项目	资产损失直接计入本年损益金额	资产损失准备金核销金额	资产处置收入	赔偿收入	资产计税基础	资产损失的税收金额	纳税调整金额
		1	2	3	4	5	6(5-3-4)	7
1	一、现金及银行存款损失		*					
2	二、应收及预付款项坏账损失							
3	其中:逾期三年以上的应收款项损失							
4	逾期一年以上的小额应收款项损失							
5	三、存货损失							
6	其中:存货盘亏、报废、损毁、变质或被盗损失							
7	四、固定资产损失							
8	其中:固定资产盘亏、丢失、报废、损毁或被盗损失							
9	五、无形资产损失							
10	其中:无形资产转让损失							
11	无形资产被替代或超过法律保护期限形成的损失							
12	六、在建工程损失		*					
13	其中:在建工程停建、报废损失		*					
14	七、生产性生物资产损失							
15	其中:生产性生物资产盘亏、非正常死亡、被盗、丢失等产生的损失							

行次	项目	资产损失直接计入本年损益金额	资产损失准备金核销金额	资产处置收入	赔偿收入	资产计税基础	资产损失的税收金额	纳税调整金额
		1	2	3	4	5	6(5-3-4)	7
16	八、债权性投资损失(17+23)							
17	（一）金融企业债权性投资损失(18+22)							
18	1.贷款损失							
19	其中:符合条件的涉农和中小企业贷款损失							
20	单户贷款余额300万（含）以下的贷款损失							
21	单户贷款余额300万元至1 000万元（含）的贷款损失							
22	2.其他债权性投资损失							
23	（二）非金融企业债权性投资损失							
24	九、股权（权益）性投资损失							
25	其中:股权转让损失							
26	十、通过各种交易场所、市场买卖债券、股票、期货、基金以及金融衍生产品等发生的损失							
27	十一、打包出售资产损失							
28	十二、其他资产损失							
29	合计(1+2+5+7+9+12+14+16+24+26+27+28)							
30	其中:分支机构留存备查的资产损失							

A106000

企业所得税弥补亏损明细表

行次	项目	年度 1	当年境内所得额 2	分立转出的亏损额 3	合并、分立转入的亏损额 可弥补年限5年 4	合并、分立转入的亏损额 可弥补年限8年 5	合并、分立转入的亏损额 可弥补年限10年 6	弥补亏损企业类型 7	当年亏损额 8	当年待弥补的亏损额 9	用本年度所得额弥补的以前年度亏损额 使用境内所得弥补 10	用本年度所得额弥补的以前年度亏损额 使用境外所得弥补 11	当年可结转以后年度弥补的亏损额 12
1	前十年度												
2	前九年度												
3	前八年度												
4	前七年度												
5	前六年度												
6	前五年度												
7	前四年度												
8	前三年度												
9	前二年度												
10	前一年度												
11	本年度												
12	可结转以后年度弥补的亏损额合计												

A107010

免税、减计收入及加计扣除优惠明细表

行次	项目	金额
1	一、免税收入(2+3+9+…+16)	
2	(一)国债利息收入免征企业所得税	
3	(二)符合条件的居民企业之间的股息、红利等权益性投资收益免征企业所得税(4+5+6+7+8)	
4	1.一般股息红利等权益性投资收益免征企业所得税(填写A107011)	
5	2.内地居民企业通过沪港通投资且连续持有H股满12个月取得的股息红利所得免征企业所得税(填写A107011)	
6	3.内地居民企业通过深港通投资且连续持有H股满12个月取得的股息红利所得免征企业所得税(填写A107011)	
7	4.居民企业持有创新企业CDR取得的股息红利所得免征企业所得税(填写A107011)	
8	5.符合条件的永续债利息收入免征企业所得税(填写A107011)	
9	(三)符合条件的非营利组织的收入免征企业所得税	
10	(四)中国清洁发展机制基金取得的收入免征企业所得税	
11	(五)投资者从证券投资基金分配中取得的收入免征企业所得税	
12	(六)取得的地方政府债券利息收入免征企业所得税	
13	(七)中国保险保障基金有限责任公司取得的保险保障基金等收入免征企业所得税	
14	(八)中国奥委会取得北京冬奥组委支付的收入免征企业所得税	
15	(九)中国残奥委会取得北京冬奥组委分期支付的收入免征企业所得税	
16	(十)其他	
17	二、减计收入(18+19+23+24)	
18	(一)综合利用资源生产产品取得的收入在计算应纳税所得额时减计收入	
19	(二)金融、保险等机构取得的涉农利息、保费减计收入(20+21+22)	
20	1.金融机构取得的涉农贷款利息收入在计算应纳税所得额时减计收入	
21	2.保险机构取得的涉农保费收入在计算应纳税所得额时减计收入	
22	3.小额贷款公司取得的农户小额贷款利息收入在计算应纳税所得额时减计收入	
23	(三)取得铁路债券利息收入减半征收企业所得税	
24	(四)其他(24.1+24.2)	
24.1	1.取得的社区家庭服务收入在计算应纳税所得额时减计收入	
24.2	2.其他	
25	三、加计扣除(26+27+28+29+30)	
26	(一)开发新技术、新产品、新工艺发生的研究开发费用加计扣除(填写A107012)	
27	(二)科技型中小企业开发新技术、新产品、新工艺发生的研究开发费用加计扣除(填写A107012)	
28	(三)企业为获得创新性、创意性、突破性的产品进行创意设计活动而发生的相关费用加计扣除	
29	(四)安置残疾人员所支付的工资加计扣除	
30	(五)其他	
31	合计(1+17+25)	

A107011

符合条件的居民企业之间的股息、红利等权益性投资收益优惠明细表

行次	被投资企业	被投资企业统一社会信用代码（纳税人识别号）	投资性质	投资成本	投资比例	被投资企业利润分配确认金额 被投资企业做出利润分配或转股决定时间	依决定归属于本公司的股息、红利等权益性投资收益金额	被投资企业清算确认金额 分得的被投资企业清算剩余资产	被清算企业累计未分配利润和累计盈余公积应享有部分	应确认的股息所得	撤回或减少投资确认金额 从被投资企业撤回或减少投资取得的资产	减少投资比例	收回初始投资成本	取得资产中超过收回初始投资成本部分	撤回或减少投资应享有被投资企业累计未分配利润和累计盈余公积计算盈余公积	应确认的股息所得	合计
	1	2	3	4	5	6	7	8	9	10（8与9孰小）	11	12	13（4×12）	14（11－13）	15	16（14与15孰小）	17（7＋10＋16）
1																	
2																	
3																	
4																	
5																	
6																	
7																	
8	合计																
9	其中：直接投资或非H股票投资																
10	股票投资—沪港通H股																
11	股票投资—深港通H股																
12	创新企业CDR																
13	永续债																

372

A107040

减免所得税优惠明细表

行次	项目	金额
1	一、符合条件的小型微利企业减免企业所得税	
2	二、国家需要重点扶持的高新技术企业减按15%的税率征收企业所得税(填写A107041)	
3	三、经济特区和上海浦东新区新设立的高新技术企业在区内取得的所得定期减免企业所得税(填写A107041)	
4	四、受灾地区农村信用社免征企业所得税	＊
5	五、动漫企业自主开发、生产动漫产品定期减免企业所得税	
6	六、线宽小于0.8微米(含)的集成电路生产企业减免企业所得税(填写A107042)	
7	七、线宽小于0.25微米的集成电路生产企业减按15%税率征收企业所得税(填写A107042)	＊
8	八、投资额超过80亿元的集成电路生产企业减按15%税率征收企业所得税(填写A107042)	＊
9	九、线宽小于0.25微米的集成电路生产企业减免企业所得税(填写A107042)	
10	十、投资额超过80亿元的集成电路生产企业减免企业所得税(填写A107042)	
11	十一、新办集成电路设计企业减免企业所得税(填写A107042)	
12	十二、国家规划布局内集成电路设计企业可减按10%的税率征收企业所得税(填写A107042)	＊
13	十三、符合条件的软件企业减免企业所得税(填写A107042)	
14	十四、国家规划布局内重点软件企业可减按10%的税率征收企业所得税(填写A107042)	＊
15	十五、符合条件的集成电路封装测试企业定期减免企业所得税(填写A107042)	
16	十六、符合条件的集成电路关键专用材料生产企业、集成电路专用设备生产企业定期减免企业所得税(填写A107042)	
17	十七、经营性文化事业单位转制为企业的免征企业所得税	
18	十八、符合条件的生产和装配伤残人员专门用品企业免征企业所得税	
19	十九、技术先进型服务企业(服务外包类)减按15%的税率征收企业所得税	
20	二十、技术先进型服务企业(服务贸易类)减按15%的税率征收企业所得税	
21	二十一、设在西部地区的鼓励类产业企业减按15%的税率征收企业所得税(主营业务收入占比____%)	
22	二十二、新疆困难地区新办企业定期减免企业所得税	
23	二十三、新疆喀什、霍尔果斯特殊经济开发区新办企业定期免征企业所得税	
24	二十四、广东横琴、福建平潭、深圳前海等地区的鼓励类产业企业减按15%税率征收企业所得税	
25	二十五、北京冬奥组委、北京冬奥会测试赛赛事组委会免征企业所得税	

行次	项目	金额
26	二十六、线宽小于 130 纳米（含）的集成电路生产企业减免企业所得税（原政策，填写 A107042）	
27	二十七、线宽小于 65 纳米（含）或投资额超过 150 亿元的集成电路生产企业减免企业所得税（原政策，填写 A107042）	
28	二十八、其他（28.1＋28.2＋28.3＋28.4＋28.5＋28.6）	
28.1	（一）从事污染防治的第三方企业减按 15％的税率征收企业所得税	
28.2	（二）上海自贸试验区临港新片区的重点产业企业减按 15％的税率征收企业所得税	
28.3	（三）海南自由贸易港鼓励类企业减按 15％税率征收企业所得税	
28.4	（四）国家鼓励的集成电路和软件企业减免企业所得税政策（28.4.1＋…＋28.4.10）	
28.4.1	1. 线宽小于 28 纳米（含）集成电路生产企业减免企业所得税（填写 A107042）	
28.4.2	2. 线宽小于 65 纳米（含）集成电路生产企业减免企业所得税（填写 A107042）	
28.4.3	3. 线宽小于 130 纳米（含）集成电路生产企业减免企业所得税（填写 A107042）	
28.4.4	4. 集成电路设计业减免企业所得税（填写 A107042）	
28.4.5	5. 重点集成电路设计企业减免企业所得税（填写 A107042）	
28.4.6	6. 集成电路装备企业减免企业所得税（填写 A107042）	
28.4.7	7. 集成电路材料企业减免企业所得税（填写 A107042）	
28.4.8	8. 集成电路封装、测试企业减免企业所得税（填写 A107042）	
28.4.9	9. 软件企业减免企业所得税（填写 A107042）	
28.4.10	10. 重点软件企业减免企业所得税（填写 A107042）	
28.5	（五）其他 1	
28.6	（六）其他 2	
29	二十九、减：项目所得额按法定税率减半征收企业所得税叠加享受减免税优惠	
30	三十、支持和促进重点群体创业就业企业限额减征企业所得税（30.1＋30.2）	
30.1	（一）企业招用建档立卡贫困人口就业扣减企业所得税	
30.2	（二）企业招用登记失业半年以上人员就业扣减企业所得税	
31	三十一、扶持自主就业退役士兵创业就业企业限额减征企业所得税	
32	三十二、符合条件的公司型创投企业按照企业年末个人股东持股比例减免企业所得税（个人股东持股比例＿＿％）	
33	三十三、民族自治地方的自治机关对本民族自治地方的企业应缴纳的企业所得税中属于地方分享的部分减征或免征（ 免征 减征：减征幅度＿＿＿＿％）	
34	合计（1＋2＋…＋28－29＋30＋31＋32＋33）	